EXPERIMENTAL ADVERTISING

实验广告学

王霏 著

厦门大学出版社 国家一级出版社
XIAMEN UNIVERSITY PRESS 全国百佳图书出版单位

图书在版编目(CIP)数据

实验广告学/王霏著. —厦门:厦门大学出版社,2020.6(2021.10重印)
ISBN 978-7-5615-6545-2

Ⅰ.①实… Ⅱ.①王… Ⅲ.①广告学—研究 Ⅳ.①F713.80

中国版本图书馆 CIP 数据核字(2020)第 108649 号

出版人	郑文礼
责任编辑	刘　璐
封面制作	蔡炜荣
技术编辑	朱　楷

出版发行　**厦门大学出版社**
社　　址　厦门市软件园二期望海路 39 号
邮政编码　361008
总　　机　0592-2181111　0592-2181406(传真)
营销中心　0592-2184458　0592-2181365
网　　址　http://www.xmupress.com
邮　　箱　xmup@xmupress.com
印　　刷　厦门市青友数字印刷科技有限公司

开本　720 mm×1 000 mm　1/16
印张　15.75
字数　262 千字
版次　2020 年 6 月第 1 版
印次　2021 年 10 月第 2 次印刷
定价　62.00 元

本书如有印装质量问题请直接寄承印厂调换

厦门大学出版社
微信二维码

厦门大学出版社
微博二维码

序 一

厦门大学王霏教授撰写的第一部专著《实验广告学》即将面世了。在书稿成稿请我作序时,我正忙于申请2019年度管理科学部专项项目《基于神经与行为耦合的消费者购买决策机制、理论与应用研究(G0103,G0108)》。王霏教授用他丰富的专业知识帮我撰写了申请书中的"项目的立项依据"部分。

与广告营销结缘,可追溯到8年前我指导王霏的博士论文《7—11岁儿童品牌知识的发展》。那时,我用了国家自然科学基金重点项目"中国本土品牌成长与创新研究"(NSFC:70632003)的经费,部分地资助了他的品牌研究。在他的毕业论文中,发现了些很有趣的现象:儿童对于品牌知识的认知存在关键转折点,9岁以上的儿童才可能像成人一样,认识到品牌是商品很重要的特征。自此之后,儿童就逐渐成长为一个"合格"的品牌消费者,这一过程可以称为品牌的消费者社会化(consumer socialization)。

他的论文中设计了七个实验,有两个实验遵循了共同的设计逻辑,也是我最喜欢的实验设计逻辑——一个类似测谎或者防溢出(spillover)的检测题。其中,实验者向儿童同时呈现两个同类、大小相同且外观极为相似的真品牌商品和假品牌商品的图片(实验材料举例,见图1),并让儿童对两个商品的品质、价格、喜欢程度以及重量进行评估。结果发现,相较于对假品牌商品的评价,9岁以上的儿童会认为真品牌商品的品质更优、价格更高、喜欢程度也更高,然而却不会认为真品牌商品的"重量"更重。换言之,9岁以上的儿童已经开始认识到品牌具有与"价"相关(如,商品的品质、价格)的线索意义,并且不会将该线索意义泛化至与"价"无关(商品重量)的判断上去。

我一直就很佩服、敬仰做得好的广告,也一直对如何给一个好品牌定价很感兴趣。我对这个问题的思考可追溯到2010年,在心理所听了一个

图 1 实验材料举例

讲座,来自纽约大学心理系博士后李健报告了他与导师 P. Read Montague 发表在《神经元》(Neuron)上的研究 Neural Correlates of Behavioral Preference for Culturally Familiar Drinks。

报告后,副所长张建新邀李健和我一起午餐,我脑子一热,就说起,或可以根据"可口可乐"与"百事可乐"所诱发相关脑区的激活区域的大小(或激活水平的高低),出乎常规地判断这两种可乐的无形资产谁大谁小。

遗憾的是,在这一时的兴起后,如今已经是北京大学心理与认知科学学院研究员的李健和我在这十年间都没有认真将这想法付诸实施。

在一边酝酿如何写国家基金会 2019 年度管理科学部专项项目申请,一边思考如何写本书序时,浮想联翩,虽然如今神经科学技术发展得比十年前更成熟了,但是神经科学技术能为管理实践做出实质性贡献的时机仍然未成熟。十年前,英国牛津,神经科学家亨利·马克拉姆(Henry Markram)走上 TED Global 会议的舞台,宣称将用计算机模拟出人类大脑,且其复杂度可与真实人脑匹敌,但他并没有成功。如今看来,基金委这个专项项目的雄心可媲美马克拉姆创立的相关企业蓝脑计划(Blue Brain Project)。

不过话说回来,若有人想着做"应用神经科学技术解码品牌无形价值"这件事,还是比较靠谱、可行。因为,品牌的价值,不在别处,就存在于消费者的头脑中。用神经影像学技术揭示消费者头脑中的品牌价值,直观、有效,且客观不易篡改。

说者无意,听者有心?若看官们真有心了,抑或可以尝试利用脑成像技术,将发表在《神经元》上的研究范式作为品牌无形价值的评估范式,并开发、应用、推广研究成果直至形成新兴产业——神经科学驱动的第三方品牌无形价值的评估机构。

最后多嘴一句。王霆教授任职的厦门大学在我心目中的地位着实特殊。1977年高考时曾将厦大的外文系作为备择志愿。下雪天从下乡的泰宁乘长途汽车去三明一中,接受厦门大学外文系老师的英语口语面试。那时,国门未开,厦门大学外文系英语语法编写小组编的《英语基础语法新编》是新华书店所能买到的寥寥无几的参考书,我自学外语时几乎将它翻烂了。期望这本《实验广告学》出版后,也有些许读者会像当年年少的我那样,天天离不开这本书。

李 纾

中国心理学会会士

《心理学报》主编

2019 年 9 月 18 日于北京懿品阁

序 二

不管对于哪个学科来说,研究方法都是学生尤其是研究生必须掌握的基本技能。为了因应学科未来的发展趋势,厦门大学新闻传播学院在最近一轮的研究生课程改革中,着重将原来一门只有3个学分的研究方法课,分解成为6个学分的5门课程,即定性研究、调查法、实验法、内容分析法和数据分析。多年来,王霏老师一直担任"实验法"课程的教学任务,《实验广告学》就是他多年实验法课程教学的成果或结晶,也算是此轮研究课程改革的衍生产品。

研究方法重要,研究方法中的实验法尤为重要,因为一个学科中的许多理论观点的验证,都需要采用实验法,才比较有说服力。广告学科也不例外。所以,一个优秀的广告研究者不管是否采用实验法进行研究,都应该对实验法有一个基本的了解。

实验法是多种数据采集方法中的一种。在一般研究方法教科书(包括我自己撰写的入选"教育部2004—2005年度'研究生教学用书'"的《广告调研方法》)中,实验法通常只占全书的一两个章节。这样的安排只能将实验法的框架大概写清楚,很多更深入、更具体的细节则往往限于篇幅和结构没有办法呈现出来。使用这类教材的学生们想熟练地掌握实验法这一工具,一般还要阅览其他参考书或研究文献资料;同样,使用这类教材的老师们,要讲清、讲透实验法,要能够清楚地回应学生的问题,也需要借助其他参考书。王霏老师的《实验广告学》,对实验法在广告研究中的运用,做了系统、全面、深入介绍,很好地弥补了一般方法教材的不足,给讲、学广告实验法的师生们提供了一本近似百科全书式的教材或参考书。

王霏老师是中国科学院心理研究所的博士毕业生,受过严格的研究方法特别是实验法的训练,在厦门大学广告专业担任教师以来,亲自采用实验法做过不少研究,有些成果已经发表国内和国际刊物上;也指导过一些研究生采用实验法进行有关毕业论文的研究,其中有些硕士论文还获得优秀评价。因此,《实验广告学》不仅是课程教学的产物,而且是研究实践的结晶。作为一个广告研究方法教材的撰写者,以及一个广告研究方法课程教学的老教师,阅读完他的初稿,我仍能从中收获不少知识和经验,故也借此向对实验法有兴趣的读者们推荐。

黄合水

广告学教授

厦门大学新闻传播学院常务副院长

2019 年 2 月 18 日

前　言

　　广告研究历经百余年的开垦与发展,终成一门独立学科。前辈学者艰苦卓绝、筚路蓝缕,为广告学积累了丰富的知识和经验。然而,时移俗易,眼下以移动互联网为代表的新媒体以及大数据和人工智能开启了广告研究的新时代。新时代,新要求。过去,广告研究的经验为本学科发展奠定了基础,现在,这些经验需要接受新时代的考验,以科学的面目重新示人。

　　广告实践是科学与艺术的结合,要研究广告中科学的部分,就需要引入科学的研究方法,尤其是实验法。所幸的是,对于实验法,我们不需要重起炉灶,独自创造一套新的手段与规则。实验法本身已经相对完备与成熟,并以心理学实验为起点,向社会科学研究逐步辐射与渗透。以实验法为代表的研究方法对于许多独立的社会科学门类来说,已经是必不可少的基础和组成部分。实际上,以往的广告研究并不乏使用实验法的优秀范例,然而,这些零星的研究如萤虫之火,分散而微弱。在广告学研究中,实验法的使用仅仅处于自发阶段。如今,一方面,新时代对广告学有着全新的、迫切的要求,另一方面,广告研究学者也已经有了充分准备,时机逐步成熟,在广告学中对实验方法的引介与使用应该从自发阶段向自觉阶段迈进。"实验广告学"应该并且必将成为广告学研究中一门独立的子学科。

　　"实验广告学"看起来是个全新的名字,实际上类似命名在其他学科中并不鲜见,如"实验心理学""实验经济学""实验哲学""实验伦理学"等。"实验广告学"命名灵感即来源于"实验心理学",其使命是研究广告实验的基本理论、基本技术并介绍广告学领域中具有标杆意义的实验研究成果。虽然命名源自"实验心理学",但体例并不相似。通常,"实验心理学"是以研究主题和具体的研究领域为纲领,将心理物理法、知觉、注意、记忆、思维等研究主题划分为独立章节,其中填充具体的实验设计和技术;而本书则以研究方法和技术为纲领,将实验设计中的术语与模型划分为独立章节,其中填充具体广告研究主题。这样的安排是由于学科发展特性所决定的。实验广告学草莽初创,当务之急是学习各种实验设计方法和研究手段,因此以研究手段为纲领更加清晰易学,是一种值得尝试的探索。另外,尽管广告学研究也有百余年的历史,但广告学界并没有对适用于实验法研究的主题进行清晰的划分。既然缺乏公认的、完整的广告研究主题体系,也就谈不上依据类似心理学研究中的具体研究领域来做纲领。虽然,零星地使用实验法研究广告的现象在广告学界早已存在,但实验法还远不是广告学研究中主流的研究方法——这也正是本书倾心尽力争取的方向——因为当前使用实验法的广告学研究还比较初步,仅仅聚焦部分研究设计类型,而另外一些在其他学科中早已司空见惯的设计类型和技术手段在广告研究中尚不多见,这样就出现了某个实验设计纲领之下,在现实中没有广告学研究作为对应实际研究案例填充的尴尬。尽量引用广告学或者相关学科文献,尽量选择较新或者有代表性的文献,尽量选择发表在影响力较大的期刊上的文献,在上述三项基本原则下,本书在写作过程中引用了很多非广告学的实验作为案例填充,主要是心理学、消费行为学和传播学的实验研究。这些来自其他学科的文献,属于他山之石,借鉴一下也未尝不可,倘若能够启发广告学研究拓展自己的研究,可以自由选择更符合自己研究主题和研究目的的实验设计类型和技术手段,也是善莫大焉。期待在不久的将来,随着使用实验法研究广告现象的观念深入人心,更多范例性的广告实验研究如潮涌现。

  这本书的主要读者是广告及相关专业的学生。就我所知,广告学一般设在新闻传播学院。无论本科还是研究生都要接受一般的新闻传播学研究方法训练。在研究方法训练中,实验法仅仅占其中很小的一部分,这与实验法在本学科中的基础地位和应得的关注是极不匹配的。正像学习心理学的学生在接受一般心理学研究方法训练之外,"实验心理学"是其必须深入学习的课程一样,"实验广告学"也应在广告学的学习中占有如此根本的地位。然而,对于那些传统广告系的学生来说,看到这本书时,可能只是第一章的部分内容,例如广告史等内容让他们有一种亲切感,越到后面则越觉生疏晦涩,仿佛进入了一个完全陌生的领域。是的,"实验广告学"所涉及的理论及概念,自成一套话语体系,在本书中,会谈及随机化、操作定义、控制、自变量、因变量……具体而言,各个章节的内容如下:

前　言

　　第一章简要回顾了广告实践和广告研究,也指出了科学研究方法在广告研究中的价值和面临的挑战,最重要的是对实验广告学这一全新名词加以清晰的界定。此部分起到了正名的作用,同时对广告实验研究的现状做了有限回顾。

　　第二章采取了较宏大的视角对科学研究的必要性、特征和大致类型进行了回顾。希望学习实验广告学的学生能够对科学研究方法谱系有宏观上的把握,明确实验法在所有实证研究方法中所处的位置,重视实验法的价值。同时也要明了,实验法只是众多实证研究方法之一,切勿入主出奴。

　　第三章聚焦了实验研究的一般过程以及对实验设计的整体评价。实验研究的一般过程可作为初学者尝试自己研究时的借鉴框架。实验整体评价指标可以使初学者在安排自己的实验设计时,特别关注并排除那些有害实验效度的因素,又或者像经验老到的研究者那样,对他人的研究进行高层次、全方位的评价。

　　第四章整理了实验设计中可能涉及的几乎所有概念。这样处理类似词典的性质,方便对特定概念不清楚的初学者查询。同时,把相似的概念集中在一起,有利于对照分析。当然,坏处也是显而易见,集中大量概念导致信息密度太高,阅读体验比较差。

　　第五章概述了实验设计的基本情况,更重要的,对三个经典的真实验设计模式进行了详细地剖析,并以该实验设计模式为纲领,把与之相似的前实验设计和准实验设计模式也纳入其中,方便初学者对照学习。在本书中,前实验设计和准实验设计被称为降等设计。"降等"一词,主要是针对实验设计中,对自变量和混淆变量操控的严密程度而言。实际上,对于具体的研究问题而言,研究方法只有适宜不适宜之辨,并无所谓等级之差。

　　第六章分析了更加复杂和高阶的实验设计类型。实际上,第六章的析因设计和混合设计才是广告学实验研究中最常用的设计类型。本章其他设计类型和第五章基础设计类型在广告研究中并不常见。但不常见并非不重要,初学者应该在所有的实验设计类型上都花一些力气,储备完整的实验设计知识,在自己做研究时,能够信手拈来,不受制于单一类型。

　　最初的设想,本书完整体系还包括对因变量的各类测量手段、某些范式以及研究伦理进行探讨,约有两三章的内容。然而,由于时间精力等各方面现实的原因,不得不忍痛割爱,拟放到下一版本中。

希望从事广告学、传播学等相关学科研究的受众在阅读本书之后受到启发，书中的实验设计类型和具体的实例也许会对他们在自己的研究选题和开展上有所帮助——这正是本书的目的和价值所在。

最后，还是要感谢一些人。

对于研究主题和本书命名，我曾经在"实验广告学"还是"实验传播学"上摇摆不定，多次与白海青老师、曾秀芹老师、孙蕾老师讨论，最后由黄合水老师敲定了现在的选题和命名。

感谢我的导师、中国科学院心理研究所李纾研究员为本书做序言。在我认识的为数不多的人中，李老师是少有的具有大智慧的人，他的行事做派，是我学不来、做不到的，只有羡慕钦仰的份儿。李老师日常工作繁忙，而且对学生要求严格，我本不敢献丑于前，为第一本书计，觍着脸求告，李老师居然答应。意外之喜，十分感谢。

感谢厦门大学广告系黄合水教授为本书做序言。黄老师为人正直严谨，宽容善良，对后辈多有提携。黄老师也是心理学科班出身，在广告这个领域浸淫日久，对该领域贡献良多。也是凭借作为黄老师的晚辈后学，央其作序，黄老师慷慨应承。幸运之至，感谢非常。

感谢厦门大学王晶老师阅读了本书第一章早期的版本并提出了意见。

感谢厦门大学柯学老师提供了一些有价值、有意思的观点和比喻。

感谢我的研究生魏毅晖、冯昱、郭婉菁、朱丹和杜宛霖对草稿试读，对部分文字校对以及对封面选择提出的建议。

感谢毕业已久的吴蓉蓉同学对封面设计提出的建议和精神支持。

感谢本书编辑刘璐老师辛勤的工作，数次修订，不厌其烦。感谢本书封面设计蔡炜荣老师，为满足我的需求，几易其稿。

还有一些需要感谢的人，我无法说出他们对本书的完成有什么实质的、具体的帮助，但他们是给我力量的人，在这里不用一一写出来，都在我心里。

当然，如果书中有什么错漏——那简直是一定的——其责任完全在我。

目　录

第一章　绪　论 …………………………………………………………… 1
　第一节　广告实践及广告研究 ……………………………………… 2
　第二节　广告学科学研究方法 ……………………………………… 6
　第三节　实验广告学 ………………………………………………… 12
　第四节　实验广告学研究概况 ……………………………………… 17
第二章　科学研究概览 …………………………………………………… 22
　第一节　朴素科学家 ………………………………………………… 23
　第二节　科学研究的品质 …………………………………………… 31
　第三节　科学研究方法的三个层次 ………………………………… 38
第三章　实验研究过程及评价 …………………………………………… 51
　第一节　实验研究的一般过程 ……………………………………… 52
　第二节　研究报告撰写 ……………………………………………… 68
　第三节　实验效度 …………………………………………………… 72
第四章　实验研究基础 …………………………………………………… 87
　第一节　实验中的人和组 …………………………………………… 88
　第二节　实验中的变量与关系 ……………………………………… 92
　第三节　实验中的效应与变异 ……………………………………… 104
　第四节　实验中的操作 ……………………………………………… 118
第五章　实验设计（上） ………………………………………………… 130
　第一节　实验设计概述 ……………………………………………… 131
　第二节　前测后测控制组设计及降等设计 ………………………… 146
　第三节　仅有后测的控制组设计及降等设计 ……………………… 153
　第四节　所罗门四组设计 …………………………………………… 166
第六章　实验设计（下） ………………………………………………… 174
　第一节　析因实验设计 ……………………………………………… 175

第二节 随机化区组设计与拉丁方设计……………………………… 183
第三节 重复测量设计…………………………………………………… 192
第四节 中断时间序列设计及其扩展模式……………………………… 207

参考文献……………………………………………………………………… 213
后记…………………………………………………………………………… 234

第一章 绪 论

广告实践有着漫长的过去,而广告研究只有短暂的历史。

广告实践伴随着人类的信息交流活动而出现,形式由简入繁,内容也逐渐丰富,发展成当今异彩纷呈的广告形式,大致经历了原始广告、近代广告、现代广告和当代广告等四个阶段,历经数千年。而广告研究起步却较晚,到现在也才一百多年的历史。从诞生之日起,广告研究就受到多个学科的综合影响,可以说,广告研究的发展有赖于其他学科的深度发展。然而,在其来源学科都在高速发展的同时,广告研究却没有同步发展,究其原因,正是由于这种驳杂的来源,使得广告研究的主题非常宽泛,并且使用的研究方法也纷繁复杂,学科内部缺乏交流对话的基础,更无法以整体的面貌向外界展示和沟通。因而,广告学的学科地位受到了严重的质疑。科学研究方法的引入可以使纷杂的主题统一起来,不但使不同分支有了对话的基础,而且为理论发展、实践指导和科学管理提供必要的工具。因此,引入科学研究方法成为目前广告学发展的迫切需求。然而,即使在广告研究学界内部,仍然有很多研究者没有认识到科学研究方法对本学科发展的价值与意义,甚至对科学研究方法存在种种误解与疑惑。出现这种情况的原因之一可能在于其一般方法学训练不足,加强方法学特别是实验方法的训练是解决该类误解与疑惑的有效手段。

实践证明,实验法在诸如物理学、生物学、心理学、经济学乃至哲学研究中都起到了巨大的推进作用。在广告学研究科学化的过程中,实验法这样一种极具特色又居于基础地位的科学研究方法亟须引入,并且,也有必要衍生出一门独立的子学科——实验广告学。实验广告学的确立对于广告学理论发展具有极大的价值,可能会深刻地改变广告学研究的面貌,并推动广告实践的发展。虽然,实验广告学作为一个学科尚处于萌芽状态,但以实验法探索广告现象的研究则早已在国内外某些大学和研究团体中广泛展开,并且,通过会议或者期刊的形式,这些研究在广告研究的学术共同体中得以充分交流,并逐渐产生深刻影响。

第一节 广告实践及广告研究

一、广告实践

广告实践(advertising practice)产生于人类早期信息交流以及商品交换活动的过程中。早期的广告主题多为政治、军事和文化广告,随着第三次社会大分工,专门从事商品交易的商人出现,农业、手工业和商业并存,商品制造发达,市场交易繁荣,一般商业广告得以初步发展起来(陈培爱,2009)。广告形态的发展,受制于当时社会政治、经济和文化的发展,同时还受制于传播媒介和技术的发展。因而,由于政治、经济和文化以及技术等方面的差异,广告实践在不同国家的发展轨迹也不尽相同,但从本质来讲,大同小异(秦臻,2009)。依据承载和传播广告的媒介发展水平,广告现象的发生、发展大致可以分成以下四个阶段。

(一)原始广告

根据文献记载,最初的广告形式多为口头广告、实物广告和标记广告(陈培爱,2014)。随着社会的政治、经济和文化发展,在继承以往形式的基础上,广告出现了更多的表现形式,吟唱广告、商标广告、旗帜广告、悬物广告、灯笼广告、招牌广告、店堂装饰和名人广告等(陈培爱,2009;王淑兰,2010;杨海军,2012)。有文物佐证的最早的文字广告是悬赏追缉逃奴的广告,这则广告写在莎草纸上,系3000余年前埃及首都底比斯的遗物,目前保留在大英博物馆里(陈培爱,2009;杨海军,2012)。但也有学者根据文献记载,认为中国甲骨文《甲》、《后》、《龟》、《粹》和《续存》中有关捕亡、征兵等记载早于埃及的追逃广告,这些才是世界上最早的文字广告(崔银河,2008)。

尽管这一时期的广告形式看起来在不断发展丰富,但此时的传播媒介仍以口头和文字传播为主,因此,受制于传播媒介,广告信息只能在较短的距离内进行传播,并且复制困难、复制成本高、复制规模小,严重地限制了广告信息的传播空间和效率。及至印刷术的发明,信息第一次可以被"原封不动的批量复制"并作大规模传播,大大提升了信息传播效率,因而促进了广告业的发展,世界从此进入近代广告时期。

(二)近代广告

通常认为,雕版印刷始于中国的唐朝(郑也夫,2015),但也有研究认为始于南北朝时期(方晓阳,张秉伦,2006;宁亚玲,刘卫武,2017)。最初不过是涉及宗教的印刷品,随着印刷术的发展成熟,出现了商业印刷广告。北宋时期的济南刘家功夫针铺广告被认为是世界上最早的印刷广告,其铜版现在仍然保留在中国历史博物馆里(陈培爱,2014)。印刷术传入西方,古滕堡(Gutenberg)于1445年发明了铅活字印刷机器,为印刷广告提供了便利的条件。1472年,坎克斯顿(Caxton)印制了销售宗教书籍的广告,这则广告被认为是最早的英文印刷广告(陈培爱,2009;王淑兰,2010)。英文中的广告(advertisement)一词也在1655到1660年之间成为商业通告普遍采用的标题。也正是在这一时期,最早的报纸广告、期刊广告相继出现,摄影、图片、广告画及户外霓虹灯等新技术不断地应用到广告中来。此时的广告业发展一片欣欣向荣,广告税成为政府税收的一大来源。1712年,英国国会通过了对报纸广告的课税法案,成为世界上最早由政府实施的广告管理活动(陈培爱,2009;王淑兰,2010)。

专业广告代理公司是近代广告另外的一个重要特征。1841年,帕尔默(Palmer)在费城(Philadelphia)开办了美国第一家广告代理公司,此时的广告代理公司仅仅提供为客户购买报纸版面的服务。1869年,艾尔父子广告有限公司成立,这家公司除了为客户购买报纸版面,同时开始了为客户制作广告战略的服务(陈培爱,2009),这一举措标志着具有现代广告公司特征的独立广告代理商出现了。

(三)现代广告

科技发展促进了各种新式媒体的出现。广播渗透到大部分家庭,将需要一定教育水平才能阅读的文字,转变成人人都可听懂的声音进行传播,受众还可以一边听广播,一边做其他事,而且广播广告还具有交流感与意境性等特点;电视则将视觉及听觉信息整合在一起,给受众带来身临其境之感,强烈地吸引了受众的关注,受众接触媒介时间从几十分钟延长到几个小时(郭庆光,1999)。电视广告覆盖面广、直观性强等特点,使电视广告迅速成为最重要的广告形式;电影广告也逐步发展出贴片广告、植入广告等类型(王淑兰,2010)。广告媒介日益多样化,随之广告内容也日益丰富。

随着美国综合实力的上升,世界广告中心也从欧洲转向了美国。这一时期,广告活动逐渐职业化和专业化,广告投入也节节攀升(王淑兰,2010);国际及各国内部成立的广告行业组织为推动广告业的发展进步起到了积极的作用;广告行业竞争激烈,促使广告诉求更加关注消费者需求,各种广告策略迅速发展并被广泛运用(陈培爱,2009)。

与国外广告发展相比,中国大陆近现代广告业的发展经历了停滞、取消和恢复等特殊阶段(陈培爱,2009),直到1979年,中国广告业才进入了现代广告时期。

(四)当代广告

数字技术、芯片技术的发展使得划时代的传播方式在短时间内如雨后春笋般被发明出来。伴随着这些技术的发展,信息传播方式发生了深刻的变革。首先,信息传播者可以和受众进行即时的(online)、双向沟通,传播者甚至可以根据受众的反馈修改所传播的信息;其次,传播受众的定位更加精细化,通过挖掘受众留下的"电子痕迹",可以有针对性地向不同受众推送最适宜该受众的信息,例如,Facebook利用大数据挖掘,根据受众的特点有针对性地投放川普竞选广告(BBC,2018);再次,信息生产的去中心化,从信息采集到传播的工作不再被少数专业人员所垄断,受众也参与其中,此时,受众不再局限于被动的信息接受者角色,而成为信息的主动传播者甚至信息的编制者;最后,移动互联网络和相关硬件设备的发展,使信息的传播效率进一步提升,受众可以不受空间和时间的限制,随时、随地、随心地接收或者关闭信息传播。目前,受众停留在网络上的时间已经超过了在其他媒体上的时间(科特勒,凯勒,2014)。

广告的形态随着媒介技术的发展发生了巨大的变革。互联网广告异军突起,越来越多的广告主选择将广告投放在网络媒体上。互联网广告不断蚕食传统媒体广告的市场份额(科特勒,凯勒,2014)。旗帜广告(banner)、弹出广告(pop-ups)、付费搜索(paid search)、行为定位广告(behavioral targeting)、社交媒体(social media)、富媒体(rich media)、视频点播……(乔治贝尔奇,迈克尔贝尔奇,2014),广告形式不断丰富与创新。移动互联网的出现,大大加速了新广告形态的创造与发展。

当代的广告已经发展到前所未有的新高度。

二、广告研究

广告现象随着社会政治、经济、文化和媒介的发展,演变了数千年,可以说是人类重要的文化与经济活动之一,然而,对广告现象的研究则从19世纪末才逐步开始,蹒跚而行。1866年,莱坞德(Larwood)和哈顿(Hotten)出版了《路牌广告的历史》(*The History of Signboards: from the Earliest to the Present Day*);1898年,李维斯(Lewis)提出AIDA法则;随后,盖尔(Gale)的《广告心理学》(*On the Psychology of Advertising*)于1900年出版,斯科特(Scott)的《广告学原理》(*The Theory of Advertising*)于1903年出版,对广告现象进行自觉的研究从此开始;几乎与此同时,广告教育也在美国的一些大学中逐步展开,1902年到1905年间,宾夕法尼亚大学(University of Pennsylvania)、加州大学(University of California)、密歇根大学(University of Michigan)和西北大学(Northwestern University)开始了广告学方面的课程。广告教育在大学中开展,使得研究者有了固定的研究场所,学术共同体(academic community)得以初步形成,研究者之间彼此交流,相互启发,促进了广告研究的繁荣发展。相应的,广告研究成果也通过系统的教育传承下来。从此,广告学逐渐成为一门独立的学科(陈培爱,2014;王淑兰,2010)。

随后,随着时代的发展,广告研究及理论不断涌现。20世纪二三十年代市场调查手段引入,基于消费者洞察的理性和感性推销观确立(杨海军,2012;王淑兰,2010),霍普金斯(Hopkins)出版的《科学的广告》对广告学科的科学化产生了重大影响(陈培爱,2009);及至四五十年代,"独特的销售主张"(USP, unique selling proposition)由瑞弗斯(Reeves)提出,并被从业者广泛采纳;六七十年代,里斯(Rise)和特劳特(Trout)的广告定位理论(Positioning)被迅速传播,企业形象识别系统(corporate identity system)也得到了企业的普遍重视,科学派广告创意观、艺术派广告创意观、戏剧性广告创意观以及混血派广告创意观等理论和观点不断涌现;八九十年代,整合营销传播(IMC, integrate marketing communication)逐步确立并成为一种新的趋势(陈培爱,2014;王淑兰,2010;杨海军,2012)。

中国的广告研究与教育相较于西方,起步并没有晚太久。1918年,北京大学新闻研究会已经开始研究报纸广告,开中国广告研究之先河;1920年至1924年之间,厦门大学、圣约翰大学及燕京大学等逐步开始了广告学的课程(陈培爱,2009;王淑兰,2010),中国广告教育也从此发轫。随之,以广告现象为研究对象的书籍也与日俱增、蓬勃发展,甘永龙编译的《广告须知》于1918年出版,蒋裕泉的《实用广告学》于1926年出版,戈公振的《中国报学史》于1927年出版,蒯世勋的《广告学ABC》于1928年出版,刘葆儒的《广告学》于1930年出版,苏上达的《广告学概论》于1931年出版,王贡三的《广告学》、罗宗善的《广告作法百日通》及赵君豪的《广告学》分别于1933年出版,叶心佛的《广告实施学》于1935年出版(陈培爱,2009),早期的中国学者为广告学理论的创新与传播贡献了自己的智慧。令人扼腕的是,之后中国大陆广告研究和教育进入了很长一段时间的低谷期,直到伴随着中国大陆广告业的再度勃兴,才再次从沉睡中醒来。1983年,厦门大学新闻传播系创办了中国大陆第一个广告学专业,随后数百所大学先后开办了广告学专业,广告专业期刊和图书相继出版,中国的广告教育和研究才进入到新的发展轨道(陈培爱,2009)。

在广告研究这百余年的历史中,有对广告历史发展的上下求索,有对广告实践的经验总结,也有对广告效果的实证研究。然而,相对于其他成熟学科来讲,广告的实证性研究还属凤毛麟角,广告学教育中也缺乏对科学研究手段的深入引介。

广告学还是一门非常年轻的学科。

第二节　广告学科学研究方法

广告学是一门年轻的学科,也是一门综合性学科,受到美学、心理学、经济学、社会学以及营销学等诸多学科的影响(陈培爱,2014),因而注定了其理论与研究手段来源驳杂,彼此交叉。在国内外教育教学实践中,广告学通常被纳入传播学范畴,自然也讲授并使用传播学所提倡的各种研究方法。正如传播学的学术合法性常常遭受质疑(陈力丹,2007),广告学的学术地位也经常受到外部质疑,比传播学境况更艰难的是,甚至在广告学学术共同体内部,广告学采用哪些研究方法也未达成共识。实际上,广告学研究最大的问题并不是采用哪些科学研究方法,而是科学研究方法有无的问题。在广告学研究中,科学的研究方法被强调的不是太多,而是太少。只有在科学研究方法的价值被学术共同体广泛认同,关于科学研究方法的争议被学术共同体普遍探讨乃至解决,广告学的学术地位才会被确立得更坚实。

一、科学研究方法的价值

受制于历史、社会、学科发展或者研究者学术训练等因素,各种视角共存也有其一定的合理性,甚至思辨、经验总结与科学实证(empirical)等研究取向共存也是学科发展初期无法跨越的阶段。然而,广告学要获得长足发展,离不开广告实践的蓬勃兴起,离不开广告学相关理论的推进,离不开广告人的精心培养,而这一切又离不开科学研究方法的引进。科学研究方法的价值需要被学术共同体广泛而清晰地认识。

(一)学科独立与统一的必要条件

一些表面上有些联系的研究主题、凭借自发总结的松散的思想或理论,无法构成一个独立的学科。要成为一个独立的学科,通常至少必备两个条件:其一,需要有自己独特的研究主题;其二,需要有与研究主题相适应的研究方法(Stanovich,2017;胡正荣,周亭,2017)。广告学研究主题随着时代的发展不断扩展,大体上包含广告发展史、广告人素质、广告组织、广告策划、广告媒介、广告管理法规、广告创意与设计、广告传播过程(陈培爱,2014)等诸多领域。这些领域与其他学科的研究对象多有交叉,换言之,广告学研究的对象可以纳入其他学科的子领域中,如,广告发展史可以纳入历史研究范畴,广告人素质和广告组织可以纳入管理学研究范畴,广告的创意和设计可以纳入文学和艺术学研究范畴,广告传播过程可以纳入心理学和社会学研究范畴……。如此分散的主题令人担忧广告学是否可以称为一个学科,各个分支又如何保证协调一致性。因此,单凭研究主题无法使广告学与其他学科区分开来。科学的研究方法可以应用于广告学中涉及"真假"问题的分支,促进广告学各个分支的研究发展,实现学科在方法层面的内部统一,以区别于研究相似主题的学科。因而,对于广告学这样一门年轻而综合性的学科,坚持科学研究方法显得尤为重要。

(二)广告理论丰富与发展的动力

广告学的研究对象包括广告活动和广告事业的产生与发展规律(陈培爱,2014)。应该说,其中大部分主题涉及"真假"的问题,这也正是实证科学所涵盖的范畴。对于存在"真假"判断的理论,衡量其是否占据一定科学地位的标准是它的可证伪性、可反驳性或可检验性(波普尔,2003),证伪或者检验这些理论需要引入科学研究方法来实现。有些理论能够解释一切已发生现象,但回避做出可以证伪的预测。这样的理论看起来完美无缺,然而实际上没有任何科学价值,因为它并没有真正地解决问题(它能够预测新现象的发生吗?),仅仅提供了该问题已经解决的假象,反而阻碍了进一步研究该问题的可能性。而如果一个学科中充斥太多的不可证伪的理论,就会严重地阻碍该学科的发展(Stanovich,2017)。在广告学研究中,有许多经过检验的理论,也有许多广告界巨擘的个人经验总结。这些经验总结一方面充满了天才的思辨,令人叹为观止,另一方面又符合读者的直观感受,甚至,其中不乏能够解释已经发生的现象的"理论",因而得以借"理论"与"法则"的形态刊行于世,充斥于广告学术共同体中。然而,不幸的是,很多这样"理论"也仅限于解释已经发生的现象,并不能对未发生的事情做出具体而精确的预测,更无法经得起科学方法的检验。通过科学方法对这些经验总结进行检验,抛弃或修正错误的理论,保留正确的理论,才能够使后人在前人研究的基础上更上层楼,从而丰富和发展广告学研究。

(三)广告实践的指导与检验标准

广告是一门实践性、操作性很强的学科,如何有效率地提升促销效果是广告实践最重要的目标——如果不是唯一目标的话。在广告发布前后使用科学方法进行评估至少有以下四个好处(乔治贝尔奇,迈克尔贝尔奇,2014),其一,避免或减少投入失误。广告主每年在广告上的投入动辄数百亿美元,无效的投入不但造成巨大的浪费,还会使广告主错失良机,增加了机会成本,更糟糕的是,有些广告甚至会起到反效果,对广告主形象造成巨大的伤害。其二,明确广告诉求。广告主整天与项目打交道,非常清楚自己的诉求,但往往忽略了受众对此项目一无所知,反而想当然地认为受众应该清楚自己的项目诉求,科学的评估方法有助于提醒广告主发现其中的落差。其三,帮助广告主做出最优选择。广告方案执行前,广告主往往同时面临多种广告策划备选方案,单凭经验选出效果最优方案简直是不可完成的任务,使用科学的评估方法可以解决这样的问题。其四,确定目标是否达成。现代的媒介环境空前复杂多变,受众选择的主动权大幅度扩张,通过粗放的销售效果来指征广告效果显然已不合时宜。选择科学的评估方法,使用明确而具体的评估手段可以帮助广告主抛弃广告方案中无效的部分,保留有效的部分。

(四)广告教育与管理的基石

广告学的发展,离不开对广告人的培养(陈培爱,2014)。广告学教育,除了广告相关理论及实践经验的传授,还应该包括广告研究方法的训练。学科的研究方法是学术共同体推动学科发展的有力武器。缺少了方法学的训练,初学者往往耽于各类玄妙的理论,却无法了解这些理论的由来,无法对这些理论进行批判性接受,无法在旧有理论的基础上,对其进行深入探讨,更不可能提出新的理论。同样道理适用于广告管理,科学的管理来源于科学的评估,科学研究方法的引入有助于广告的科学管理。

二、科学研究方法在广告研究中面临的挑战

在广告学科中,理论与研究方法多从其他学科,特别是从心理学和营销学等学科移植过来的,虽然这意味着广告学研究的源头至少部分地根植于科学研究方法中,但远非广告学自身稳定的传统。广告学研究人员来源于多个学科,未必都受过科学实证研究方法的训练,对科学的品质以及研究方法存在一些似是而非的误解和批评。本节将首先分别列出几项典型的误解与批评,然后逐个进行简要分析和回应。对科学品质的详细讨论将在本书第二章第一节中进行。

(一)科学研究方法不能解决广告学所有问题,并且很多现象也难以应用实证手段检验

广告学是一门综合性学科,不仅涉及效果是否存在("真假")的问题,还可能涉及广告设计是否具有艺术性("美丑")以及广告活动是否符合法律规定和道德要求("善恶")等问题。科学研究方法的确不能解决广告学涉及的所有问题,涉及"美丑"的问题可以借鉴美学的研究方法解决,涉及"善恶"的问题可以借鉴伦理学的研究方法解决,而凡是涉及"真假"的问题,科学研究方法则当仁不让,都可以加以解决。

也有人认为,即使对"真假"问题,科学研究方法也仍然无法解决某些问题,因而引入科学研究方法是无益的。这种看法没有认识到科学研究是一个渐进的过程,包括科学研究方法的演化也遵循同样的规律。对于某些具体问题,可能一时缺乏相应的研究手段,但不意味着科学研究方法永远不能解决该类问题。这些问题中,有些不需要研究方法多大的改变,仅仅需要技术的进步甚至设备的更新换代就足以解决。比如,以前,要了解一则广告或品牌刺激对消费者的头脑产生了什么样的影响,通常需要消费者安静地躺在脑磁成像(magnetoencephalography,MEG)设备里,以便扫描大脑的脑区。而这样的设备除了严格要求限制身体和头部运动,还有其他诸多限制,这些都严重地限制了我们对消费者头脑中品牌认知的探索。现在可以移动的脑磁设备被发明出来(Boto et al., 2018),摆脱了这些限制,研究应用范围和适用人群更加广泛。当然,还有一些问题,不是简单的技术进步就能成功解决的,不过,随着学科融合,不同学科背景的人深入合作,新的研究方法被引入或发展,有些原来看起来无法解决的问题最终会得以圆满解决。这样的例子在科学史上并不鲜见,比如,运气与天赋,哪个因素对于个人成功更重要?对于这个问题,有太多

哲人的思考,争议不断,而且这个问题看起来太复杂,没有合适的科学方法来解决,但近期白昂度等人(Biondo & Rapisarda, 2018)使用计算机模拟的方式比较圆满地回答了这个问题;再如,历史学家怀疑美国国父杰斐逊(Thomas Jefferson, 1743—1826)与他的一名黑奴私通后育有后代,这样的争议在基因相关理论和技术发展出来之前难以解决,到了1998年,该争议被基因技术所解决(Stanovich, 2017)。

(二)实证研究的结果不过是常识而已,既然通过经验就可以得出常识,何必花人力、财力和精力去研究它们?

不可否认的是,广告业界甚至学界的某些研究者,仍然倾向于倚重个人经验进行广告实践或者总结规律,甚至有人认为这样的经验总结更贴近现实,更靠近真理。然而,不计其数的研究已经发现,依赖经验总结的常识常常是不可靠的。这一点,传播学鼻祖之一的拉扎斯菲尔德(Lazarsfeld, 1949)甚至早在20世纪四十年代就已经给出了明确的例证,例如,人们往往认为:①受过良好教育的士兵比教育水平低的士兵更难以适应军队环境,因为学校教育环境单一,哪如"社会大学"环境复杂;②南方士兵比北方士兵更适应炎热的气候,因为南方人已经习惯了炎热;③多年的压迫造成成就动机减弱,因而黑人士兵与白人士兵相比,不应该那么热衷晋升。然而,上述每一条"常识"都与事实相反。经验的鲜活性、模糊性和诠释的灵活性等与生俱来的缺陷导致个人的经验总结是不可靠的(马奇, 2011),更糟糕的是,人类总结经验所依赖的认知加工过程——从感知到问题解决等一系列认知活动——都充满了偏差和错误(卡尼曼, 2012;李纾, 2015;普劳斯, 2004)。另外,常识经常是矛盾的,对于同一现象,不同观察者可能有不同的经验,甚至同一观察者在不同状态下也会产生不同的经验,这些经验常常是互相抵牾的,观察者之间莫衷一是,因此,依赖常识不能推进广告学的发展与繁荣,使用科学研究方法才可能去伪存真。

实际上,广告学研究经过若干年的发展,已经逐步走上了抛弃个人经验总结,使用科学研究方法对现有理论进行检验的道路。目前,许多广告学理论早已超过了常识所能触及的范围。但人们为什么仍然认为实证结果不过是常识呢?其实,这种现象源于人类的一种被称为"事后聪明"(hindsight bias)的认知偏差,即,我们的记忆系统会自动更新过期的认识,将已经发生的事情看作是不可避免和显而易见的,有意无意地忽视自己后来的判断已经受到了已知结果的影响(普劳斯, 2004)。当然,这种现象也可以用常识"事后诸葛亮"来描述——这个常识确实是正确的,是通过了科学方法检验的常识(Fischhoff

&Beyth,1975)。

关于该问题更详细的论述见本书第二章第一节的内容。

(三)科学研究方法只能验证广告短期的效果,对于长期效果无能为力;或者,只能检验广告对个体的影响,无法研究对社会的影响

首先应该明确的是,无论长期效果还是短期效果,无论对个体受众的影响还是对社会层面的影响都是值得研究的问题。一个研究问题的价值取决于该问题本身,而不是根据研究效果是长期、短期还是个人、社会等来区分优劣。实际上,无论长期还是短期效果,科学研究方法都擅长解决,媒体暴力对受众的影响即是一例。关于媒体上展现暴力情节和受众暴力思想与行为孰因孰果的问题一直争论不休,为此,不计其数的研究人员使用各类科学研究方法对此进行了广泛而精心的研究,其中不乏追踪儿童长达数十年的研究案例。这些研究中,有的发现8岁时的暴力媒介接触情况能够预测其19岁的攻击行为,甚至是30岁时因罪入狱的可能性;还有的发现8岁时观看暴力电视最多的前20%的人,15年后家庭暴力可能性更高。也正是通过系统的科学研究,研究者总结了影视暴力对人思想影响的三个可能路径(Myers,2010)。关于长期追踪的研究比较有名的还有:始于1966年关于自控研究的棉花糖实验(米歇尔,2016),始于1938年被称为格兰特研究(the grant study)关于幸福的研究(Vaillant,2003)。由于长期纵向追踪研究往往收集多个方面的数据,因而除了一些预设的研究问题,还会催生一些原来未曾想到的丰硕成果。另外,使用科学研究方法对较宏观的社会层面的研究也为数不少,例如,金等人(King,Schneer & White,2017)使用实验法研究发现,新闻媒体接触能够促使人们对特定问题采取公众立场,并参与到国家政策的讨论中,公开发表个人观点。当然,在广告学研究中,长期效果与社会层面的研究尚不多见,这并非由于研究方法不能解决该类问题,而是广告学科中的研究者尚未触及该类问题。

由于长期和社会宏观效果因果链条长,影响因素多,即使使用科学方法仍然需要面对极其复杂的状况,可能不易做出确定的结果,无法实现预期的目的。但我们为什么要相信,比起系统的科学研究方法,比起数以百人前赴后继、通力合作,某些个人的洞察反倒更能发现其中的规律?

(四)科学研究方法只能研究少量因素之间的关系,忽视了现实中复杂的关系

研究是循序渐进的,当我们最初发现两个因素之间存在特定关系时,可以通过系统地使用科学研究方法,逐步发现更多隐藏的多种因素的交叉影响,甚

至发现通过某个特定的条件才能产生影响的第三个因素。正是通过持续地使用科学研究方法,不断地深入挖掘,逐渐明晰不同因素之间的关系,才能够拼凑起比较完整的多个因素之间的关系图谱,无穷接近现实中的复杂关系。比如,典型的恐惧诉求的研究,最初,研究者可能仅仅发现某些特定的情感诉求比较有效,进而发现恐惧诉求能够增加受众对信息的接受。随着研究的深入,越来越多的研究发现建议行为的反应效能(response efficacy)、威胁的严重性(perceived severity)、易感性(perceived susceptibility)以及受众的自我效能(self-efficacy)等都可能调节恐惧诉求的效果,并且,恐惧诉求广告通过激发受众自身的保护或者防御动机(protection/defensive motivation)的方式,间接地影响了后面的应对行为(Maloney, Lapinski & Witte, 2011)。从上述例子可以看出,科学研究方法不仅适用于几个变量之间关系的研究,还适用于比较复杂的因素之间关系模型的构建,反倒是单纯依靠经验总结很难发现存在这么多因素,更难以说清这么多因素间的关系。

令人欣慰的是,尽管存在一些问题和争议,广告学术共同体却越来越清晰地认识到使用科学研究方法对广告现象进行分析的价值,不同研究取向之间也逐渐求同存异。当然,对于广告学的研究还要避免两个极端,当我们否认了一个极端——科学研究方法在广告学中没有任何价值之后,也要警惕另外一个极端——科学研究方法是万能的、完美无缺的。研究方法的使用是根据研究问题而决定的,每种科学研究方法都有其优点和缺点,也有其适用范围。对于科学研究方法,要做到既不排斥,也不盲从。

第三节 实验广告学

与调查法、内容分析法一道,实验法作为一项普通的研究方法被引入到传播学中(郭庆光,1999)。目前,由于广告学被纳入传播学学科体系中,其研究方法也就基本上沿袭了传播学研究方法。然而,广告学学术共同体对于实验法的重要性重视程度普遍不够,相关书籍对于实验法的介绍较为简略,甚至流于表面,初学者不能全面了解相关术语,无法读懂使用实验法研究的论文,更不要说独立设计实验、检验与发展相关理论了。有鉴于此,实验法需要被单独列出来进行深入探讨,成为新的研究方向——实验广告学(experimental advertising)。

一、实验广告学确立的必要性

在科学研究方法中,实验法一直享有崇高地位。著名物理学家费曼(Feynman, Leighton & Sands, 1963)甚至认为"科学原则,就其定义来讲,即,对于知识的检验唯有实验法。实验是判断科学'事实'的唯一依据"。与其他研究方法相比,实验法具有特别的优势。首先,实验可以主动创造条件,产生新现象,而不必像天文学研究那样被动地等待研究现象自然发生。也正由于可以创造现象,研究者就可以有充足的准备,无论是在理论准备还是物资准备上,充足的准备为研究者观察和记录现象创造了最优条件,使测量更加精确。其次,实验具有可控性,研究者可以排除或者控制一切不感兴趣的因素,仅仅研究感兴趣的因素,并且每次仅仅改变少量条件,因而可以获得明确而严谨的因果关系。设定明确的实验条件还可以使其他研究者重复并检验自己实验的结果,得以重复验证的结论会更加可靠,便于推广应用。再次,实验法最重要的优势不在于实验设计本身与现实情景有多少相像,而在于实验设计可以获得明确的因果关系,这几乎是其他方法都不具有的优势。明确的因果关系是理论发展的坚实基础,是实践应用的有力指导。最后,一般的实验研究成本相对低廉,仅用少量样本(sample)就可以获得有关总体(population)的确定结果。

实际上,实验法已经成为诸多学科发现事实、发展理论的最强大武器。传统学科如物理、化学自不用说,就连 1879 年才确立学科地位的心理学[①],由于科学研究方法特别是实验法的引入,使得分支领域繁杂的学科统一在科学方法的大旗之下(Stanovich, 2017),甚至可以说,因为实验心理学的确立才使心理学成为一门独立的学科(朱滢,2000)。实验法对非实验传统的学科也多有渗透,实验法与这些学科相结合产生了以"实验某某学"命名的新方向,比如实验伦理学,即采用科学的实验理论和方法来探索伦理问题,特别是道德行为的心理机制,情境、社会和文化的制约因素及其影响和对策等(彭凯平,喻丰,柏阳,2011);再如实验经济学,萨缪尔森曾经认为,经济学是无法进行主动受控实验操纵现象的,只能像天文学家那样被动等待现象发生了再进行观察

[①] 1879 年冯特在德国的莱比锡大学建立心理学实验室,使用实验法研究心理现象标志着科学心理学的开端。

(Samuelson & Nordhaus，1985)。但不久之后，萨缪尔森承认实验经济学是一项令人兴奋的进展(Samuelson & Nordhaus，1992)。甚至，被认为最不可能被实验法所征服的、充满智慧思辨的哲学也出现了实验哲学(Appiah，2014)，比如对所谓自由意志的研究(Libet，1985；Nichols，2011；Wegner & Wheatley，1999)。实验法的深刻介入使这些学科获得了崭新的强劲动力，焕发出勃勃生机。

  实验广告学的确立可以促进广告理论研究，检验广告学中发现的理论与事实，以便获得普适性的结论。例如，实验法应用于恐惧诉求的效果研究中，可以获得最普遍意义上的恐惧诉求效果，而不论广告中的恐惧诉求以何种具体形式表现(可以是平面的，也可以是视频的；可以是生理恐惧，也可以是社会恐惧)。除了广告理论研究，实验广告学还可以在广告实践应用中起到重要指导作用。实验法可以成为检验某一特定广告促销方案效果的工具，甚至可以检验具体广告以及更具体的某些特定元素，如特定的传播者(某明星)、特定媒介(如某电视台或某张报纸)的效果或影响。由于实验法设计严格，可以获得准确因果关系，因此对于指导后续的广告活动有重要的价值。同样道理，研究技术的引介是为实验设计服务的，其最根本目的在于辅助实验，大部分技术是实验中自变量操控、因变量测量的工具，但这并不排除可以把这些技术应用到具体广告活动效果的触发和测量的可能。恰当地使用这些技术可以为广告实践活动提供全方面、多角度的指导。

  实验广告学是整个广告学知识谱系中不可分割的一部分，而且是广告学研究和学习的基石。研究者对于科学研究方法掌握得越牢靠，对其学科所涉及的理论与实践理解就更充分，也更能以批判思维来审视既定研究与理论。当然，在广告研究中，实验法也有局限。广告现象是复杂的传播、社会、经济和文化现象，不应该也不可能使用一种研究方法就穷尽其所有问题，以单一方法套用在一切广告学的研究中无异于削足适履。经验内省、案例研究等方法在此后很长一段时间内，仍然具有一定生存空间和价值。实验法作为众多实证研究方法中的一种，对于适切对象的研究是强大武器，对于非适切对象错误地使用则是明珠暗投。

二、实验广告学的界定与使命

  实验广告学，简言之，就是研究广告实验的基本理论、基本技术并介绍广告学领域中具有标杆意义的实验研究成果的科学。

从定义可以看出,实验广告学至少包含了三个方面的使命,这三个方面的使命相对独立又彼此交叉,有机地构成了整个实验广告学的研究范畴:

(一)探讨科学的实验设计方案,为研究各类广告现象提供方法论基础和工具支持

实验广告学并不直接研究广告现象,不会罗列广告学研究中已经发现的若干事实和理论,更不会发明新的理论,而是探索实验方法检验已有理论或新理论的可能性。那么,哪些广告现象可以使用实验方法来研究呢?本质上,广告活动不过是商业信息的传播以及有目的的说服过程,这个过程包含了广告代言人、广告信息本身、广告媒介、受众以及整个广告活动所处的环境等诸多元素。结合拉斯维尔(Lasswell)的5W模型(郭庆光,1999)及社会心理学中说服模型(Myers,2010),可以获得图1.1所示范畴。

实验法既可以应用于下图任何一个元素的研究,比如受众特征的研究,也可以研究多个因素如何共同交互作用,比如广告信息特征与媒介特征如何共同影响广告效果。需要特别说明的是,实验法不仅可以研究传统的单向关系,还可以研究双向的影响,例如,我们既可以研究广告信息如何影响受众,又可以研究受众如何影响广告信息的制作。另外,广告活动并非发生在真空中,其所处的环境以及环境与其他元素间的双向影响也是实验法研究的对象。总之,广告现象中,所有涉及"真假"的问题都可以使用实验法来检验。

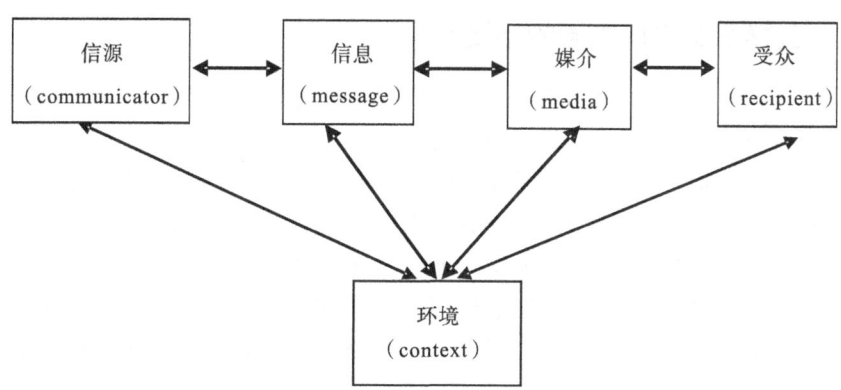

图 1.1 实验法适用的广告研究范畴

(二)引介各类新技术,探讨使用新技术进行广告研究的可能性

日新月异的技术不仅更高效地解决了以往研究中需要花费大量精力解决的问题,还解决了以往研究中没有办法解决的问题。正是依靠新技术的引入,

许多学科得以蓬勃发展。这些工具包括言语报告、一般行为观察、内隐测量、神经、生理及生化测量等几大类。广告研究对象与人类经济活动密切相关,应该更有能力跟上新技术发展的步伐。实际上,有些技术已经在广告实践中被应用,如得克萨斯的一家公司在2008年超级碗比赛中,应用脑电(EEG)技术测量受众观看广告时的神经活动(乔治·贝尔奇,迈克尔·贝尔奇,2014),但广告研究的学术共同体,还没有充分认识这些技术的重要性。还有一些技术,无论对于广告学界还是业界都是陌生的,因而更需要被引入和介绍,以促使其在广告研究和实践中应用。

(三)介绍广告学研究领域中具有标杆意义的实验研究成果

实验广告学虽然不以罗列广告学的发现与理论为目的,但仍然会以实验方法和技术为纲领,选择广告研究领域中一些经典或前沿的实验研究成果作为实例来填充,以加深读者对实验设计模板或者技术的了解。由于广告学的实验研究并不能涵盖所有的实验设计类型,也没有涉及所有的实验技术,因而,与广告学关系密切的学科,如心理学、传播学和消费行为学方面的实验研究,也会作为具体实例被引入分析。这些具体实例的引入,一方面可以更具体直观地说明如何做设计及使用某些实验设计模式和特定的技术,对后学者的研究设计起到榜样示范的作用,另一方面还可以启发研究者研究未曾使用过的方法和技术,开辟新的研究方向。

三、学习实验广告学的必要性

对于广告专业的学生,无论从理论学习角度还是实用角度,都有必要学习实验广告学。第一,作为以探讨研究方法为使命的实验广告学是广告学知识谱系的重要组成部分,方法学在任何学科中都占有基础性、支柱性地位。第二,该课程可以辅助学生对广告学其他课程的学习,广告学大部分规律是建立在科学研究方法的基础之上的,对于研究方法特别是实验法理解得越深刻,学生就越能牢固掌握其他课程的内容。第三,该课程还可以训练学生的批判性思维(critical thinking)。凭借实验广告学中的方法和手段,学生可以对既有理论进行批判式学习和检验,甚至从中发现问题,独立展开实验来检验既有理论,发展新理论。第四,学习实验广告学可以为将来独立开展研究打下坚实的基础,独立展开研究是进入研究生阶段和工作阶段都必须具备的品质。第五,即使将来仅从事广告实践方面的工作,实验广告学的学习也可以指导部分广告实践,比如如何追踪衡量广告效果等。第六,可以成为明智的广告受众。现代社会充满了各式各样的广告,各种力量都在试图明显地或者暗中说服受众,掌握了实验广告学中的方法和技术手段,受众就具备了对这些说服信息的抵御能力。

总之,实验广告学的确立,从理论角度来说,为发现广告现象的一般规律提供了坚实的理论武器,从现实角度来说,为测量广告效果,准确地操纵广告活动提供了强大的实用工具。实验广告学的出现,可能会深刻地改变广告学研究的面貌,促进广告学研究繁荣发展,为广告学各个分支理论研究的深化和扩展奠定基础。无论从理论角度还是从实用角度,广告专业学生都可以从该分支学科的学习中获益。

第四节 实验广告学研究概况

要确立实验广告学在广告学中独立的、基础性地位,不可能一蹴而就。

要成为一门独立的学科,需要多种条件的齐备:学术共同体达成共识,研究循序渐进地开展,研究成果日益丰富。实际上,正如广告实践早于广告研究存在,使用实验法研究广告现象,在学科地位确立之前也已经普遍存在。那么,是哪些人和组织在使用实验法研究广告现象?研究成果通过哪些渠道展示与传播?

一、国内外主要大学和研究团体

广告研究学者主要分布于各个大学新闻传播相关院系,极少部分广告学者分布于大学或科研院所的心理学专业和市场营销学专业。许多大学的广告系或专业在承担广告学教育的同时,也为广告学研究贡献力量。截至2013年,国内大学开设广告学专业的有421所,其中有11所学校招收广告学方向博士(陈培爱,2014)。强调实证,采用或者有可能采用实验法研究广告现象的有厦门大学、中国传媒大学、武汉大学、暨南大学、上海师范大学、北京大学及华中科技大学等。美国有116所大学开设广告课程,其中有几所大学拥有独立的广告系或研究机构,他们分别是伊利诺伊大学(University of Illinois at Urbana-Champaign)查尔斯桑德奇(Charles H. Sandage)广告系、密歇根州立大学(Michigan State University)广告与公关系及媒体与广告心理实验室、得克萨斯大学(University of Texas at Austin)斯坦理查德(Stan Richards)广告与公关研究院及阿拉巴马大学(University of Alabama)广告与公关系等。此外,中美之外的一些国家的大学也开展广告教育和研究,如西班牙的巴塞罗那自治大学(Autonomous University of Barcelona)、英国的利兹大学(University of Leeds)及法国巴黎第二大学(Panthéon-Assas University)等。需要特别注意的是,有些应用心理学及市场营销研究的学者研究广告现象,更可能通过实验法进行,他们是实验广告学学术共同体中不可忽视的组成部分。

广告研究者还可能分布于一些研究型行业协会中,一般来说,行业协会大部分成员都来自高校和科研院所,是较为松散的学术团体。以广告研究为核心目标的比较有影响力的团体有:美国广告学会(The American Academy of Advertising,简称 AAA)、欧洲广告学会(European Advertising Academy,简称 EAA)、中国广告协会学术委员会、中国高等教育学会广告教育专业委员会和中国广告教育研究会。为方便研究者开展学术交流,有些协会组织还定期召开会议,甚至办有会刊。比如,美国广告学会,就拥有广告期刊(*Journal of Advertising*)、当前广告问题与研究期刊(*Journal of Current Issues and Research in Advertising*)、互动广告期刊(*Journal of Interactive Advertising*)和广告教育(*Journal of Advertising Education*)等期刊。此外,甚至有一些大型的广告、咨询公司,从自身需要出发,也可能从事部分广告实验研究,例如奥美(Ogilvy & Mather)、电通(Dentsu)、扬罗必凯(Young & Rubicam)及智威汤逊(J. Walter Thompson)等。

二、广告研究的主要发表途径

产生公共知识是科学一个重要特征(Stanovich,2017)。研究成果不仅仅是研究者私人兴趣或者赏玩,还需要进行传播,产生的公共知识在学术共同体中达成共识,为进一步研究提供基础。广告研究的发表途径主要包括会议报告和期刊论文。

学术共同体举行的会议是研究成果交流最为快捷的方式,相同或相似研究主题的研究者共聚一堂,交流彼此最新的研究进展,研究成果被学术共同体迅速地批判、吸收,甚至催生一系列新的研究想法。这样的会议很多,例如,美国广告学会每年在美国本土召开 AAA 年会(AAA Annual Conference),每两年在美国以外的国家召开全球会议(AAA Global Conference);欧洲广告学会,每年召开国际广告研究会议(International Conference on Research in Advertising,简称 ICORIA)。国际传播协会(International Communication Association,简称 ICA)以及美国消费者研究协会(Association for Consumer Research,简称 ACR)举办的会议也可能包含部分广告学研究。中国广告协会学术委员会和中国高等教育学会广告教育专业委员会也经常举行类似性质的会议。

实际上,同行评议(peer-reviewed)期刊是具体承载研究成果的保存与传播最重要的方式。广告学科的综合属性不仅表现在它的研究人员学科背景复杂,还在于其发表途径也五花八门,具体而言,通过实验法研究广告的文章很可能发表在以下几类刊物中。

(一)广告类期刊

《广告期刊》(*Journal of Advertising*),此期刊是美国广告学会的旗舰期刊,每年出版四期,发表的主题包括广告效果、广告伦理、全球广告问题、研究方法以及广告在政治、经济、社会和环境方面的问题;《国际广告期刊》(*International Journal of Advertising*),每年出版五期,发表主题包括实践、学术和公共政策相关的营销传播各个主题;《广告研究期刊》(*Journal of Advertising Research*),此期刊是广告研究基金组织(Advertising Research Foundation,简称 ARF)支持的期刊,每年出版四期,发表主题涉及媒介、调研、广告和传播等有关营销的各个领域。

(二)传播类期刊

一般传播学期刊会发表部分与广告相关的研究,传播期刊比较多,这里仅举几个典型期刊。《健康传播》(*Health Communication*),每年出版十期,发表主题包含健康提供者与病人互动、健康运动(health campaigns)、健康信息、健康促进、健康公关和老年学等领域;《健康传播期刊》(*Journal of Health Communication*),每年出版十二期,发表主题包括健康传播的各个主题;《新闻与大众传播季刊》(*Journalism and Mass Communication Quarterly*)是新闻与大众传播教育协会(Association of Education in Journalism and Mass Communication,简称 AEJMC)的旗舰期刊,每年出版四期,发表主题包括传播、国际传播、新闻史以及社会和法律问题等方面理论和方法的最新进展;《传播期刊》(*Journal of Communication*)是国际传播协会(International Communication Association)的旗舰期刊,每年出版六期,发表主题包括传播研究、实践、政策和理论。

中文的期刊中,中国社会科学院出版的《新闻与传播研究》及中国人民大学出版的《国际新闻界》也可能部分地发表广告相关主题的研究。

(三)营销类期刊

《消费者研究期刊》(Journal of Consumer Research)每年出版六期,发表包括心理学、营销学、社会学、经济学、传播学以及人类学方面理论、实证和方法学文章;《消费者心理期刊》(Journal of Consumer Psychology)是消费心理学学会(Society for Consumer Psychology,简称 SCP)的官方期刊,每年出版四期,研究主题主要集中在消费行为背后的心理机制上;《营销科学》(Marketing Science)每年出版六期,发表文章的研究主题包含广告研究在内的一切营销活动;《营销期刊》(Journal of Marketing)和《营销研究期刊》(Journal of Marketing Research)是同属美国营销学会(American Marketing Association,简称 AMA)的官方期刊,《营销期刊》每年出版六期,关注营销和营销管理领域重大问题,《营销研究期刊》每年出版六期,关注营销和营销实践领域问题。

(四)心理学类期刊

《应用社会心理学期刊》(Journal of Applied Social Psychology)每年出版十二期,主要发表应用实验行为科学研究社会问题的文章,与公益广告研究关注的问题有重合;《实验社会心理学期刊》(Journal of Experimental Social Psychology)每年出版六期,主要发表以实验法或准实验法研究社会心理的文章;《基础和应用社会心理学》(Basic and Applied Social Psychology)每年出版六期,主要发表可以指导或者直接应用于社会问题的基础与社会心理学研究;《心理学与市场营销》(Psychology & Marketing)每年出版十二期,主要发表关于心理学理论和技术在市场营销中应用的文章。中文的心理学期刊中,由中国心理学会和中国科学院心理研究所共同主办的《心理学报》、中国科学院心理研究所主办的《心理科学进展》以及中国心理学会主办的《心理科学》也有可能发表广告实验相关的研究。此外,心理学中还有很多期刊也可能零星发表关于广告研究的文章,至于研究主题是否适合特定期刊,需要仔细阅读该期刊的目标与范围(aims and scope),当然更简便的方法是根据自己研究主题的关键词在目标期刊里搜索,以确定该期刊是否发过类似文章。

能够发表广告实证研究的期刊涵盖广告、传播、营销和心理学研究等诸多领域,以上仅仅做简单介绍,要了解更多具体信息可以通过网络搜索进入目标期刊的官方网站获取。总的来说,这些期刊上所发表的文章都是经过同行评议的,这就意味着,文章在期刊上正式发表之前,已经由两三位研究相同或相似主题的同行进行批判性阅读,并且作者在同行意见的基础上做了相应的修改。同时,规范的期刊一般会采取双盲(double-blind)政策,即文章作者与审稿人互相不知道对方身份,尽量避免一些与学术本身无关的因素的干扰。这些举措部分地保证了该期刊上所发表文章的质量。

第二章 科学研究概览

每个人生来都是科学家。

几乎自出生那一刻起,人类个体就作为一名朴素科学家(naive/folk scientist)观察世界了。通常,如果没有经过系统化的科学训练,个体终其一生都只是一名朴素科学家。个体不断地对周边的物理、生物和心理社会等现象进行自然观察,并随时总结规律,进行推理,形成自己的朴素理论——经验。然而,经验自身的一些特性,如鲜活性,模糊性,以及灵活的诠释等使得这些朴素理论并不可靠,而人的感知觉、记忆、推理、决策与判断等认知加工过程中的偏差更是雪上加霜。为避免类似偏差,保证客观性、准确性、可怀疑性、开放性、系统性以及简约性是获得客观世界的准确知识的必要条件,而这也正是科学研究方法所具备的本质特征。当然,科学研究方法并不是单一的研究方法,科学研究方法是一系列研究方法的统称。凡是具备上述本质特征的研究方法都可以称为科学研究方法。根据其对研究现象本身以及现象之间关系的分析程度,研究方法被分成三个层次,描述性研究方法仅仅可以描述研究现象的若干特征,相关性研究方法能够分析研究对象若干因素之间的关系,而因果性研究方法则可以确定现象之间的因果关系。不同层次的研究方法还包含若干具体研究手段。每个研究方法都有其适用条件和解决问题的范围,不存在一个能够解决所有问题的万能研究方法,研究者应根据具体的研究主题和研究目的,确定适用的研究方法。实验法是一种旨在寻求因果关系线索的研究手段,而且是获得因果关系的唯一手段。实验法本质上是一种人为控制下的观察,操控和对照这两个重要特征是实验法区别于其他研究手段的核心特征。本书的主旨即探讨实验法在广告研究中的价值,将实验法在广告研究的运用推到极致。

第一节 朴素科学家

作为拥有高等智慧的生物,人无时无刻不在观察自身以及周围的世界,并通过分析推理发现和总结规律,用以指导自己的行动。许多脑筋急转弯就是利用了人们自动寻找规律的特点,比如,这样一个问题:小明的妈妈有三个孩子,老大叫大毛,老二叫二毛,老三叫什么?很多人错误地给出了"叫三毛"的结论,这显然是受自己自发总结的规律的影响。可以说,发现和总结规律的行为是人的一种天性,我们甚至从婴儿时期就已经开始观察周围的世界并发现和总结规律了。诸多研究发现:新生儿可以区分由抽象图形组成的人类面孔和随机堆放的图形,三个月大的婴儿就可以区分活物和非活物(Opfer & Gelman, 2011);九个月大的婴儿能够正确地推测他人的意图(Wellman, 2011);对于一些物理现象,如,一个物体"穿过"固体障碍物,或者一个物体被盖子盖住,揭开盖子后却消失等,两个多月到五个月大的婴儿都会表现出惊讶(Baillargeon, Li, Gertner & Wu, 2011)。心理学家将普通人拥有的这些"知识"分别命名为朴素生物学(naive/folk biology)、朴素心理学(naive/folk psychology)和朴素物理学(naive/folk physics)。朴素理论随着人的年龄增长而不断积累。从某种意义上来说,每个人都在自发地做科学家所做的事情,因此都可以称为朴素科学家。然而,朴素的知识并不总是正确的,也并不能随着人年龄的增加而变得"更正确"。某些知识如果不是通过科学研究方法的获得并通过教育或者媒介广泛传播,大部分人的这些错误观念可能终其一生都不会改变,这样的实例在物理知识上尤其常见(Wilkening & Cacchione, 2011)。比如,没有受过科学训练的成人仍然认为"力是物体运动的原因""从行驶的列车窗口掉下的物体会垂直地面下落""两个铁球同时从高处落下,重的铁球先落地"等。

总之,尽管从经验中学习可以获得有用的知识,可以帮助人们适应环境,解释甚至预测事件,但有更多的研究表明,我们靠经验总结获得的理论是不可靠的。究其原因,主要包含两个方面,其一,经验自身的特性;其二,人类在记忆、直觉、推理以及决策等认知加工过程中容易出现各种偏差(bias)和错误(error)。两个方面的局限或独立或交织,共同决定了部分朴素理论从根本上就不可靠。

一、经验的局限

外部世界的经验是人们发现和总结常识或者朴素理论的源泉。然而,经验的一些显著特性表明其先天不足,无法成为正确知识的坚实基础。具体而言,经验先天不足的特征表现为以下三个方面(马奇,2011):

(一)经验的鲜活性

经验极具鲜活性(vividness)与冲击力,深刻地影响个人的记忆、态度与决策判断(Shedler & Manis, 1986),信息越鲜活,个人越可能受其影响(Block & Keller, 1997),因而可能得到有偏差的判断。例如,博吉达和尼斯百特(Borgida & Nisbett, 1977)做过这样的研究,面对27门可选课程,一部分大学生收到了一份关于这些课程的综合评分的统计结果,另外一部分学生可以获得几个听过这门课程的学生的个性化评价,这些评价中包含了生动形象的个人证言(testimony)。结果发现,只听取了少数学生评价的学生比阅读综合评分统计结果的学生更多选择被推荐课程。生动的信息甚至还会影响陪审团对被告是否有罪的判断(Reyes, Thompson & Bower, 1980),就更不用说日常消费中,某个用户对产品瑕疵的鲜活评价会打击消费者从专业统计数据中建立起来的信心(Nisbett, Borgida, Crandall & Reed, 1976)。鲜活的经验获得了与其重要性不相称的关注,严重阻碍了个人对背后真相的认识。

(二)经验的模糊性

现实世界的多种因素并存,各个因素之间交互影响,彼此之间关系异常复杂,单单从经验出发,难以发现因素之间的关系。例如,有观察发现,美国南部各州的暴力犯罪率要比北方各州高,什么因素可能导致这样的结果?从经验出发,失业率、人均收入、教育程度、人口规模等可能被轻而易举地提及,但几乎没有人能想到气温与暴力犯罪之间可能存在关系。实际上,通过科学方法的研究,排除其他因素干扰的条件下,气温的确影响了暴力犯罪(Anderson & Anderson, 1996),这种气温与暴力行为之间的关系甚至在微观层面也被发现,在棒球赛中,控制其他因素干扰的条件下,随着比赛场地温度的升高,暴力行为也会相应地增加(Larrick, Timmerman, Carton & Abrevaya, 2011)。

有些因素可能仅仅是相关,虽然伴随发生但彼此之间没有什么直接关系。例如,20世纪初,美国南方流行一种糙皮病(pellagra),典型病症包括眩晕、呕吐和拉肚子等,当时的医生观察到病人所处环境卫生状况非常糟糕,认为这种疾病是由于未知微生物引起的,但高顿伯格通过多项研究证明该病其实是由于营养不良造成的(Stanovich,2017),卫生状况与糙皮病没有关系,最多由于第三因素——贫穷因素导致病人环境卫生状况糟糕和营养不良。一个更直观的例子是,当你出生时,你家院子里也有一株小树发芽,随着你身高的增加,小树的高度也增加,两者共同发生但没有直接关系。

有些事件发生的机会较少,个人的观察次数有限,这时候一些不重要的随机因素就可能被错误地认为是核心因素。典型的例子莫过于斯金纳研究中发现的迷信(superstition)①的鸽子了(Skinner,1948)。斯金纳把饥饿的鸽子放在笼子里,按随机时间间隔投喂食物。研究者很快发现:八只鸽子中有六只,在等待投食间隔里表现出独特的行为模式,一只鸽子逆时针旋转两到三圈,一只不断地往笼子一个角落伸头,还有两只则用头和身体做钟摆运动……这些现象说明鸽子把自己偶然做出的举动与投食活动错误地联系在了一起,产生了迷信行为。其实,人类的许多迷信行为何尝不是如此?

即使有机会多次观察,也总会有大量其他干扰因素伴随核心因素发生,这些因素成为强有力的噪声,影响人们的判断。例如,在过年给红包的时候,你分别把一张红色的钞票(人民币100元)和一张绿色钞票(人民币1元)给了两个小朋友,发现拿到红色钞票的小朋友喜出望外,而拿到绿色钞票的小朋友情绪明显低落(安定医院郝医生,2014)。将一张红色的钞票(人民币100元)和一张绿色的钞票(美元100元)给两个小朋友,结果相同。经过多次观察,结果总是如此。这是否说明不同颜色对人的情绪影响是有差别的?

在这个例子中,很容易看出是钱币的数额或者是否认识该钱币影响了小朋友的反应,但在现实中,伴随的噪声因素就不那么容易发现了。在糙皮病案例中,大部分医生把原因归咎于糟糕的卫生状况,而没有发现营养不良才是病症的主因。

在观察对象是人或者动物时,观察甚至会影响观察对象的行为,使之产生不同于往常的行为模式,从而使观察者得出错误结论。经典案例"聪明的汉斯"就很生动地说明了这种特点。20世纪初,一位德国的教师宣称一匹名叫汉斯的马懂得算术,当有人问它加减乘除的问题时,它能够用蹄子敲地面的方式回答出正确答案。后来有人通过系统研究,发现汉斯的确很聪明,但并不是会算术这类聪明,而是善于察言观色的聪明,汉斯会留意那些观察者也就是出

---

① 这里所谓迷信即把不相关的事情错误地联系在一起。

题者各类微妙的表情变化来回答问题(Stanovich,2017)。观察者无心的举动透露出些许线索,改变了观察对象的行为,从而得出了错误的结论。另外的例子还有自我实现预言(self-fulfilling prophecies),将在第四章第三节中详细说明。

(三)诠释的灵活性

诠释是灵活的,几乎所有经验都可以从不同角度得出结论。不同的观察者,甚至同一个观察者在不同的时期会得到完全不同的结论。有这样一个故事,一个艺术家在上场前坐在后台休息,一位年轻人善意地提醒他的鞋带松了,艺术家把鞋带系上,还向年轻人道了谢。但在临上场前又把鞋带解开,艺术家解释说他要扮演的是一位长途跋涉的旅人,鞋带松了可以表现旅人的疲惫。至于为什么不跟年轻人说明,可以有不同的解读。一种解读说大师爱护年轻人,不想拂了他的美意,但另外一种解读也可以成立,即大师不想让年轻人学到自己塑造人物的秘诀。灵活的诠释会得到截然不同结论。诠释的灵活性,在我们的各种相互抵牾的谚语格言中最能体现。例如:

"宰相肚里能撑船"与"有仇不报非君子";

"知无不言,言无不尽"与"交浅勿言深,沉默是金";

"好马不吃回头草"与"浪子回头金不换"等;

"男子汉大丈夫,宁死不屈"与"男子汉大丈夫,能屈能伸";

"出淤泥而不染"与"近朱者赤近墨者黑";

"瘦死的骆驼比马大"与"脱了毛的凤凰不如鸡";

"人定胜天"与"天意难违";

……

中文世界里这样的例子还能举出很多,这倒也不是我们文化所独有,在其他文化背景下也有类似的现象,以英语世界的谚语格言为例,如下:

"Too many cooks spoil the broth"与"Two heads are better than one";

"The pen is mightier than the sword"与"Actions speak louder than words";

"Blood is thicker than water"与"Many kinfolk, few friends";

"You can't teach an old dog new tricks"与"You're never too old to learn";

"He who hesitates is lost"与"Look before you leap";

"Forewarned is forearmed"与"Don't cross the bridge until you come to it";

"It is better to be safe than sorry"与"nothing ventured, noting gained";

"opposites attract"与"birds of a feather block together";

……

诸如此类，无不表现出经验诠释的灵活性与矛盾性。

二、人的认知偏差

外部的经验要转换成个人的结论，还需要经过内部的认知加工。所谓认知(cognition)，是指人对外部信息进行输入、存储、加工和输出的过程。外部经验的固有缺陷已经使得获得真相的道路异常曲折，人对外界信息加工的某些缺陷更使得这一过程雪上加霜。在这条艰辛的道路上，人们的认知偏差和谬误(cognitive bias and error)简直数不胜数。在当前综述中，要穷尽所有的认知偏差几乎是不可能的，以下只能列举几项比较突出的例子来展示可能的认知偏差。

(一)感知觉输入(sensation and perception input)

由于各种原因，人们的感知觉并不能原原本本地反映外部世界。由于认知资源的有限性，我们对于外界信息只能接收其中很小一部分，对于大部分信息，有时候甚至是重要信息，我们往往视而不见，这一现象被称为无意视盲(inattentional blindness)。西蒙斯和查布里斯(Simons & Chabris, 1999)通过实验验证了这一点。他们要求被试观看一段影片，影片中有身穿黑白球服的两组人，每组三名队员，各组队员间相互传球，在传球的过程中，有一位身穿大猩猩服装的演员进入画面，并做了一些动作，然后下场。被试的任务是计算身着白色球服的队员间传球次数。在影片观看完毕之后，除了要回答传球次数之外，还会询问他们是否看到大猩猩，结果大约有一半的人没有看到大猩猩[1]。事实上，现实生活中这样的例子并不鲜见，汽车与摩托车相撞的事故，美国核潜艇撞断日本钓鱼船等都有可能是这种视而不见造成的(查布里斯，西蒙斯，2011)。除了视而不见之外，人们还经常以一种错误的方式反映外部世界，而且在相似的环境下，人们所犯的错误是相似的，这就被称为错觉(illu-

---

[1] 如果读者想亲身体验一下，可以登录网站 http://theinvisiblegorilla.com/查找。

sion)。如缪勒莱伊尔(Muller-Lyer)错觉:人们往往把一横一竖两根等长的线段看作一长一短;杰鲁那(Zollner)错觉:把两条向远处延伸的平行线看作非平行线;艾宾浩斯(Ebbinghous)错觉:把两个同等大小的圆看作一大一小……举不胜举。错觉不仅发生在视觉条件下,在触觉、听觉和味觉等多个感知觉通道内也时有发生。这些错觉在大部分的普通心理学课本上(Gerrig,2015)已经讲了很多,感兴趣的读者可以自行搜索查阅。

(二)记忆(memory)

我们的记忆也很容易出错。有些朴素的观点认为记忆好像是大脑中的录像机,我们记住的东西就完整地存放在记忆库中,回忆时提取出来即可,跟存放时一模一样(Lilienfeld,2012)。但实际上,我们的记忆会受到各种因素的扭曲,在提取记忆时,所记忆的东西已经发生了重组(Bergman & Roediger,1999)。例如,洛夫特斯等人(Loftus & Palmer,1974)让被试看一个关于车祸的电影片段,并且要求被试对当时车速进行估计。被试被分为两组,其他条件完全相同,只是对两组被试询问问题时的措辞有轻微不同,一组被试的问题是"当两车相撞时,车速有多快?",而询问另外一组被试的问题是"当两车接触时,车速有多快?"。大约一周之后,再次询问被试是否看到了电影中车祸现场有碎窗玻璃——实际上影片中并没有碎玻璃,结果发现前一组人有1/3的被试回答看到,后一组也有14%的被试回答看到。人们头脑中的记忆发生了重组,依据重组之后的材料做出推论,就很可能产生谬误。

(三)代表性启发式(representativeness heuristic)

人们往往根据某个现象在多大程度上类似于某个群体或反映了某项突出特征来判断这个现象发生的可能性,这种判断策略被称为代表性启发式。例如,关于一位虚构的名叫琳达(Linda)的女性的相关问题(J. Baron,2008;Kahneman,2011):琳达今年31岁了,单身,直率而阳光,她的大学专业是哲学。在学生时代,她已经强烈关注歧视与社会公正等问题,还参加过反核示威游行。请将以下关于琳达的陈述按照发生可能性从大到小排列。(1)琳达是一位小学老师;(2)琳达在书店工作并参加瑜伽课程;(3)琳达积极参加女权运动;(4)琳达是一位精神科社工;(5)琳达是一位女性投票联盟成员;(6)琳达是一位银行出纳;(7)琳达是一位保险销售员;(8)琳达是一位银行出纳并积极参加女权运动。这个问题在第六条和第八条发生可能性的比较上暗藏玄机。90%的人认为在描述琳达时第八条比第六条更贴切(发生的可能性更高)。但这显然是错误的,因为这样的判断违反了基本的概率原则,即,琳达是一位银行出纳和琳达积极参加女权运动是两个独立事件,两个独立事件同时发生的概率一定小于这两个事件中任意一个独立发生的概率。在这个案例中,题干对琳达的描述与人们对女权主义者的想象一致,因而大部分人使用代表性启发式策略,忽视了基本的概率原则。

(四)锚定与顺序效应(anchoring and sequential effect)

在很多情况下,人们对事态的判断往往受到最初信息的影响。当然,人们也往往能模糊意识到这一点,努力进行调整,但这种调整一般来说都是不充分的(Tversky & Kahneman,1974)。比如这样一个例子:假设现在全世界的人口是 80 亿,每个人体内有 5 升血液,如果把世界上所有人的血液装到一个立方体中,你觉这个立方体的边长应该是多少?很多人受到初始信息 80 亿人的影响,直觉上认为边长至少应该几百千米,但实际上通过计算,很容易知道答案是约 350 米。再看另外一个例子,同一组描述个人特征的词,只是出现顺序不同,一组人看到的顺序是"聪明、勤奋、冲动、挑剔、固执、爱嫉妒",另外一组人看到的则是"爱嫉妒、固执、挑剔、冲动、勤奋、聪明",人们对这个人的印象是否相同?结果发现,顺序靠前的特征比靠后的特征对人们印象形成的影响更大一些(Asch,1946)。有时候,不仅靠前的信息影响人们的判断,顺序本身也会影响。舒曼和普莱瑟曾经做过一个研究,要求被试对离婚程序应该如何变化做出选择,题干和选项都是一样的,但选项的排列顺序不同:甲组被试看到的是"离婚程序应该:A 更容易,B 更难,C 维持现状",而乙组被试看到的是"离婚程序应该:A 更容易,B 维持现状,C 更难",结果发现甲组被试选择 A、B、C 的百分比分别为 23%、36% 和 41%,而乙组被试选择 A、B、C 的百分比分别为 26%、29% 和 46%,两组人对 A、B、C 选择的百分比都差不多,但 B 和 C 的内容则完全不同(普劳斯,2004)。

(五)易得性启发式(availability heuristic)

人们在判断某件事是否可能发生时,更容易受到经验能够被回忆起来的容易程度的影响,这种现象被称为易得性启发式(Tversky & Kahneman,1973,1974)。比如,如果要求判断鲨鱼还是蚊子是最危险的动物,大部分人的第一反应是鲨鱼是最危险的动物,然而,实际上,全世界范围内,鲨鱼平均每年可能杀死 10 个人,而由蚊子引发的疾病一年则可导致 725000 人死亡(McCarthy,2014)。之所以得出错误的结论,是因为有《大白鲨》这样的经典电影,还有媒体上关于鲨鱼杀人的爆炸性新闻,这些经验形成了深刻的记忆,而蚊子导致人死亡的报道鲜见报端,在搜索记忆时难以提取。另外一个常见的例子是交通安全。美国"9·11"飞机撞击世贸大厦的新闻给美国民众深刻印象,导致搭乘飞机出行的人锐减,许多人改乘汽车出行,结果反而导致更多人死亡(Gigerenzer,2004,2006)。实际上,无论从每十亿小时死亡人数还是每十亿千米死亡人数来说,飞机都是比轿车安全的交通工具(Wikipedia),但每次航空灾难都会有新闻媒体连篇累牍的报道,一般汽车事故则较少报道,正是这些易得的经验让人得出乘飞机更加危险的错误结论。

(六)与自我有关的偏差(self-relative bias)

我们在处理与自己有关的信息时也容易出现各种偏差,其中之一就是禀赋效应(endowment effect),即人们会系统性地高估自己拥有物的价值(Kahneman, Knetsch & Thaler, 1991),卡尼曼等人做过一系列实验来验证这种效应。一个典型的实验是这样的,被试分成三组,第一组每人得到一个价值6美元的杯子,然后询问他们乐意多少钱卖出这个杯子;第二组人则没有杯子,但询问他们乐意出多少钱买这个杯子。结果发现,拥有杯子的第一组人期望以不低于7.12美元的价格卖出杯子,而第二组人则期望以不高于2.87美元的价格得到杯子(Kahneman, 2011)。同样一个杯子,是否属于自己严重影响了人们对它的估值。另外,在对某些结果进行归因时,我们也经常犯错误。比如,对于成功,人们通常归功于自己的才能与努力,而对于失败,则归咎于运气或环境,这种现象被称为自我服务(self-serving)偏差。同时,我们在推测他人行为背后的原因时,往往低估情境因素的影响,高估个人的特质或态度的影响,即认为他人之所以做出这样的行为,是因为他就是这样的人或者持有这样的态度,较少考虑他人所处环境的约束,这种现象被称为基本归因错误(fundamental attribution error)(Myers, 2010)。

(七)框架效应(framing effect)

特沃斯基和卡尼曼(Tversky & Kahneman, 1981)的亚洲疾病问题很清晰地证明人们容易受到信息呈现方式的影响。他们要求被试想象这样一种状况:某市即将爆发一场罕见的亚洲疾病,可能会夺去600人的生命,现有两种抗击疾病的方案,并对这两种方案可能造成的后果做了精确的科学评估。其中一组人看到的方案表述如下:

如果采纳A方案,200人将生还;

如果采纳B方案,有1/3的概率600人将生还,而有2/3的概率无人生还。

而对另外一组被试看到的方案表述如下：

如果采纳 C 方案，400 人将死亡。

如果采纳 D 方案，有 1/3 的概率无人死亡，2/3 的概率 600 人将死亡。

正如一般人预期的那样，第一组有 72% 的人选择 A 方案，而第二组则有 78% 的人选择了 D 方案。但是，只要稍微分析一下这四种方案，就不难看出，A 方案等同于 C 方案（总共 600 人，200 人活意味着 400 人死），而 B 方案等同于 D 方案。对两组人呈现的信息所表达的意思完全一致，不同的仅仅是措辞（即信息框架）。因此，如果受众对方案有一致的偏好，那么在第一组中选择 A 方案的，在第二组中应该选择 C 方案。但研究的结果显然违背了这一原则。受众在不同信息框架下表现出不同行为反应的这种现象被称为"框架效应"。与之相似的例子还包括拉格（Rugg, 1941）对民意调查的研究："你认为美国是否应该允许（禁止）反对民主的公开演讲？"，结果发现在允许条件下，62% 的人给出否定回答（不允许），而在禁止条件下，46% 的人给出肯定回答（不允许）。

除了以上种种认知偏差，还有证实偏差（confirmation bias）、心理账户（mental accounting）、过分自信（overconfidence）、加工流畅性（processing fluency）和既定成本效应（sunk cost effect）等（J. Baron, 2008；普劳斯，2004），都会影响个人对外部信息的加工。对于人类认知偏差更详细和更完整的讨论可以参考卡尼曼（2011）的《思考，快与慢》，巴荣（Baron, 2008）的《思维与决策》，斯坦诺维奇（1999）的 Who is Rational? Studies of Individual Differences in Reasoning 等几本书。

第二节　科学研究的品质

经验自身的特点和经验加工者的认知特点决定了依靠常识或者经验内省形成的朴素理论是不可靠的，因此，需要一些可靠的研究方法来避免这些缺点，我们称之为科学研究方法。科学研究方法具有的品质能够克服上述缺点。

在讨论科学研究方法的品质之前，最先应该明确的是，无论具体采用什么类型的科学研究方法，都需要承认以下前提：首先，客观存在（substantiality），即,世界是客观的、独立的,并不依赖人的认识存在;其次,决定论(determinism),即,任何事情的发生一定有其背后的原因;再次,可揭示性(discoverability),通过某些手段可以揭示出背后的原因,发现世界的规律;最后,经验主义(empiricism),即通过直接或间接的系统观察来获取知识(舒华,张亚旭,2008)。在这些前提下,科学研究方法的独特品质能够保证其最有可能发现规律、揭示真理。

一、客观性(objectivity)

科学研究并不是直接对客观世界进行操作,而是在头脑里对客观世界的思维符号进行操作,即,通过理论反映客观世界事物之间的关系。客观性包含两层含义,其一是指科学研究的概念、判断、推理和论证应该"反映客观现实"。有些概念并不反映客观现实,比如鬼魂。鬼魂是什么形状、有哪些特征等都不指向客观现实,因此对这样的概念研究就没有意义。但鬼魂作为人们普遍的心理事实是客观存在的,因而人们的鬼魂认知是可以研究的对象。科学研究可以揭示人们的鬼魂认知的特征,产生鬼魂认知的原因,以及鬼魂认知对人的各个方面有什么影响等。著名的概念"以太"(ether)在物理学史上的发展变化最能说明这一点。最初人们为了解决光的传播介质问题,发明了以太这个概念,但1881年到1884年间,著名的迈克耳孙-莫雷实验结果显示,不同方向上的光速没有差异,以太其实并不存在(卡约里,2010)。"以太"这个概念并没有对应的客观现实,因此被物理学界所抛弃。

客观性另外一个含义是要求在科学研究中应该"客观地反映现实",即在研究过程中尽量排除人为偏差,研究结果不因研究者改变而改变。著名的天体物理学家和科普作家泰森(Neil Tyson)说过:"科学一个妙处是,无论你是否相信,它都是真的。"评价一项科学研究的优劣,应主要考虑其能否拓宽和加深我们对客观现实的理解,而不应考虑做出这项研究的研究者的身份、地位、职称或者所在机构的学术声誉。这一点与某些实践性学科有着本质的差别。在某些实践性学科中,对概念的认识通常因提出者身份地位的改变而改变,或者由于人们信念的改变而改变。在科学研究中,客观性即要求学术共同体在广泛研究的基础上,对某些成熟概念的认识达成一致。

对于任何概念,研究者都要尽可能地以公开、明确、详细的方式来界定与测量,以便其他研究者可以提出质疑或者重复检验。因而,科学研究的准确性也相当重要。

二、准确性(accuracy)

科学研究最重要的目的在于建立理论并对理论进行实证检验。所谓理论,是指在逻辑上相互联系,在实证上彼此协调、相互一致的若干命题组合,这些命题将反映现实的概念之间的关系表达出来(陈昭全,张志学,2012)。无论概念、命题,还是逻辑推理,都要保证思维的确定性,即思想应该对应客观对象并且以确定的方式反映客观对象,符合形式逻辑的三定律:同一律、矛盾律和排中律[①](金岳霖,1979)。许多诡辩技巧正是利用对逻辑定律的规避而实现的,例如,有人问:如果你跟狗熊赛跑,谁跑得快?如果你回答跑得不如狗熊快,对方说你禽兽不如,如果你回答跑得比狗熊快,对方就说你比禽兽还禽兽,那回答跑得一样快总可以吧,对方又说你就是禽兽。在这里很容易看出对方在偷换概念,将生物学中的禽兽概念与文学或伦理学中的禽兽概念混合在一起。虽然在某些例子中很容易看出对方模糊了概念的界定,违反了逻辑学定律,但在学术研究中,要分辨两个表面上相同的概念是否一致则没这么容易。例如,同样是研究旗帜(banner)广告的效果,研究者可能采用完全不同的效果指标,有些采用对该广告的关注(Hervet, Guerard, Tremblay & Chtourou, 2011),有些采用对该广告的回忆和再认(Drèze & Hussherr, 2003; Fang, Singh & Ahluwalia, 2007),还有些采用对该广告的点击(click)和态度变化(Lohtia, Donthu & Yaveroglu, 2007)。在弄清楚各自的效果指标是什么之前,笼统地谈旗帜广告效果如何是没有意义的。

当然,要求概念具有准确性,并不是要求概念一成不变。实际上,科学研究就是概念逐步发展变化的过程。在科学研究之初,研究者并不急于界定某个概念,而是提出一些试探性的(tentative)解释,通过广泛而深入地研究与此概念相联系的现象之后,再界定此概念。科学概念的准确性并非来源于对概念进行的语言学或者哲学方面的思辨,实际上,要求在研究之初就必须做出一成不变的终极解释是本质主义(essentialism)的做法。科学的准确性体现在通过理论与现实观察之间的交互影响而逐步加深对概念的理解上。科学理论与概念的延伸和精炼是理论与数据之间交互作用而产生的,不是来自对语言

---

① 同一律:指任何思想如果反映某客观对象,那么,它就反映这个客观对象;矛盾律:指任何思想不能既反映某客观对象而又不反映这个客观对象;排中律:指任何思想或者反映某客观对象,或者不反映这个客观对象。

或者名词使用的思辨与争论。本质主义使我们陷入了所谓"名词真正含义"的无尽争论中,却偏离了问题的实质(Stanovich,2017)。概念和理论在某一时期具有相对稳定性,但随着研究的深入发展,概念的内涵和外延逐步发生变化,理论得到适度修正甚至扬弃。例如,口碑最初是指线下(offline)的熟人之间面对面或者电话交流某个产品的体验,而后,随着互联网技术的发展,线上(online)的各类陌生人留言、评论出现,这些留言和评论也具备了传统口碑的某些特征,因而也被研究者纳入口碑研究的范畴(Peres,Shachar & Lovett,2013)。

科学研究要保持准确性,就要经历逐步剔除错误、接近真相的过程,在这一过程中,科学研究需要接受质疑。

三、怀疑论(skepticism)

有些人认为科学宣称自己是完美的、绝对正确的,因而宣称存在"科学霸权"。这是一种典型"稻草人式"的误解。科学从未宣称自己完全正确,恰恰相反,它接受来自各方面的质疑,不断地挑战当前被认为是真理或者常识的信念。反倒是一些所谓的思想或者经验总结,拒绝接受质疑,径直宣称自己是完全正确的。某些所谓的理论可以对已经发生的任何现象做出解释——即使是矛盾的现象。例如,某人宣称他配制的草药可以治疗某种严重的疾病。有些人用过草药之后,果然好了,此人便宣称这是草药的神奇功效,而有些人用过草药之后依然去世了,此人宣称这是由于病人已经病入膏肓,无论什么药都没办法治好,自己的草药至少有效地延缓了病人去世。这样的理论不接受质疑,它能够解释所有已经发生的现象。科学的理论要接受质疑,要求其不仅仅能够解释过去既有的现象,还要能够预测将来可能发生的现象,并且是具体而精确的预测——具体且精确到能够被观察到的现象所证伪(falsification)的程度(波普尔,2008)。理论的可证伪性即指在事实发生之前,根据某理论做出具体的预测,如果观察事实与预测结果不符,该理论被证伪,这才是科学理论所应该具有的特质。科学家作为一个以科学发现为业的群体,他们面对的压力和诱惑更多,也更具竞争性,因而有许多人铤而走险,编造数据与理论。例如,小保方晴子在干细胞研究部分造假事件(杨国力,2014),其研究结果公开发表在 *Science* 上,随后遭到了学术共同体的广泛地检验以及质疑(薛宇,2014),最终不得不以撤稿告终。

单个研究者可能犯错,甚至为了提升或维护自己的地位而不惜造假,但科学研究的品质要求其接受学术共同体的检验和质疑,将研究摊在公众尤其是学术共同体的公开监视之下,其所犯错误会有共同体中的其他人来修正,这一点又涉及科学研究的开放性。

四、开放性(open-mindedness)

对于任何现象都能够解释的理论不但无益,反而有害,面对相反的证据,这些理论不去探讨自身可能存在问题,反而使用各种技巧来曲解证据,得出看似完美的解释,给人无论什么问题都可以解决的假象,阻碍我们对真知的进一步追问。科学研究接受质疑,同时具有开放性,即面对相反的证据而改变原来观点。有效且无偏差的重复对于保持科学研究的可信性至关重要(Ioannidis, 2012)。因此,科学研究认可并鼓励重复(replication),通过重复来检验既有的理论。根据严格程度,重复大致上可以分成三种方式,最简单直接的重复方式称为直接重复(direct/exact replication),即使用新的被试重复原来的实验程序,尽量不改变原来的研究设定,这也是限定最严格的重复(Hendrick, 1990; Koole & Lakens, 2012),例如卡美瑞等人(Camerer et al., 2018)直接重复了21项社会科学领域研究,有13项研究结果被成功重复。当研究非常新颖,难以通过以往的知识经验判断时,或者前面的研究被认为有严重问题时(Goodwin, 2009),往往使用直接重复。第二种重复方式称为概念重复(conceptual replication),这类重复研究虽然仍然探讨先前研究概念之间的关系及假设,但自变量或者因变量的操作定义或者实验程序发生了彻底改变(Kantowitz, Roediger III & Elmes, 2014; Koole & Lakens, 2012)。第三种重复方式称为系统性重复(systematic replications),又称为部分重复(partial replications)或者建设性重复(constructive replication)(Schwab, 2004),对实验程序进行微调,加入一些新的条件或变量,如自变量、控制变量或者调节变量等,以检验先前发现的规律是否随之改变。如果有改变,那么研究者就发现了一个重要的边界条件(Kantowitz et al., 2014)。可重复问题与结果的概括性交织在一起。在系统性和概念性重复中,研究者并不是完整重复以前的研究,而是考虑该现象是否可以概括到其他情况之下。系统性重复中,变量的操纵与原来研究的操纵差距可能并不是很大,但在概念重复中,程序的差异通常非常大,在理想状态下,研究者希望发现效应的边界条件,即,在特定的条件下,先前研究发现的效应消失(Kantowitz et al., 2014)。

科学研究的开放性并不依赖个体科学家或者理论,不在于个体科学家是否接受质疑和具有开放的心态,而在于学术共同体能够重复以往的研究,从而区分可靠的和不可靠的结论,保证了科学研究的自我修正。由科学研究的重复性也可以看出,科学研究并非完全依照研究者的兴趣,而是包含了一定的计划性和整体性,这就是科学研究的另外一个特征:系统性。

五、系统性(systematization)

科学研究的系统性至少包含三个层面的含义。首先,系统性是指科学研究中所使用的理论、概念和方法彼此之间存在逻辑联系,概念的成立取决于一系列相关概念的成立,这些理论、概念或者方法可以描述、解释、预测一系列现象,甚至可以通过操控而改变现象。系统性的科学知识不同于快餐式的碎片化知识,碎片化知识看似是很实用的知识,但因为彼此孤立,学习者即使遇到该类知识的适用条件,也很难将它们联系起来应用,更不可能根据这些碎片化知识推导出新结论或者应用到新环境中。科学研究的系统性第二层含义是指单个研究本身也是有计划的、非随意的,研究者在实施研究之前就已经熟悉该领域中其他人的研究,针对先前研究的疏漏甚至错误进行新的研究计划,通过周密的计划、严谨的设计推进科学研究发展。科学研究的系统性第三层含义指学术共同体的研究者不是各自为战,独自创造概念,置前人研究成果不理,而是在前人研究的基础上,或者重复先前的研究,或者把先前研究的结论应用到新的环境中,又或者发展新的理论。正如著名物理学家卢瑟福(Rutherford)所说:"科学的进步并不依赖某个人的灵光乍现(idea),而是依靠数以千计的智慧结合。"(Stanovich,2017)对于同一个主题,同时或者前后有成千上万人的研究,这些研究可能囊括了不同的研究方法和技术,使用了特点迥异的被试。单个研究可能存在这样或那样的疏漏,并且每个研究存在的疏漏并不相同,每个研究会修正其他研究存在的问题。就是这样一系列存在问题的研究汇聚在一起,共同验证了某一特定理论,并且在整体上可以排除其他竞争理论,这些研究就构成了汇聚性证据(converging evidence)(Stanovich,2017)。

科学研究的系统性要求理论、概念之间彼此关联,要求不同研究者在彼此基础上有计划、有步骤地推进,但并非叠床架屋式的堆砌概念与研究,简约性也是科学研究重要的衡量指标之一。

六、简约性(parsimony)

在哲学史上(梯利,2000),存在一个著名的论断——"如无必要,毋增实体",该论断被称为"奥卡姆剃刀"(Ockham's razor)[①]。这个原则用在科学研究中,可以认为,当两个理论在解释和预测特定现象具有完全相同的能力时,我们通常保留那个较为简单的理论。这正是人们的认知特点决定的——本质上,人是认知吝啬的(cognitive miser)(Lilienfeld,2012)。理论通常包含了若干个假设,这些假设是该理论成立的前提条件,假设条件越多,理论所受到的约束就越多,理论的繁复性就可能成倍增加。例如,在哥白尼日心说之前,托勒密的地心说在天文学中占据着统治地位,该理论可以解释天体运动现象,甚至可以正确地指引海上航行。为了精确地计算天体的运行,托勒密做了很多假设,如偏心等速圆、平太阳、均轮与本轮等(邓可卉,2014;黄磊,2007)。当不能解释某个特定星体的运行轨道时,加上若干个本轮就又可能解释。但这样做的结果是,该理论变得越来越臃肿繁杂,直到后来的开普勒天体力学三大定律出现,简约地解释了天体运行的规律(邓可卉,2014)。当然,新的理论除了简约性之外,必须与先前建立起来的经验事实相一致,除了能够解释旧理论所能够解释现象,还要能够解释旧理论所不能解释的现象(Stanovich,2017)。例如,钟晨波等人(Zhong & Liljenquist,2006)发现,当个人的道德完整性受到威胁(比如伤害了同事)时,人们希望清洁自己的身体(如洗手),清洁身体这样的行为与人的道德完整感联系在一起。随后,又有研究把该理论扩展到非道德领域,认为清洁身体不仅仅与道德完整感相联系,而是将过去的痕迹一扫而光,扫去了不协调感(Lee & Schwarz,2010)或者好运和霉运(Xu, Zwick & Schwarz,2012)。新的理论不但解释了旧现象,还能够解释新现象。

[①] 这句话的原文是"Entia non sunt multiplicanda praeter necessitate",其原本哲学内涵是奥卡姆在讨论共相与实体之间关系提出的关于奥卡姆剃刀的讨论,还可以参考Gernert, D. Ockham's razor and its improper use[J]. Cognitive Systems,2009,7(2):133-138.

第三节　科学研究方法的三个层次

科学研究是基于实证(empirical evidence)的研究,区别于那些单纯通过经验内省或者逻辑推理探索研究对象的研究。研究方法多种多样,通常,依据是否将研究对象特征数量化,这些方法被归入质性(qualitative)和量化(quantitative)两大阵营。然而,是否数量化对象特征并不是核心问题之所在。对于研究方法,更本质的问题在于,该方法对于研究对象本身以及对象之间关系的探索程度如何。有些研究方法可以分析总结某研究对象的多类特征,这类研究方法属于描述性研究(descriptive research)方法,有些研究方法能够分析多个研究对象之间的一般关系,挖掘那些伴随出现的现象,这类研究方法就属于相关性研究(correlational research)方法,还有些研究方法能够进一步发现现象之间的因果关系,通过操纵一个现象可以使得其他现象出现或者不出现,这类研究方法则属于因果性研究(causal research)方法。这三个层级的研究方法各自包含了若干具体的研究手段。需要注意的是,方法所处的层级高低并不能决定使用该类方法的研究的优劣,只是针对具体的研究问题,以及研究的不同阶段,某个层级的方法更适合而已。

一、描述性研究方法

所谓描述性研究方法,就是通过一定程序,系统地观察并收集资料,以期对某些复杂现象的特定方面进行语言或者数字描述的方法。需要特别说明的是,描述研究方法并非必然是定性的研究方法,描述研究方法获得的结果也可以量化的表征。例如,使用盖洛普公司的"影响作用系统"可以获得广告的说服效果、品牌评价和喜好度以及回忆度等量化指标(乔治贝尔奇,迈克尔贝尔奇,2014)。描述性研究方法对于新现象的探索性研究特别有价值。对于复杂的新现象,研究者了解可能比较肤浅,一时难以深入探究,可以通过描述性研究方法对这个现象进行初步的探索,描述这个现象,分析其特征,为进一步深入研究打基础。

描述性研究方法包含的具体研究方法,分别是:访谈法(interview)、口语报告法(verbal protocol)、观察法(observational method)及个案研究法(case study)等。

(一) 访谈法

访谈法是研究者通过与研究对象交谈,收集受访者态度、看法和感受的研究方法。访谈法是一种有目的的谈话,整个过程中,访谈者与被访者互相影响。根据提问和回答形式是否有统一要求和结构,访谈法可以分为:结构化访谈(structured interview),又称为标准化访谈,即正式的、事先确定访谈问题和可能的回答范围的访谈形式。结构化访谈对于受访者选择标准和方法、提问的问题、问题的形式及顺序、受访者的反应及记录方式都有统一的要求;非结构化访谈(unstructured interview),即非正式的、自由提问和回答的访谈形式,通常只有一个粗线条的访谈提纲;半结构化访谈,即访谈问题是结构化的,而回答则可以自由发挥,或者访谈问题是无结构的,问题内容、顺序和方式比较灵活,但受访者的回答则是有结构的(王重鸣,2001)。访谈问题可以是开放式的,也可以是封闭式的。访谈可以一对一进行,还可以以小组的形式进行,如焦点小组(focus group)讨论。访谈法适用方面广,获得的资料比较可靠,而且可以有针对性地对问题进行深入探讨。访谈法对于受访者的文化程度要求不高,但对于访问者的素质要求则比较高,访问者需要掌握提问、追问及应付拒绝回答等多方面的技巧。访谈法也比较费时、费力(董琦,2004)。

使用访谈法可以对广告、产品或者品牌态度进行初步探索,可以了解受众对某个广告的看法,也可以了解受众对广告中商品的态度和使用情况等。例如,研究人员通过焦点小组访谈,可以获得受众对产品概念到广告创意每个环节的具体评价,因而快速取得定性的结果(乔治·贝尔奇,迈克尔·贝尔奇,2014)。

(二) 口语报告法

口语报告法要求被试在对某些问题做出判断和决策时,根据问题的特点和要求,报告自己的思考与分析过程,尽可能说明所有的思考细节。在被试进行某项任务的同时,用言语报告自己的心理活动,边思考边报告,这种方式被称为当时口语报告法;也可以在被试完成某项任务之后,用言语报告自己当时的心理活动,这种方式被称为追述口语报告法。在口语报告的过程中,要尽量避免干扰被试的思考进程。口语报告可以录音,录音可以转录成文字,以便随后进行编码与分析(王重鸣,2001)。这种方法与访谈法相似,只是在报告过程中,更少受到主持者的影响,主要由被试自主完成。

口语报告法在心理学发展早期较多被采用,虽然现在使用较少,但广告学研究仍然可以借鉴这种方法。该方法同样应用于了解受众对广告、产品或者品牌的态度。相对于访谈法,受众的口语报告更少受到研究者的影响,可以较完整流畅地表达自己的观点。

(三)观察法

观察法是指对自然发生的现象所进行的深入观察和记录(Aronson, Wilson, Akert, & Sommers, 2015),在观察过程中一般不对观察对象进行干预和控制。观察法包括参与式观察(participant observation)、非介入观察(unobtrusive observation)和非介入测量(unobtrusive measures)。参与式观察又称人种志(ethnography),观察者参与到被观察对象的实际环境中,与被观察对象共同活动,以便从内部观察(Aronson et al., 2015);非介入观察则要求观察者不参与被观察者的活动,完全以旁观者的视角进行观察(董琦, 2004)。非介入测量方法并不直接观察行为本身,而是观察行为的结果(Kantowitz et al., 2014)。观察者可以考察(examine)观察对象遗留、累积的文件记录或者档案,如日记、小说、杂志或报纸等,这种方法又被称为档案分析法(archival analysis)(Aronson et al., 2015)。非介入观察和非介入测量两种方法的根本差异在于观察者和观察对象是否同时在同一个地方出现(Kantowitz et al., 2014)。研究者采取哪种形式的观察法取决于其研究目的、研究者与观察对象的联系或分离程度以及对观察对象的量化程度(Aronson et al., 2015)。同样是动物习性学研究,古德尔对黑猩猩的研究采用的是参与式观察(Gerrig, 2015),而德瓦尔则采用了非介入观察(德瓦尔, 2014)。无论哪种观察形式,观察者在观察前就要有明确的目的,目的性保证只专注于特定的行为,因为人的知觉范围有限(查布里斯, 西蒙斯, 2011),每次观察的行为不宜太多。观察策略也应提前设定,例如,观察方式为参与式还是非介入式,按照时间取样还是事件取样等,观察的同时还需要进行记录。观察法在自然情境下进行,相比访谈及口头报告,可以获得语言文字以外的更多信息,如行为、表情等,但局限性也很明显,观察结果更多是观察者的主观解释,因而观察者自身的一些认知偏差对结果影响非常大(Gerrig, 2015;董琦, 2004)。

自然观察法在很多学科中被广泛采用,如动物习性学(ethology)、植物分类学(phytotaxonomy)、气象学(meteorology)、地理学(geography)以及天文学(astronomy)研究①等(董琦,2004)。在广告学研究中,可以通过自然观察法研究受众对广告的一些可观察的反应,如面部表情、肢体动作甚至语言表达等等。相比依赖受众口头表达的访谈法和口语报告法,自然观察法可搜集的资料更加丰富,且较少直接的人为影响。但在解释所观察到的现象时,要尽量避免观察者自身的主观偏见。

(四)个案研究法

个案研究法是指深入地研究单个或少数几个个体的观察法,通过长时间的观察来掌握某一个体的详细资料,有时候也包括对少数个体的比较。个案法还可以与其他研究方法相结合,如观察法、档案法及测验法等,更加丰富立体地呈现个人资料(彭聃龄,2002)。个案研究法在心理学的研究中经常采用,因为某个特点的被试数量稀少,如特定区域脑损伤的被试。在营销策划案中,个案研究也很多。例如,某个品牌的广告运动特别成功或失败,对其进行个案研究可以得到一些有价值的发现。发生于 1985 年可口可乐更换产品口味的事件就是典型的案例(Keller,2013),最初,百事可乐发起了口味挑战赛,邀请消费者参加未标明品牌的可乐口味测试,结果发现人们更喜欢口味偏甜的百事可乐。面对"百事挑战",可口可乐采取了错误的应对策略,更换了新的配方,尽管在发布新产品之前,可口可乐公司做了广泛的市场调查,结果显示大部分消费者更偏好新配方。但在新产品投入市场之后,意外地遭到了消费者强烈地反对。可口可乐遭受了巨大的打击,不得不在几个月之后重新换回老配方。该案例深刻地反映了品牌资产并非直接来源于产品本身。对于类似的典型案例,全面而深入的剖析极具理论和现实意义,对个案的研究很可能衍生出大量的研究问题供后续深入探索。

无论哪类研究方法,描述性研究仅仅对研究对象的某些特征进行客观记录和描述,并不改变其性状(舒华,张亚旭,2008)。但在这些研究法中,对研究过程客观性的把握是最大的威胁,由于观察者的个人动机和预期经常产生错误(Gerrig,2015),且该类研究观察条件复杂,观察现象往往具有情境性,通常难以进行重复验证。一般描述性研究法最大的限制在于,尽管在研究中可能同时搜集了多个因素,但仅限于描述各个孤立的因素,对于各因素间关系

---

① 植物、气象、天文与地理等学科中,观察对象一般不受观察者的干扰,而在动物习性或人类行为的观察中,观察对象很可能由于观察者的观察而发生行为模式的改变,形成复杂的互动干扰关系,影响了结果的客观性。

无法做出任何判断。要描述多个因素之间的关系,需要使用相关性研究方法。

二、相关性研究方法

单纯描述所见到的事实还不够,人们往往还希望了解观察到的两个或多个现象之间的关系。相关性的研究即系统观察两个或两个以上现象,以确定一个现象的变化是否伴随着另外一个现象的变化。在相关性研究中,观察到的事物属性被数量化之后就成了"变量"(variable),研究者为事物属性赋予两个或者两个以上数值,然后研究变量之间的关系。通常,在相关性研究中,现象是自然发生的,并不涉及变量的操纵,因此所获得的数据称为"回溯"(ex post facto)数据(Kantowitz et al., 2014)。

当一个变量发生变化时,另外一个变量也随之发生变化,这种关系通常用相关系数(correlation coefficient)来表示,取值在 -1 和 1 之间。两个变量间的关系强度决定了相关系数的大小,两个变量间的相对变化方向决定了相关系数的正负。两个变量也并非总是发生等值变化,一个变量发生一个单位的变化,另外一个变量也发生一个单位的变化,两个变量的关系强度很高,但一个变量发生一个单位的变化,另外一个变量可能仅发生十分之一个单位的变化,这时候两个变量的关系强度则较低;当一个变量增大,另外一个变量也增大,这两个变量为正相关(positive correlation),而当一个变量增大,另外一个变量却减少,这两个变量为负相关(negative correlation)。变量之间的关系较常见的是线性的,但也有可能是曲线的,比如动机和工作效率之间的关系就是一种倒 U 型曲线(彭聃龄,2002)。

两个具体的研究方法属于典型的相关性研究,即调查(survey)和数据挖掘(data mining)。还有一些研究方法,综合使用多种手段获得某两个或者多个变量之间的相关关系,难以归类到任何单一的研究方法中,但仍然属于相关层面的研究。

(一)调查

调查研究法是指利用准确的抽样技术对大量个体进行观察的方法,一般需要个体自我报告(self-report)相关信息。调查法是一个涵盖范围非常广泛的方法,包括封闭式(close-ended)或者结构化问卷以及开放式(open-ended)或者非结构化问卷(董琦,2004)。封闭式问卷的问题和答案都是事先限定了的,被试只需要选择即可,而开放式问卷并不限定受访者的回答,开放式问卷与半结构化访谈没有本质区别。问卷调查本身并非必然属于相关层次的研究方法,如果仅仅是泛泛而谈的一些问题,没有设置符合测量学要求的量表,调查所得的数据可能仅仅是描述层面的结果,例如,奥尔森等人(Olsen, Pracejus & O'Guinn, 2012)运用调查法调查广告公司中的创意总监,发现在平面广告中,"留白"(white space)的方式通常用在产品(product)品牌而非服务(service)品牌中;如果使用符合测量学要求的量表,通过特定的取样设计和统计方法,例如多重回归(multiple regression)、偏相关(partial correlation)、路径分析(path analysis)及交叉滞后分析(cross-lagged panel correlation)等方法(Kantowitz et al., 2014; Stanovich, 2017)甚至可以部分地确认变量之间的因果关系。但在通常情况下,调查法仅仅可以获得变量之间是否存在关联的结果,因此被认作是一种重要的相关层面的研究方法。例如,凯卡拉斯等人(Kareklas, Carlson & Muehling, 2014)希望通过调查法探讨自利(egoistic)和利他(altruistic)动机如何影响消费者对有机食品的态度和购买意愿。凯卡拉斯等人以健康(health)、内容自然(natural content)、节俭(frugality)、交易倾向(deal proneness)以及价值意识(value consciousness)等多个量表反映自利消费动机,用环境(environment)、交易/浪费(transportation/waste)、动物福利(animal welfare)、新生态范式(new ecological paradigm)和生活方式及消费(lifestyle and consumption)等多个量表反映利他消费动机,还用多条目问卷分别测量了有机食品态度和购买意图,通过结构方程模型(structural equation model)发现消费者的自利和利他动机共同影响了其对有机食品的态度和购买意图。

具有一定理论基础,研究设计严谨,并且符合测量学要求的调查问卷是获得相关数据的主要来源。但调查仍然可以使用其他手段进行,例如皮弗等人(Piff & Stancato, 2012)希望探讨社会等级(social class)与不道德行为(unethical behavior)之间的关系,调查者首先观察汽车的一些线索,如品牌、新旧和外观,以此来反映驾驶者的身份,同时还要观察车辆在十字路口是否与其他车抢行(研究一)。以抢行出现的比例界定是否属于不道德行为。在该研究中,调查者在十字路口被动等待观察,研究者将调查者获得的两部分数据进行回归分析(binary logistic regression),发现社会等级与不道德行为之间存在正相关,即社会等级越高,越可能出现不道德行为。该研究即属于采用非介入观察法进行了社会等级与不道德行为两个因素相关性的研究。

(二)数据挖掘

近几年,"大数据"一词甚为流行,各行各业都在谈论。实际上,散乱的数据本身没有多大价值,其价值在于能否从中获取知识,而这些正是数据挖掘所做的工作。所谓数据挖掘是指从巨量的数据中获得隐含的(implicit)、有意思的、具有潜在应用价值的模式或者知识(Zhou,2003)。数据挖掘实质上就是对现存的海量二手数据,运用计算机等高速计算设备,通过一定的数学算法,发现两个或者多个变量之间的相关关系。通常情况下,个人很难在纷乱复杂的现象中发现关系。例如,有这样一则流行很广的案例——啤酒与尿布的故事[①]:1992年,天睿(Teradata)咨询公司帮助某客户分析120万笔销售数据时,发现其超市在工作日的下午5点到7点之间啤酒和尿布的零售额有显著的正相关关系,并且在此之前超市管理人员完全没有意识到两者间存在关系(解明明,2016)。与之相似的还有台湾零售业的"七五三感冒指数",即本日最高温度与最低温度差达到7摄氏度,本日与昨日温度相差5摄氏度,且湿度差大于30%,那么通常感冒人会增加,这时候感冒药、温度计和口罩等就要上架了(高勇,2008)。

(三)综合使用多种手段

除了上述两个具体的研究方法属于相关层面的研究手段,有些研究很难对应具体的、单一的研究方法,但在研究层面上也属于相关研究法。例如,卡罗等人(Carroll,Smith & Bennett,1996)对于社会经济地位与健康之间的关系很感兴趣,普通的做法可以利用问卷调查,邀请被调查者报告自己的社会经济地位和身体健康程度,然后通过数据分析获得两者之间的相关,但卡罗等人使用了另外一种更为巧妙方式——不是通过"活人"主观地口头报告,而是在"死者"身上获得线索。研究者来到位于格拉斯哥的一块墓地搜索资料,首先从843个墓碑上读取墓主的寿命,并把寿命作为衡量健康程度的一个指标,这种手段可以视作档案法,即根据历史档案获得资料,同时,他们还测量了这些墓碑的高度,通过墓碑高度可以一定程度上反映出该墓地的造价,而造价则可以反映其生前富裕程度,因而把墓碑高度作为衡量墓主生前社会经济地位高低的一个指标,这种手段可以视作观察法。

对这两种方法获得的数据进行相关分析,就可以发现墓碑高度越高,墓主寿命就越长,如图2.1。因此,卡罗等人得出结论,个人健康与其社会经济地位存在正相关。这个研究提示我们,做研究使用的研究方法应该不拘一格,在理论的指导下,选择合适的获取数据的手段,通过严谨的设计和数据统计得到可

[①] 该案例的真实性仍然存在争议,感兴趣者可以通过网络搜索了解具体情况。

靠的结论。

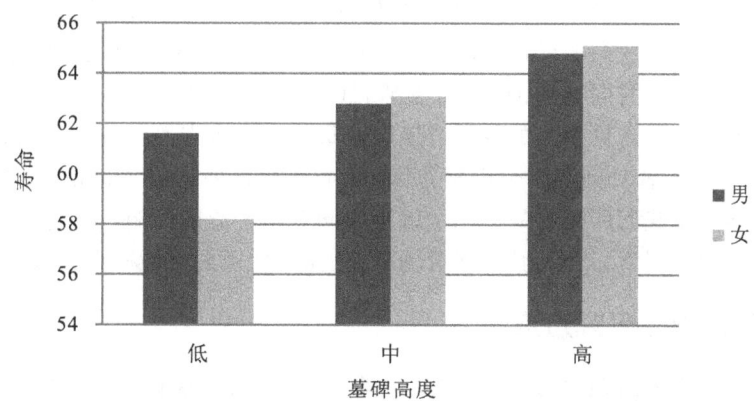

图 2.1 墓碑高度与寿命长短关系

相关性研究有很多优点。首先,样本比较随机,相关性研究可以大规模取样,并且遵循规范的取样原则,从而保证样本的结果可以反映整体的特征。其次,现实中,有些变量由于现实或伦理原因,无法进行人为操控,这些变量可以通过测量来反映。例如,当我们试图研究童年期的虐待与成人期的精神抑郁之间的关系时,由于伦理原因,不能人为设定虐待儿童情况,但可以测量已经自然发生的虐待事件,从而完成研究。再次,相关性研究一般具有良好的外部效度,取样有代表性,测量较少干预,因而更可能反映现实。最后,相关性研究可以同时研究多变量之间复杂的关系,通过结构方程模型甚至可以分析特定变量如何通过多重复杂路径影响另外一个变量。然而,尽管可以从统计上以及理论推理上推测某个变量影响另外一个变量,但相关层面的研究设计无法真正做到确定变量间的因果关系。无论两个变量相关程度有多强,都并不意味着有因果关系。假设有两个变量 A 和 B 存在相关关系,在有些情况下,两个变量可能是虚假相关(spurious correlations),例如,数据表明,美国从 1999 到 2009 年间在科学、技术和空间领域的支出与通过上吊、窒息等方式自杀的人数呈强烈的正相关,相关系数高达 0.9978(Vigen,2015),然而这两者并没有任何实质关系;在另外一些情况下,两者之间存在关系,但不能确定何者是因何者是果,可能 A 是 B 的原因,也可能 B 是 A 的原因,甚至随着研究的深入及理论的发展,人们对两者关系的认识可能出现逆转。例如,早前研究者通常认为学校成绩低、早孕及物质滥用等是由于低自尊造成的结果,但后来发现因果关系是反向的,是这些消极的行为造成了低自尊,而非由于低自尊造成了这些消极的行为;当然,还存在因素 A 和 B 互为因果的情况,例如利他与快乐之间的关系就是双向的(Stanovich, 2017);还有另外一种情况是,两者的变化是由第三个因素共同造成的,例如梅瑟利(Messerli, 2012)研究发现,一个国家每千万人获得诺贝尔奖的数量与该国家每年人均巧克力消费呈正相关($r=0.791$),尽管作者对到底哪个因素是因,哪个因素是果进行了讨论,但看起来最有可能的是我们所未知的第三个因素共同对两者造成影响。要进一步确定相关关系中的因素,何者为因,何者为果,就需要使用因果性研究方法。

三、因果性研究方法

当一个现象出现,另外一个现象也随之出现,而且这种关系是恒定的,人们通常把前一种现象称为因(cause),而把后面的现象称为果(effect)。在现实中似乎很简单的一种关系,然而经过深刻的哲学思辨,在研究中确定因果推理的内涵却变得异常复杂(Kantowitz et al., 2014)。英国近代哲学家休谟(Hume D., 1711—1776)否认现实中存在因果联系,发现因果联系不过是人类的一种心理习惯;德国哲学家康德(Kant I., 1724—1804)也否认世界上存在因果联系,他认为因果联系只是思维本身先验地具有的范畴(金岳霖, 1979)。尽管休谟否定因果关系的客观存在,但仍然指出因果推论的三个条件,即(1)二者在时间或者空间上接近;(2)因在前,果在后;(3)两者存在必然联系。穆勒(Mill J. S., 1806—1873)也提出了三条判断标准,前两条与休谟的第二、三条标准相似,但穆勒特别强调了另外一条标准,即,排除了其他可能的替代解释(alternative explanation)(王重鸣, 2001)。另外,穆勒将自培根以来求因果的方法加以系统化,提出了著名判断因果关系的穆勒五法(金岳霖, 1979)。波普尔(Popper K. R., 1902—1994)和柯林伍德(Collingwood R. G., 1889—1943)等诸多科学哲学家的哲学思辨更进一步加深了我们对因果推理的理解(查尔默斯, 2018;王重鸣, 2001)。

前文已经提及,使用某些统计方法,如偏相关、多重回归、路径分析和结构方程模型等可以从统计学角度推测变量之间的因果关系,然而,要真正获得确定的因果关系,实验法则是唯一的手段(Aronson et al., 2015)。

实验法是一种旨在寻求因果关系线索的研究手段,要求在控制其他条件不变前提下,系统性地操纵一个或多个因素,以确定这样的改变是否会影响到一个或多个其他因素(R. A. Baron & Branscombe, 2012; Kantowitz et al.,

2014；Myers，2010)。简单来说,实验法是一种人为操纵因素改变下的观察。实验法中的观察有两个重要特征,使之与其他观察相比,显得格外不同,其一是操控,其二是对照,这二者正是实验法的本质特征。实验法的精髓正在于控制其他条件不变的情况下,单纯变化一个或几个条件,然后比较产生的结果,如果结果发生了变化,我们就可以较有把握地说,正是变化的条件引发了结果的变化。因而有人将实验定义为对各种变量的操纵、控制、观察和比较的过程。我们以具体研究来说明这个过程。

品牌标识(logo)在现代商业社会变得越来越重要,许多公司不惜花费巨资投入到品牌标识修改和呈现上。品牌标识的设计可能影响到消费者对该产品的反应,例如,品牌标识的复杂性(complexity)、空间特征(spacing)和重复性(repetition)影响了消费者对该产品相关信息的加工和判断(Janiszewski & Meyvis，2001)。除了这些属性,静态的品牌标识有可能产生动态的意象(dynamic imagery),例如,法拉利(Ferrari)品牌标识中那个用两腿站立的马以及约翰迪尔(John Deere)品牌标识中正在跃起的驯鹿,虽然都是静态的画面,但在消费者内心中则产生了一种要动起来的感觉。研究发现,使用具有高运动意象的交通警示牌,可以使被试更早注意到该警示牌,而且更容易诱发警觉和迅速反应(Cian，Krishna，& Elder，2015)。同样的道理,在商业领域,具有高运动意象的品牌标识是否会影响消费者的反应?

萨安等人(Cian，Krishna，& Elder，2014)假设,相对于低运动意象的品牌标识,高运动意象的品牌标识会使消费者对该品牌注视(fixation)次数更多且注视持续时间更久(fixation duration)、对该品牌更投入(engagement)且持更偏好的态度(favorable)。萨安等人通过实验法来检验此假设。研究者首先面对的是刺激材料的问题,即所谓的高运动意象与低运动意象品牌标识是什么样子的,虽然在现实品牌标识中可以找到诸如法拉利等代表,但在实验中使用现实中的品牌标识还是有问题的,因为消费者对这些品牌本身就具有一定的品牌知识,可能是其他因素而不是运动意象影响结果,而且,与这些品牌相对应的对照品牌标识不容易创造,很难保证对照品牌标识除了运动意象与原品牌不同,其他方面完全一致,即使能保证一致,消费者对原品牌已有的品牌知识使得消费者容易把对照品牌标识视作"山寨"品牌,从而产生消极的评价,诱发额外干扰。因此,创造虚拟品牌标识是排除干扰的第一步,萨安等人创造了一系列虚拟品牌标识及其对照形式,具体实例参见图2.2。然而,即使是精心创造的虚拟品牌标识,除了运动意象不同之外,还可能存在其他不同。如果

图 2.2 萨安研究中所使用的品牌标识

注:左图为高运动意象图,右图为低运动意象图。

存在其他差异,那么这两个品牌标识对消费者造成的影响就难以确定到底是运动意象还是其他差异造成的,所以,在进行实验之前,要尽量排除这些因素。如何排除这些因素？最基本的手段就是在创造刺激材料时,除了两者要对比的特性(在本研究中,是运动意象)之外,其他方面尽量保持相同。这样还不够,研究者很难确定被试对刺激材料的其他多个方面的认识是否有差异,因此,刺激材料制作完成之后,正式实验实施之前,研究者需要找大量的被试对这些刺激材料进行评价。评价的维度一般来自已有的文献或者研究者的经验。萨安等人选取了 120 名大学生,要求他们对上述两类品牌标识的几个方面进行评价,包括视觉外观(visual appearance)、视觉复杂性(visual complexity)、信息丰富程度(informativeness)、熟悉度(familiarity)、新颖性(novelty),以及最重要的动态性(dynamic)。结果发现,被试认为这两类标识在动态性方面有很大差异,但在其他方面不存在差异。正式实验开始,研究者采用了方便取样,募集美国西部某大学的 74 名本科生,随机分成两组。一组人看高运动意象的品牌标识(如图 2.2 左图),另外一组人看低运动意象的品牌标识(如图 2.2 右图),这里可以把低运动意象的品牌标识组看作对照组,而把高运动意象的品牌标识组看作是实验组。取样和随机分配被试等问题将在本书第四章详细讨论。随机分配被试保证了两组人在各项特征上是相似的,两组人反应的差异可以归因到刺激材料造成的影响。两组人看完品牌标识之后,都要求回答同样的问题,一组问题关于对该品牌的态度,包括三个目的,即好坏(good/bad)、喜欢与否(like/dislike)和愉悦与否(pleasant/unpleasant),另一组问题再次检验被试对品牌标识运动意象的评价。研究结果发现,首先,两组被试对所看到品牌标识的运动意象评价的确存在显著不同,符合研究者的预期。最重要的是,高运动意象组的被试对该品牌标识的偏好明显高于低运动意象组的被试。结果验证了研究者最初的假设。然而用一组虚拟材料代表高低运动意象的品牌标识的说服力显然不够，也许是由于这组材料的某些我们无法察觉的独特特征引发了被试差异反应。为了排除这种可能性，研究者又设计了另外三组材料，包括牛顿弹球（Newton's Cradle）、奔跑的马和不同朝向的小人等，这些材料形象各异，但共同的特点就是运动意象差异。后续实验的结果重复验证了上述实验的发现，并且还发现被试对高运动意象的品牌标识更多注视且注视时间更久。另外，实验结果进一步表明高运动意象的品牌标识增加了消费者的品牌投入，进而使得消费者更偏好该类品牌标识。

在萨安等人的这组实验中，研究者操纵了被试所能看到的刺激材料，尽量排除了其他可能影响结果的因素，仅保持两组材料在试图研究的方面存在差异。实验中，尽量保持相同的条件，向两组在各个方面都相似的被试分别呈现刺激材料，并测量了其可能的反应，最后对照两组的结果，得到可靠的结论。该实验研究比较鲜明地体现了实验法的操控和对照两个重要的本质特征。萨安等人的这组实验是否就是完美的设计了呢？一般来说，几乎不存在完美的实验设计，正如本章第二节指出的那样，科学研究需要系统性，单个（组）实验可能存在这样那样的缺陷，但多个研究者从不同角度，选取多样化的被试对同一个问题进行探讨，彼此修正缺陷，才能获得比较可靠的结论。尽管萨安等人对刺激材料除运动意象之外的其他可能差异进行了检验，但仍然可能存在其他差异，也许正是由于这个差异，而不是研究者预想的运动意象差异造成了被试反应的不同。因此，萨安等人的研究仍然存在其他可能的解释，实验设计还可以进一步修正。例如，萨安等人的研究没有排除实验操控对被试心境（mood）造成干扰的可能。一般来说，被试心境检验已在这类研究中被研究者所广泛采用，甚至已经成为标准程序之一（例如，Aggarwal & Law, 2005; Elder & Krishna, 2012; Kirmani & Zhu, 2007; Kouchaki, Smith-Crowe, Brief & Sousa, 2013; Liljenquist, Zhong & Galinsky, 2010; Zaleskiewicz, Gasiorowska, Kesebir, Luszczynska & Pyszczynski, 2013）。具体而言，在萨安等人的该项研究中，不同运动意象的品牌标识有可能对被试的积极情绪或者消极情绪造成影响，进而影响了被试对品牌标识的态度。因此，后续更严谨的实验设计应该包含相关程序，以排除这类解释。

实验法有很多优点，在本书第一章已经详细阐述，例如，实验法可以"创造"条件使想要观察的现象发生，这比起耐心等待自然观察要有效、经济和方便得多，而且实验者带着特定目的进行实验，可以控制一切无关变量而只改变一些感兴趣变量,因此结论更加严谨;受控的实验环境为实验者的观察和记录创造了最好的条件,测量较为精确;设定明确的实验条件可以让别人来重复并检验实验的结果,结论更加坚实可靠。

然而,实验法同时也饱受批评。对实验法的批评主要集中在"实验条件控制有过多的人为性(artificiality),实验过程中干涉程度高"上。这样的批评涉及实验的"现实真实性"(mundane realism)问题,即实验情境与现实生活情境有多大程度的相似。实际上,实验设计的现实真实性并不是核心的问题,核心的问题应该是"心理真实性"(psychological realism),即,实验情境所触发的心理过程与现实生活情境所触发的心理过程有多大程度的相似性。在实验情境中,如果人们觉得自己卷入了一项真实的事件,真实的心理过程被触发,那么即使该实验情境现实真实性比较低,其心理真实性仍然是高的(Aronson et al., 2015; Goodwin, 2009)。并且,斯坦诺维奇(Stanovich, 2017)认为,对实验控制"人为性"的批评并不总是对的,研究者精心设计实验,操纵某些条件,同时控制另外一些条件,创造在现实中罕有发生的、极端的情境,是为了分离其他潜在因素的影响,逐步研究特定条件对结果的影响,这并不是缺点,反而具有独特的力量(power),更能够发现现象背后更加贴近本质的理论,指导和解决一系列实践问题,实际上,这也正是物理学研究宇宙万物使用的研究手段,物理规律的深刻发现和广阔应用已经显示出这种方法的巨大威力。当然,在广告研究中,除了要发展理论的基础研究,还可能要进行应用研究。应用研究和理论研究目的不同,应用研究更强调研究模拟现实情境,结果可以直接运用到特定情境中。对于应用研究,的确应该强调研究情境与现实情境的相似性以及研究对象(样本)的代表性。对于该问题更详细的讨论,会在本书第三章中的外部效度部分进行。

另外,还有些批评认为实验法"对于复杂的行为无法测量"及"不适合大规模探索性研究"等,这些批评有些吹毛求疵了。自然观察法也不适合大规模探索,访谈法也无法对复杂行为进行测量……每个研究方法都有其适用条件和解决问题的范围,不存在一个能够解决所有问题的万能研究方法,根据研究主题和研究目的确定适用的研究方法才是做研究的科学态度。

第三章 实验研究过程及评价

谋定而后动。

在学习具体的实验设计之前,有必要对实验研究的大体过程和评价有所认知。对整个实验研究过程有一个全局的认识,有助于促进初学者对具体的实验设计的学习与实践,避免一开始就迷失在细节中,无法看到整体框架。通常来说,完整的实验研究过程应包括选择课题、文献检索与分析、演绎推理形成假设、实验设计、实验实施、数据整理与分析六个步骤。每个步骤都有需要解决的核心问题,也有一些值得注意的解决技巧。实验报告撰写实际上可以视作实验研究的最后一环,但由于牵涉庞大,在本书中独立成节,详细分析。需要特别注意的是,这些看起来有前后承接关系的六个步骤和实验报告撰写,在现实操作中并非一板一眼地按照先后顺序完成。在整个研究中,会存在循环反复现象,也许在实验完成之后或者研究报告撰写之时,还需要反复检索与分析文献。关于如何做研究以及研究过程的每个步骤,有很多相关书籍,初学者可以一边进行实际研究,一边广泛阅读这类书籍。

实验设计的过程,就是尽量排除干扰,保证实验有效的过程。对研究效度进行全面的了解就变得非常必要。实验研究效度大致分为:构念效度、统计推论效度、内部效度和外部效度四类。施瓦布(Schwab,2004)通过一个图式化模型将这四类效度统一在同一个框架下,该模型对于研究者深刻理解四类效度及彼此间关系具有重要的价值。在实际的实验设计和实施过程中,影响实验四类效度的具体因素多如牛毛,数不胜数,从理论层面上完善归纳各类效度的影响因素有利于指导实验设计和实施。在实际实验设计中,需要注意排除各个影响因素,当然,面面俱到是不可能做到的,研究者需要权衡多种因素,在实验研究过程中做出最优决策。

第一节 实验研究的一般过程

对广告现象进行系统的、有计划的、基于实证的科学研究,可资利用的方法有很多。大体上,可以根据从理论开始还是从观察开始分为演绎型假设检验研究(deductive hypothesis testing study)和归纳型理论创立研究(inductive theory building study),不同的研究类型有不同的研究过程和要求。实验研究属于科学研究中的演绎型假设检验研究,因此,一个完整的实验研究过程即科学研究中的演绎型假设检验的过程,一般包括选择课题、文献检索与分析、演绎推理形成假设、实验设计、实验实施、数据整理与分析六个步骤。

一、选择课题(finding a problem)

科学研究无非是发现问题和解决问题的过程。选择课题就是发现问题的过程,也是一般研究设想的起点。发现问题很重要,甚至有人认为,在科学研究中,只要能够提出问题,那么这个问题就已经解决了一半。提出问题实际上与研究者所掌握的问题解决方法相互决定、相互制约。自然,特定的问题决定了使用特定的研究方法最为适宜,反过来,研究者所掌握的问题解决方法也很大程度上决定了其所能提出的问题。科学研究问题的提出和发现并不像牛顿(Newton)所谓的"科海拾贝"[1],因为研究问题并不是躺在那里,静静地等待研究者去发现,而更像是海森堡(Heisenberg)所说的那样[2],是研究者与研究对象的交互作用。研究者所掌握的研究方法限定甚至决定了研究问题揭示,这种现象可以称为锤子定律(law of the hammer)或马斯洛之锤(Maslow's

---

[1] "I was like a boy playing on the sea-shore, and diverting myself now and then finding a smoother pebble or a prettier shell than ordinary, whilst the great ocean of truth lay all undiscovered before me."(English Mathematician and Physicist, "father of the modern science", 1642-1727)

[2] 英文原文"Science does not simply describe and explain nature; it is part of the interplay between nature and ourselves; it describes nature as exposed to our method of questioning."(Physics and Philosophy, 1958)

hammer),因为心理学家马斯洛在其著作中首次提出①,"如果你手里只有一把锤子,你就会把一切都看成钉子"(Maslow,1966)。化用维特根斯坦(Wittgenstein)对语言限制的一句评论②,可以这样说:研究者所掌握的研究方法的极限(limits)就是研究者所能探究的研究问题的极限。

  什么样的研究选题才是好选题?众多研究先驱经过深思熟虑,总结了自己认为好选题的标准,例如舒干(Shugan,2003)、沃斯(Voss,2003)以及格瑞和韦格纳(Gray & Wegner,2013)等人都对什么是好研究选题进行了详细的探讨。本书引用决策研究中两位成就卓著的学者(李纾,2018)观点。《心理学报》主编、中国决策心理学分会创会主任、中国科学院心理研究所李纾研究员对研究选题的要求是"一文三体":其一,成文于"论文"体(paper),即有理论价值,研究选题应该能在他人理论基础上,提出以往理论没有研究过的新假设,甚或对已有理论做改进。研究问题要能够吸引本学科研究者的兴趣,是学术界应该关心的问题。其二,成文于"媒体报道"体(media report),即有传播的价值,通俗有趣的研究选题能够引起普通民众的兴趣。其三,成文于"政策建议或提案"体(proposal),即研究有实践价值,研究选题能够解决国计民生问题或者社会需求,至少也要能够回答生活中的重要问题,对现实生活有启迪。当然,要有发展眼光,有些研究选题当前看或者在本领域也许没有实用价值,但若干年后或在其他领域可能会有大的使用价值。美国判断与决策协会主席、芝加哥大学奚恺元(Christopher K. Hsee)教授则用"GDP"来表达自己对好选题的界定,所谓G,指的是"Grandma did not already know it",即新颖,不是凭直觉就可以想到、外行人不用研究也可以回答的老生常谈;所谓D,指的是"Dad can understand it",即通俗,非专业的甚至上一辈人都可以明白你的研究选题;所谓P,指的是"People can benefit from it",即有用,公众可以从你的研究选题中受益,对社会实践具有价值。

  那么,好的研究问题从哪里来呢?研究问题来源多种多样,因人而异,但归纳起来,大致包含以下三种:

  其一,研究问题最直观的来源是从个人经验出发。这些个人经验可能是

---

  ① 有观点认为该思想并非马斯洛原创。关于该概念的源流辨析可以参考维基百科的相关词条。

  ② 维特根斯坦原话的英文表述是"the limits of my language are the limits of my world"。

出于研究者偶然观察或者长期酝酿,然后灵光乍现,提出研究问题,也可能是与他人交流获得灵感。社会生活中,各类广告无孔不入,城市居民平均每天会暴露在3000～5000条广告信息之中(Kotler & Keller,2012)。在这么多的广告信息中,也许某条广告会触发研究者的好奇心和疑问,在其头脑里形成一个模糊的问题;或者经过长期的观察,研究者发现某类广告更加吸引人注意,因此希望了解到底是什么因素决定了广告的吸引力;又或者研究者与其他人聊天时,得知对方由于某支广告而购买了他本来不要的产品,也可能是一个好的研究主题。

从个人经验出发获得研究问题,表面上看起来自然而然且轻松易得,这一点非常吸引初学者,许多初学者甚至认为个人经验中的灵光乍现,是获得研究课题的唯一途径。的确,从个人经验中获得问题并不难,但要获得有研究价值的问题很难,对于初学者来讲尤其如此。初学者对于某个学科还没有深入了解,根据个人经验所提出的问题往往非常浅薄,一般情况下不具有研究价值,或者虽然重要,但依照现在的方法和技术难以实现,更大的可能是虽然重要但前人已经做过了类似的研究,只是由于初学者不了解而已。即使有些有价值的问题还没有被前人研究,但由于初学者的理论功底不够,所提问题很难抽象概括出有价值的变量,无法检索文献获得前人研究的基础,更无法把自己的研究与学术共同体已有的研究联系起来,难以起到推动科学进步的作用。

其二,研究问题可以来源于社会上的实际需求。在社会实践中,有许多悬而未决的问题,既有国家或社会层面需要解决的大问题,也有特定公司或行业需要解决的具体问题。例如,作为广告管理的上级部门,工商管理机构可能对广告的管制感兴趣,教育部门可能需要了解广告造成的社会影响,相关国家机构希望了解如何有效地通过广告传递特定的价值观或者约束某些消极的行为(酒驾、吸毒、吸烟等),某些大的公司或行业希望通过广告让消费者对某个行业重新树立起信心……

从社会实际需求获得研究问题有很多显而易见的好处。首先,这些需求可能已经被明确地表述出来,直接可以成为研究问题,不需要经过多方求索;其次,这些需求真正体现了社会实践意义,如果能够解决,可以大大增加社会福祉。然而,同个人经验一样,这些实际需求可能已经在理论上被前人解决了,找到相关理论研究即可,没有进一步研究的必要,即使还没有解决,对于初学者来说,也很难将这类问题与已有的理论关联起来。

其三,研究问题还可以从文献中获得。在文献阅读中,研究者可以了解本领域理论研究的最新进展。一种情况下,研究者通过分析文献,对特定理论深入了解,掌握其已经解释清楚的现象,同时寻找其尚未涉入的新领域——此即研究的缺口(gap)——由此提出新的研究问题,很可能扩展理论的适用范围甚至修改理论。例如,钟晨波等人(Zhong & Liljenquist,2006)首先探讨了身体清洁与自身道德完整性的关系,施纳尔等人(Schnall,Benton & Harvey,2008)把理论扩展到清洁与对他人道德评判严厉性的关系上,扩大了该理论的适用范围,而李等人(Lee & Schwarz,2010)则更进一步把研究问题扩展到清洁与认知失调的关系上,在很大程度上修正了最初理论。还有一种情况,多个理论可能对同样的现象都有预测,但存在矛盾之处,此时也可以产生新的研究问题,验证其中一个理论,证伪其他理论,甚至提出全然不同的新理论。例如,当同时有他人在场时,我们的优势反应会加强,这种现象被称为社会助长(social facilitation)。对于这种现象的解释有很多理论:单纯在场(mere presence)理论认为,只要有其他人在场就可以促进我们的优势行为;而评价恐惧(evaluation appreciation)理论则认为单纯在场不足以产生社会助长,而是由于在场的他人可能对自己负面评价的恐惧,促进了我们的优势行为,这两个理论各有支持自己的实验证据。这时候有第三个理论——分心冲突(distraction-conflict)理论则认为关注任务还是关注其他在场的人这样矛盾的要求会造成分心冲突,增强了唤醒程度,获得了更多的认知资源,出现了社会助长。前面两个理论各有其优势和局限,研究者分析问题根源,产生第三个理论,最终比较全面地解释了前面两个理论中矛盾的发现。

对于初学者来说,第三种获取研究问题的方法比较具有可操作性。

二、文献检索与分析(searching and reviewing literature)

文献的检索与分析是实验研究必不可少的一环。当有了初步的研究问题之后,就可以进行文献检索。文献检索的根本目的是使自己的研究问题与已有的研究建立起联系,通过文献检索可以发现自己的研究问题是否已经被前人验证过了。对于初学者来说,因为入门不久,研究问题如果直接从个人经验出发,很可能无法提炼出核心的概念,这时候通过检索文献,可以获得更准确清晰的构念,并不断修正自己的研究问题。另外,初学者还可以在文献检索与分析的过程中,学习前人实验设计的常用方法以及对概念操作化的技术手段。实际上,无论对于初学者还是资深研究者,问题提出与文献检索分析是一个循环往复的过程,提出问题——文献检索——修改问题——再次检索……最终形成有价值的研究问题。

由于技术的发展,现在获取文献变得相对简单,不需要再去图书馆检索纸质版文献,只需要使用可以联网的电脑,电子化检索文献即可,方便、快捷、高效。一般来说,各个高校都会购买若干数据库,进入到这些数据库的主页,利用数据库的搜索引擎直接搜索即可。与广告相关的数据库有很多,中文数据库比较齐全的有中国知网、万方和维普,英文数据库比较齐全的有 EBSCO,Emerald,JSTOR,ProQuest,PsychInfo,SAGE,ScienceDirect(Elsevier),Springer,Taylor & Francis,Wiley 等(部分检索数据库内容可能存在交叉)。实际上,有一种最简单直接的文献检索方法,即利用综合性搜索引擎——谷歌学术(Google scholar)就可以实现跨库检索,无论是中文、英文还是其他文字,不需要寻找特定的数据库入口,只需要打开谷歌学术搜索引擎[①],键入关键词就可以检索到需要的文献,当然,要下载的话可能需要研究者所在机构购买相应的数据库。谷歌学术可以为研究者提供所搜索的文献被其他最新文献引用的状况、相关文章,谷歌学术搜索结果还可以很方便地直接导入到研究者的文献管理软件。

了解了检索工具,还需要知道自己要检索的对象。如果研究者从一开始就清楚地了解在这个研究领域,哪些人、哪些研究比较重要,那么就可以单刀直入,依据作者或者文献名称直接搜索即可。作为初学者,如果缺乏有经验的研究者引导,没有可资借鉴的路径,那么就需要独自摸索。刚开始搜索的时候,可能根本没有选对合适的关键词,经过不断的试错(trial and error),并通过文献的阅读获得相关知识和经验,最终确定合适的关键词。通过关键词搜索,可以获得大量的文献。除去以关键词搜索之外,在文献阅读过程中,研究者还可能发现作者引用了与自己研究问题特别相关的其他文献,那么就可以根据该文献后面的参考文献按图索骥,这种方式被称为滚雪球式文献搜索。通过这样的检索,研究者通常可以迅速收集到大量的相关文献。面对海量的文献,如何确定哪些文献更有价值呢?作为初学者,不妨利用简捷启发式(heuristic)来判断,有两个标准,其一,目标文献本身所发表的期刊。一般来说,顶级期刊发表的文章更有价值。当然,也有一些有价值的文献发表在不那么有名的期刊上,顶级期刊上也有一些价值不高的文章。但这样的情况非常少,大部分有价值的文献都发在了顶级期刊上,顶级期刊上大部分文献也是有

---

① 正常情况下的网址是 www.scholar.google.com。

价值的。其二,分析目标文献的参考文献,如果该文献所参考的文献大部分是高引用率文献(顶级期刊)①,那么这篇文献也应该是比较有价值的文献(Bornmann, de Moya Anegón & Leydesdorff, 2010)。哪些才是顶级期刊呢?一般在不同的学科中会有一些约定俗成的期刊,与广告学相关的期刊可以参考本书第一章第四节的内容。对于初学者来说,还会担心是否已经找到该研究领域内的核心文献以及所阅读的文献是否足够多的问题。对于这种情况,同样可以使用一些边缘线索来做启发式判断。例如,一般情况下,初学者在读文献的时候可能根本没有特别关注作者是谁,但当读了若干篇文献之后,惊奇地发现,已经读过的文献大都是来自同一个作者,或者至少都有她/他的参与,这说明你读的文献已经足够多,而且已经找到了本研究领域的核心人物了。同样,在文献阅读的过程中,经常会发现许多篇文献都指向同一篇文章,这些文章共同引用的某个理论、方法或技术手段都是来自同一篇文章,说明那篇文章很可能就是该领域里重要的开山之作,需要找来仔细阅读。

　　随着文献阅读的加深,所搜集的文献数量也逐渐增多,这时候迫切需要对文献进行管理。一些文献管理软件正好可以满足该需要。文献管理软件种类繁多,在本书中推荐两款软件:Endnotes 和 Mendeley。前者是付费软件,后者是免费的。使用文献管理软件的好处很多,第一,可以建立起自己的数据库,把自己电脑中的文献有组织地管理起来,甚至可以云端储存,很方便地在另外一台电脑上下载。第二,方便定位文献。有时候看过文献之后,忘记存放在哪里,用文献管理软件就可以方便地定位到该文献,当文献积累足够多的时候,文献管理软件就起到了微型数据库的作用,键入某个关键词,就会将使用者之前搜集到的所有相关文献陈列出来。第三,文献管理软件甚至可以做到在线检索,不必登录特定的数据库端口,使用文献管理软件内建搜索引擎,即可联网到特定数据库入口。第四,利用这些数据库还可以在阅读文献的时候做笔记,在阅读过程中,随手记笔记,在之后的查询中,也能够方便检索自己的阅读笔记。第五,文献管理软件甚至帮助分析文献之间的关联关系,可以对作者和期刊做简单的计数统计,也可以发现文献之间复杂的引用关系,帮助定位核心文献。第六,文献管理软件还可以辅助文章写作,在撰写研究报告时,方便检索、插入相应的文献条目,而且可以针对不同的期刊要求,自动修改参考

---

① 即所谓站在巨人的肩膀上(Stand on the Shoulders of Giants——谷歌学术的slogan)。

文献格式,大大减轻了排版的工作量。第七,文献管理软件还可以联网形成团队,内部成员之间分享文献。总之,掌握一门文献管理软件可以带来极大便利。

  检索到的文章有时候无法看到全文,只能看到摘要。其实与自己研究主题相关但又不是十分重要的文献,只看摘要即可,此即泛读之一种。而对于那些与自己研究主题密切相关的文献,则需要仔细阅读全文,此即精读。在精读的过程中,要运用批判性思维(critical thinking),对全文进行挑剔性阅读。坎特威茨等人(Kantowitz et al.,2014)建议在阅读文献的时候,不要一头扎进去,在读完文章的每个小部分时,有意停顿一下,根据已有的阅读提问几个问题。最开始的时候,这样做有点困难,一旦熟练掌握这种方法之后,批判性阅读过程转化为自动加工,无需额外时间和精力,就会变得轻松自如起来。坎特威茨等人(Kantowitz et al.,2014)甚至做了一份批判性阅读清单(checklist),本书对一些细节做了修改,以表格的形式呈现出来,见表3.1。初学者在阅读文献过程中,可以按照这个核查清单来分析。

表 3.1 批判性阅读核查清单

部分	核查对象	说明
1. 引 言	1.1 研究目的	研究者的目的是什么?
	1.2 推理过程	研究者如何引用多个理论或概念并进行推理的?
	1.3 实验假设	根据前述推理,研究者需要检验哪些假设?
	1.4 方法预期	如果要我来检验该假设,我该如何设计实验?
2. 方 法	2.1 优劣比较	我提出来的方法优于作者的方法吗?
	2.2 适切性	作者的方法确实能够检验他做出的假设吗?
	2.3 各类变量	作者如何操纵自变量,控制额外变量和测量因变量的?
	2.4 结果预期	使用同样的被试、设计、材料和实验程序,实验结果会怎样?

续表

部分	核查对象	说明
3. 结果	3.1 结果比对	作者获得的结果与你的预期结果是否一致？
	3.2 尝试解释	我会对这样的结果有什么样的解释？
	3.3 价值意义	该结果的理论价值和实践意义是什么？
	3.4 其他解释	对用这些结果，我是否有其他解释？
4. 讨论	4.1 数据拟合	我的解释还是作者的解释与数据更吻合？
	4.2 说服力	我还是作者对结果的理论价值和实践意义的讨论更有说服力？
	4.3 遗留问题	还有什么问题没有解决？
	4.4 研究延伸	是否还可以做进一步的研究？

三、演绎推理形成假设（deduction and hypothesis）

有些研究希望借由个别的事物或现象推出该类事物或现象的普遍规律，此即归纳推理型研究；而有些研究则希望借由普遍的规律推出特定的结论，此即演绎推理型研究。实验法属于演绎推理型研究。

实验目的无论是验证某个已有的理论还是发展新的理论，都是依据相应的概念和理论，逐渐形成符合逻辑的推理链条，最终获得清晰的假设。所谓理论（theory）是指一组相互关联的概念组合，用来解释批量数据并为未来事件做出预测（Stanovich，2017）。理论的价值不只在于描述（description）和解释（explanation）现象，组织概念（organization）和预测（prediction）实证观察结果才是其核心的两个功能（Kantowitz et al.，2014）。在每个独立的学科中，都有若干个被广为接受的理论，例如，在广告学中被广泛研究的恐惧诉求（fear appeal）理论（Tannenbaum，Heiler & Zimmerman，2015）。这些理论通常不能被直接证实或推翻，研究者需要加入新的变量，从新的视角来审视既有理论。或者将这些理论引用到新的环境下并做出新预测，然后通过实证数据来检验做出的新预测。从理论中做出的具体预测就被称为假设（Stanovich，2017）。实证研究中，假设需要具体到可以通过可观察的数据来检验它（Kantowitz et al.，2014）。例如，"儿童容易被广告说服"这就不是一个好的假设，儿童要有明确的界定，最好具体到年龄或阶段，广告及说服效果等都要有明确的界定，例如，"3—5 岁的儿童认为广告中所说的任何事情都是真的"，这样的陈述就比较具体，可以用实际的观察来检验了。从理论到具体的研究假设并不是一步到位的，往往要经过一个概括化（generalization）陈述阶段（Kantowitz et al.，2014），概括化陈述相对于理论来讲，比较具体，但相对于假设来讲，仍然是一种相对宽泛的陈述，也不能直接被数据所检验。一个好的理论可以推出很多概括化陈述[①]，同样，一个好的概括化陈述也可以推出很多研究假设。例如，亲代投资和性选择理论在进化心理学中属于较高层级的理论（Buss，2015），这样的理论不能被研究直接检验，研究者需要根据这个理论进行推理，从而获得多个概括化陈述，如，概括化陈述一，如果有个物种在亲代投资上存在性别差异，那么投资较大的性别成员在择偶时将会更加谨慎；概括化陈述二，如果雄性可以给后代提供资源，那么雌性在择偶时会考虑对方获取资源的能力和为自己投资的意愿；概括化陈述三……概括化陈述还不能被数据直接检验，还需要进一步推理获得更具体的研究假设，如，根据概括化陈述二进一步推理可以获得：研究假设一，女性择偶时更偏好地位较高的男性；研究假设二，女性在择偶时更偏好那些愿意为她们自己及后代投资的男性；研究假设三……评价一个研究假设是否是一个好假设的标准主要有两条[②]：最重要的标准是"可被证伪"（falsifiable），即可以通过实证研究直接检验这个研究假设，一个好的研究假设应该精确到可以被数据直接证伪的程度，其二，简洁（simple/parsimonious），在对研究变量关系做完整的、清晰的陈述前提下尽量保持简洁。实际上，简洁也是科学研究应有之义。

在研究报告中，一般会明确地提出假设，该假设是研究者希望获得的结果，即

[①] 概括化陈述也可以从经验中或者实践需要中来，因此，在某种意义上来说，概括化陈述就是研究的核心问题。

[②] 张岩、徐飞和奚恺元在《实验室研究》一文中认为，好的研究假设应该是"能够证伪的，理论上重要的、实践上重要的、简洁、繁衍性以及有趣"。实际上除了可证伪和简洁之外，其他四条都可以看作是对概括化陈述的评价条件。研究假设已经具体到可以用数据来检验了，一般不再具有繁衍性。

假定自变量对因变量造成了影响,用实验的语言就是假定接受不同处理条件的被试会表现出差异,这种假设被称为备择假设(alternative hypothesis),用 H_1 来表示(当然,如果一个实验中有很多备择假设,就用 H_2、H_3……H_n 来表示)。与备择假设相反的一类假设被称为虚无假设(null hypothesis),即指假定自变量对因变量没有造成影响,用实验的语言就是假定接受不同处理条件的被试没有表现出任何差异,是研究者不希望出现的结果,用 H_0 来表示。在研究报告中,虚无假设通常并不明确提出来,但真正接受直接检验的正是报告中没有明确提出来的虚无假设,而不是报告中明确提出的备择假设。研究者希望通过拒绝(disprove/reject)虚无假设的方式,支持(support)备择假设——不是证实(proven),备择假设无法在绝对意义上被证实(Goodwin,2009)。研究者通过一定的统计方法对虚无假设进行检验,这种检验是在一定概率基础上做出的,有一定错误的风险。详细讨论见本节第六小节数据分析部分。

四、实验设计(experiment design)

明确了研究假设之后,就需要设计实验验证该假设。实验设计即考虑如何分配被试到不同处理组中,如何操纵自变量,如何控制额外变量以及如何测量因变量。在这一阶段,整体上的实验设计和细节上的材料制作、自变量操纵和因变量测量方案等,并不能截然分开,设计的过程中可能需要不断地修改实验材料或者操控测量方案,实验材料的编制或操控、测量方案反过来也可能使实验设计发生微调。研究问题和研究假设已经明确,实验的自变量和因变量(类型和数量)也就相应明确。根据可能的控制变量,需要考虑实验设计的问题,最基本的问题就是需要做被试内、被试间还是混合设计,在处理前要不要进行因变量的测量(先测后测模式)以确定基线等。至于是否有必要在实验设计阶段就确定相应的统计方法,还存在一些争议。有些研究者认为在实验设计之初就应该确定统计分析方法(Goodwin,2009),但有些研究者则认为不必让统计方法限制了实验设计(王晓田,2010)。更详细的实验设计理论、流程和模板见第五章及第六章的内容。理论学习之外,实验中的细节操作都是有经验可循的,从前人文献中获取经验就是简便途径之一。研究者在阅读前人文献的过程中,不但会综述相关的理论,同时还会留意前人如何操纵自变量、控制额外变量以及测量因变量。

整个实验设计完成之后就需要开展实验,有时候谨慎起见,还要经过尝试性实验,即在正式实验之前,先找少量的被试进行试探性的测试,从中发现以前从未注意到的问题,及时修正然后进行正式实验。

五、实验实施(conducting the experiment)

实验正式执行,如果是实验室研究,需要招募被试。原则上,实验的被试应该采用随机取样的方式获得,然而实际上随机取样基本上是不可能完成的任务,目前在世界顶级期刊上发表的与人类行为有关的论文,其所使用的被试大部分来自西方的(western)、受过良好教育的(educated)、发达的(industrialized)、富有的(rich)以及民主的(democratic)社会(Henrich, Heine & Norenzayan, 2010),将对应的英文单词首字母联合起来,就构成了"奇怪的"(WEIRD)被试样本。更糟糕的是,在这样的人类被试样本中,大学生是主要的群体,因此有人戏称行为研究的被试就是大学生(人类样本)和大白鼠(动物样本)。在某些领域,例如感知觉和认知的研究中,大学生被试对结果的影响并不大(Sears, 1986),然而对于广告研究来说,除了研究被试对广告的感知觉和认知之外,态度也是很重要的研究主题,在这方面,被试自身特征可能影响巨大,在研究中不得不考虑。当然,一般来说,基础实验研究目的往往是检验某两个或多个因素之间是否存在因果关系,而非预测特定环境下和特定人群的特定行为,因而被试与总体是否相似、被试的代表性以及实验情境与现实情境的相似性等并不是基础研究关注的焦点。我们希望通过实验研究发展理论,这些理论可以与其他理论一道解释各类情境,即使这些情境与当初获得该理论的情境已经大不相同(Stanovich, 2017)。从大学生中获得的结论,附加一些限定条件,也许可以用来解释非大学生人群的反应。因此,只要不是特别极端的状况,实验法的被试通过方便取样即可。通常在大学里的研究者,通过特定渠道发布招聘被试的广告,或者通过已经做过实验的被试联系其他被试,滚雪球式地扩大被试规模。当然,目前也有一些专门的机构或网站可以协助随机取样,研究者只要支付一定的费用,这些机构会按照研究者的要求选择和分配被试。募集中文环境下的被试,问卷星①是一个常用的网络问卷或实验采集数据的平台;要募集英文环境下的被试,亚马逊平台②(Amazon Mechanical Turk, AMT)是一个良好的数据采集平台。

实验中,接受特定处理的一组人数不能太少。从实验设计角度来讲,要控

---

① 问卷星网址:https://www.wjx.cn/。
② 亚马逊平台网址:https://www.mturk.com/。

制被试特点等额外变量,需要随机化分配被试,这时候每组人数要超过20个,随机化才比较成功;从统计学角度,如果一个组内人数太少,单个额外因素的作用会凸显出来,导致组内变异增大,不符合一般统计方法使用的前提。一般 t 检验要求每组人数最好在30人以上。目前,越来越多的期刊要求研究在设计之时,首先根据统计检验力(statistical power)、效应值(effect size)和显著水平(α 值)来确定所需要的被试数量(APA, 2010; Harris, 2013)。

除了每组被试人数要达到一定数量之外,对于一些显而易见的人口统计学变量最好做到不同组之间均衡。在某些情况下,各个小组数据整合为较大组数据时,大组数据所呈现出来的趋势与组成它的小分组所呈现出来的趋势相反(Goltz & Smith, 2010),这种现象被称为尤里-辛普森悖论(Yule-Simpson's Paradox)。如表3.2所示,我们以一组假定的数据来说明这种现象。假定向一组被试呈现两种广告,结果发现实验组喜欢自己看到的广告的被试比率略微高于控制组(60% vs. 50%),但实验组和控制组内的性别差异非常大,以至于在男性组和女性组中,实验组被试喜欢自己看到的广告的比率却略低于控制组(男性组 30% vs. 40%,女性组 70% vs. 80%),出现了反转。为了避免这种悖论的发生,如果可能,尽量平衡已知的控制变量。

表3.2 尤里-辛普森悖论示例

被试者	组别	喜欢	讨厌	喜欢比率
所有被试	实验组	24	16	60%
	控制组	20	20	50%
男性组	实验组	3	7	30%
	控制组	12	18	40%
女性组	实验组	21	9	70%
	控制组	8	2	80%

为了尽量减少或控制额外变量的干扰,在实验的开展过程中,还要注意标准化(standardization)的问题,即实验程序对于同组被试应该完全一致,最理想的状态是,所有的被试都在相同的实验环境(实验地点和实验时间)下,面对同一位主试(衣着及言语),经历相同的实验过程。尤其需要注意的是,主试的表现应该规范化、标准化,其中影响最大的是指导语的设计。指导语应该清

晰、完整，而且内容确定、不易产生歧义，还要简明扼要、不要加入冗余信息，重要的是对同一处理条件下的所有被试，使用同样的词句、表情和语气来陈述指导语。

实验获取的数据，需要谨慎地做好原始记录，并对变量（水平）所对应的编码标注清晰的解释或说明，避免在以后的数据处理中出现低级错误。这样的错误实际上并不鲜见，例如，我们的刻板印象和以往的研究都表明，小学男生的自制力(self-regulation)往往不如同年龄的女生，但来自德国的一些研究者惊讶地发现，这种状况在他们的研究中被颠覆，这个发现发表在 *PsyCh Journal* 上。后来研究者发现，由于之前的问卷使用 0、1 对应男性女性，在录入数据的时候出现了错误，不得不撤稿，修正了原来的结果，重新发表了论文(Gunzenhauser, Saalbach & von Suchodoletz, 2017)。这样的错误看起来非常低级，然而，即使在 *Science* 这样国际影响力巨大的刊物上发表的文章也可能出现类似错误。安迪科等人(Andics et al., 2016)使用 fMRI 技术扫描了狗的大脑，记录狗在听到人的话语时大脑的活动，随后按照常规处理数据并报告。研究者后来认识到，在做 fMRI 扫描的时候，人在扫描室内是平躺的姿势，而狗在扫描室内则是俯卧姿势，因此所得到的狗的脑区图应该与人类的脑区图相反，但在前期数据梳理及报告时，研究者忽略了这一点，直接按照人类的脑区图模式处理数据，得到了错误的结论(Andics et al., 2017)。

通常在实验进行之前，被试需要了解该实验的一般情况、自身收益与风险，并签署知情同意书(informed conscent form)。在主要实验程序完成之后，还有最后一个环节叫作解释与解散(debrief and dismiss)，这时候首先做操控检验[①]——这样可以避免干扰主实验程序，还可以检验被试是否相信实验的操纵或者是否猜到了实验目的和假设，如果大部分被试已经猜到了实验目的，那么实验中的需要特征（见第四章名词解释）太明显，实验结果可能无效。另外，主试还有义务向被试说明真实的实验目的，感谢他们为科学研究做出贡献(Kantowitz et al., 2014)，并赠送小礼物或直接给被试费。主试同时还有义务接受被试的询问，并向被试承诺，有后续的问题随时联系主试。以上是研究伦理的要求。

[①] 当然，有些研究把操控检验当作正式实验的一部分，所有正式实验完成之后再做简要的询问与回答。实际上这些程序之间的界限并不明显。在不增加额外干扰因素的情况下，研究者可以灵活把握。

六、数据整理与分析(preparation and analysis of data)

按照研究计划,待所有应该收集的数据都完成之后,就需要对数据进行初步整理。如果因变量的测量都是通过自我报告(self-report)获得的量表数据,主要涉及的问题就是缺失值(missing data)的问题。对于有些条目,被试有意或者无意地漏答造成数据缺失。如果某个被试数据缺失太多,可以直接将该被试所有数据去除,这种方法被称为整列删除(listwise deletion)(Schwab,2004)。当然,最好在每个被试完成实验之后,主试都检验一遍数据,遇到这种缺失值太多的被试,可以询问原因。如果被试的缺失值较少,可以有两种方式处理,一种是赋予所有的缺失点一个特殊的值,这个值在正常量表数据中不会出现,比如9999,在随后分析中需要注意不要与真实值混淆,当某变量的分析涉及这个数据点时就去除掉,但仍然保留这个被试的其他数据(以备在其他变量分析中使用),这种方法叫作成对删除(pairwise deletion);另外一种方法是使用平均值代替(mean substitution),这个平均值可以是整个同等处理组在该条目上的平均值,也可以是该被试在同维度下其他条目的平均值(Schwab,2004)。如果因变量的测量是通过某些设备获得的,除了缺失值的问题,另外一个问题也很突出,即异常值的问题。例如,通过眼动获取的数据,虽然缺失值是一个比较大的问题,在做数据输出及分析的时候应该特别注意,但更大的问题则是有些被试在某些特征上过度离散的反应。这些值与该处理组平均值的距离大大超过了三个标准差,而且这样的数据点很少,但由于取值异常大,造成该组数据巨大的离散度,一旦去掉该值之后,该组的离散度立刻恢复到正常范围,在这样的情况下可以考虑剔除该数据点。

经过初步的数据整理之后,研究者可以开始正式的数据处理。实验研究的数据处理方法通常比较简单,可选择的统计方法主要包括:t检验、方差分析(analysis of variance,简写为ANOVA)和回归分析,有些情况下还会使用多元方差[①]分析(multivariate analysis of variance,MANOVA)和重复测量方差分析等参数检验方法,以及卡方检验(χ^2检验)、秩和检验、等级方差等非参数检验方法(张厚粲 & 徐建平,2009)。研究者根据自己实验设计以及测

---

① 注意该处所谓的多元是指多个因变量,而一般来说,多元统计分析指的是多个自变量,一个因变量。具体请参考:张文彤,董伟. SPSS统计分析高级教程[M]. 北京:高等教育出版社,2004.

量数据的类型来选择合适的统计方法。

我们结合信号检测论及数据分布图来说明假设检验的原理,以最简单的实验组控制组比较 t 检验为例。如果自变量对因变量没有造成影响,那么原则上,实验组和控制组的被试应该在因变量的测量上没有任何差异,但实际上,由于抽样误差的存在,两者均值之差的分布为图 3.1 中的左侧正态曲线,总体均值之差 $\mu=0$,即虚无假设所设定的分布;如果自变量对因变量造成了影响,那么实验组与控制组的被试在该测量中应该表现出差异来,其总体均值之差 $\mu\neq 0$,分布如图 3.1 中右侧的正态曲线,此即备择假设所设定的分布。

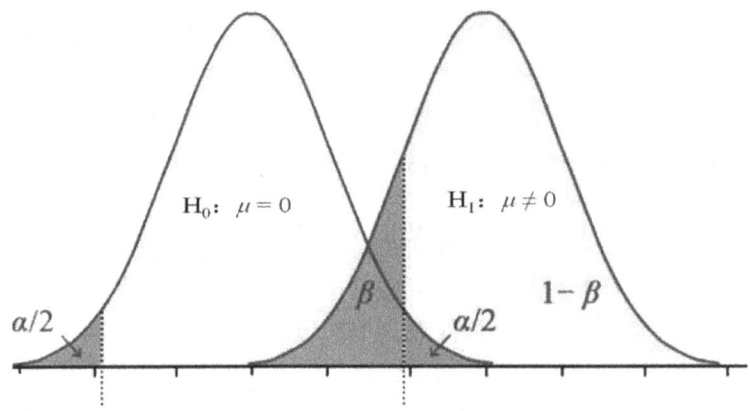

图 3.1　一类错误与二类错误示意图

任意一次实验获得的实验组和控制组均值之差可以表现为图 3.1 横轴上的任何一点,纵轴表示该差值可能发生的概率。在统计学上通常将 0.05 的发生概率定为小概率事件①,用 α 来表示。通常,研究者假定小概率事件在一次取样中几乎不可能发生。这样的发生概率在标准正态分布中,横轴取值为均值的正负 1.96 个标准差之外。如果一次实验获得的结果处于 1.96 个标准差之内,单纯的抽样误差就有可能造成这样的结果,因而认为该结果属于 $\mu=0$ 的分布,接受虚无假设;而如果一次实验获得的结果处于 1.96 个标准差之外,我们就比较有信心地认为,这种结果不属于 $\mu=0$ 的那个分布,因而拒绝虚无假设,相应地承认 $\mu\neq 0$ 的分布,即接受备择假设。

---

① 也有研究或将 0.01 的发生概率界定为小概率事件,那么其在横轴上对应的数值就应该是均值的正负 2.58 个标准差之外。

从信号检测论（signal detection）的角度（Kantowitz et al.，2014）来看，一次实验所获得的结果是待检验的事件。当自变量真实地影响了因变量，我们称此事件为信号（signal），当自变量没有影响因变量，我们称此事件为噪声（noise）。事实上自变量到底影响不影响因变量（信号还是噪声），我们是无法确知的，我们只能设定一定的标准（criterion），当该事件强度大于某个值时，就认为其为信号；当该事件强度小于某个值时，就认为其为噪声。根据统计学要求，我们设定这个标准值为零点以外正负 1.96 个标准差。参照图 3.1 和表 3.3。

表 3.3 信号检测论视角下的两类错误

类别	判断为噪声	判断为信号
噪声	正确否定	虚报（一类错误，α 错误）
信号	漏报（二类错误，β 错误）	击中

当事件本身真的为噪声时，H_0 成立。如果该事件强度在正负 1.96 个标准差以内，我们正确地判断其为噪声，接受了 H_0，即认为自变量没有影响因变量，在信号检测论中被称为正确否定（correct rejection）；但如果该事件强度超过了 1.96 个标准差，我们错误地判断其为信号，拒绝了 H_0，即认为自变量影响了因变量，在信号检测论中被称为虚报（false alarm），用统计学的语言则是称为一类错误（type I error），又称 α（alpha）错误，因为这类错误发生的概率等于 α。

当事件本身真的为信号时，H_1 成立。如果该事件强度超过了 1.96 个标准差，我们正确地判断其为信号，拒绝了 H_0，即认为自变量影响了因变量，在信号检测论中被称为击中（hit）。但如果该事件强度在 1.96 个标准差以内，我们错误地认为其为噪声，接受了 H_0，即认为自变量没有影响因变量，在信号检测理论中被称为漏报（miss），用统计学的语言则是称为二类错误（type II error），又称 β（beta）错误，因为这类错误发生的概率为 β。统计学中将 1-β 称为统计检验力（statistical power），其反映了统计检验正确地拒绝虚无假设，分辨信号的能力（Harris，2013；张厚粲 & 徐建平，2009）；需要特别说明的是，一类错误和二类错误发生的前提条件并不同,因此两者之和并不是 100%[1],通过表 3.3 可以清楚地看出这一点。

在某些期刊中,除了报告必要的 p 值之外,还需要报告效应值(effect size),即指实验处理对结果造成影响的规模或程度(Smith & Davis, 2012)。其计算方法多种多样,因面前所使用的方法不同而不同。在最简单的情况下,如图 3.1 所示,右侧与左侧正态分布的均值之差即为该实验处理的效应值,称为 Cohen d。

第二节 研究报告撰写

科学研究最终要产生公共的知识(Stanovich, 2017)。将自己的研究发现通过学术共同体认可的方式呈现出来,并提交给被本领域研究者广泛认可的学术期刊,使共同体中的其他研究者看到该研究尤为重要。从实用角度来看,发表对于所有学科的研究者来说都很重要,"发表还是消亡"(publish or perish)的焦虑普遍存在,以至于几乎在所有学科中都有直接以"发表还是消亡"为题的论文探讨该问题。

通常,研究报告格式与表述有较强的规范性,甚至有固定的格式,有人斥之为"新八股文"。但研究报告的重要目的是进行有效的沟通,确保研究成果被同行准确理解。固定的格式有助于高效地实现这一目标。一般来说,提交给同行评议期刊的文章结构应包括:题目与作者(title and authors)、摘要与关键词(abstract and key words)、引言与文献综述(introduction and literature review)、方法(method)、结果(results)、总讨论(general discussion)以及参考文献(reference)等七个关键部分[2]。我们对这些关键部分分别进行简单阐述。更详细的写作指导请参考美国心理协会的出版手册指导(*Publication Manual of the American Psychological Association*)。

---

[1] 原则上,这两者也不应该相加。横行两个格子可以相加,总发生的概率是 100%,或者纵列两个格子相加,总发生的概率是 100%,对角的两个格子相加是没道理的。

[2] 有人将文章主体的四个部分(引言、方法、结果和讨论)各取英文单词首字母,合称为 IMRD。

一、题目与作者(title and authors)

该部分占据了文章的显要位置。题目比较简短,一般 10～12 个字为宜。通常,实验类文章的标题内容很简单,表明自变量和因变量即可。所以有经验的研究者只要看题目就能大致确定作者的核心变量。例如,从康奈尔等人(Connell,Brucks & Nielsen,2014)的研究题目"How Childhood Advertising Exposure Can Create Biased Product Evaluations That Persist into Adulthood"可以看出,该研究的自变量是儿童期广告暴露,因变量是成年期的有偏向的产品评价。也有一些研究使用文学化的词语做主标题,以此吸引读者的注意,但一般副标题会说明自变量和因变量,例如钱德兰等人(Chandran & Menon,2004)的研究题目是"When a Day Means More than a Year:Effects of Temporal Framing on Judgments of Health Risk",主标题是"什么时候一天比一年更长",这样的标题很快就能引起读者的兴趣,副标题指明了自变量和因变量,即时间框架对健康风险判断的影响。在投稿时,有些期刊还要求加入页眉标题(running head),类似于文章的短标题,比标题更精炼,字数更少些。

作者要按照对研究和文章的贡献大小排序,贡献大的作者排第一位,依此类推。课题负责人,提供灵感(idea),提供资金支持,为文章负责,一般排最后一位,列为通讯作者。没有实质参与研究的人员不应列入,这涉及研究伦理问题。同时作者的单位也要列举清楚,一般包括学校、所在院系、地区、国家和邮编。在投稿时,通常有单独的题目页(title page),除了以上信息之外,一般还会加入致谢部分,向需要感谢的人和研究所受到的基金支持提供方表达谢意。

二、摘要与关键词(abstract and key words)

期刊摘要字数一般在 100～300 字,依不同期刊要求而定。摘要是对文章关键内容做出的简洁、完整的总结。摘要非常重要,许多研究者可能通过阅读文章摘要的方式决定是否有必要花费时间和精力通读全文。实验研究的摘要大致要包括以下内容,首先要尽量简单明了地说明研究的问题,接着指出被试的一些特征,然后说明实验设计、实验材料、因变量测量等方面的特征,再清楚地说明研究主要发现,最后要说明从主要发现中可以得到什么结论以及研究局限和未来研究建议等(Harris,2013)。实际上摘要的几个部分分别对应了研究选题、文献综述、研究方法、研究结果和讨论等几个部分。一个好的摘要要求用词精炼准确,能够正确地反映研究目的和主要内容,并且只是陈述事实而不要加入任何评论性质的语词,在英文摘要中还要尽量避免使用被动句,同时注意句子的时态(APA,2010)。尽管标题和摘要都非常重要,但在写作顺序上,往往最后才会确定。这是因为,只有在对整个研究进行梳理和明确表达的基础上,才能把重要的关系和发现清晰地呈现出来。

关键词一般为3~5个,关键词的选择一般为该研究的核心理论或者关键方法技术。有些期刊会依据关键词选择同行评议专家。

三、引言与文献综述(introduction and literature review)

引言部分通常要明确指出本研究的研究问题,而且还要指出自己的研究问题有什么理论和实践意义,也就是该研究主题为什么值得去研究。明确了这些前提条件之后,还需要将本研究与更大的研究背景联系起来,即回顾(review)前人相关研究的成果。一般要说明前人的研究到什么地步了,但还有什么没有研究,他们没有考虑到某个至关重要的变量,或者他们所使用的理论还存在缺陷,或者使用的技术存在局限,无法准确回答该问题,现在要做的是加入这个变量,或者使用不同的理论视角,或者使用新的技术手段来解决这个问题。有时候研究的目的是解决两个理论在某方面的争议,那么就需要均衡地引出两方面的理论和观点(APA,2010)。一个好的文献综述还应该通过严密的逻辑推理,根据理论或原理推断出要验证的研究假设。在实验研究中,一般假设数目较少,而且变量之间关系比较简单、直接。文中所推论的研究假设应该与后面的实验设计相对应。

四、方法(method)

方法部分要详细描述整个实验操作细节,细节具体到其他研究者可以重复验证的程度。一般分成三个部分:

(一)被试(participants/subjects)基本特征描述,包括使用了多少被试,被试的人口统计学特征,特别是性别因素,如,男性女性被试各多少,平均年龄多大,年龄全距(最大和最小年龄);其他大体上的身份特征,例如大学生或者特定职业;如何招募这些被试,是完全随机抽取,还是特定被试库抽取或者方便取样等;参加实验获得的报酬,是获得现金或者礼物,还是获得一定的学分等。

(二)实验设计与实验材料(design and materials),一般实验设计都比较简单,指出自变量及水平和因变量即可,通常写成"自变量1(水平A,水平B)×

自变量 2(水平 A,水平 B)组间/组内/混合设计",这部分还需要说明研究中所使用的实验材料,使用什么方法操纵自变量、控制额外变量,使用什么手段或者设备测量因变量等。如果在实验中使用了某些设备,还需要报告设备的关键指标。如果实验中的操纵和测量方法太复杂,例如,启动某些特定人格特质的假定情景文字非常长,测量某些因变量使用的量表条目多达几十条等,这时候就需要以附件的形式呈现这些材料。

(三)程序(procedure),这部分要详细讲述主试引导被试完成实验的过程,包括实验前的准备与热身(warm up),实验开始的指导语,实验过程的监控,因变量的测量,实验结束后的解释与送离等。

五、结果分析(results)

原则上,研究中所获得的所有数据都应该汇报。通常,开始一段要说明被试的流失以及缺失值,或剔除异常数据的情况以及原因。有时候还要对某些控制变量做预处理,例如性别,如果该因素对因变量并没有造成影响,可以说明该因素在随后的分析中不再涉及。这部分主要讲述通过哪些统计手段对数据进行了分析,一般不会呈现任何被试个体信息与原始材料。通过推论统计,要呈现给读者一些关键信息,表明该研究结果(因变量)有多大可能是由于自变量引起的,而不是由于随机因素造成的。对于数据结果的呈现,不同的统计方法需要呈现的参数有所不同,一般小组均值和标准差是最基本的信息,对于多元方差分析、多元回归分析等统计技术,除了基本信息,样本大小、方差协方差矩阵或者相关系数矩阵也要提供,对于 t 检验、方差分析及 χ^2 检验等推论统计技术,自由度、p 值等都需要报告。一方面研究者应该学习统计方法的呈现,另一方面研究者也要参考目标期刊的具体要求。另外,在结果分析部分,数据的某些特征往往以图或表格呈现,图表能够很直观地展示数据分析的结果,所谓的一图胜千言。研究者在制图制表时应注意准确、美观、简单易懂。

六、结论与讨论(general discussion)

该部分是整个文章中最具创新的部分。这部分与综述部分相呼应,通常作者可以根据数据结果总结研究结论,解释自己研究发现的意义和重要之处,有时候还要考虑目前研究有没有什么其他替代解释。更重要的是把自己的发现与前人的做比较,指出相比他们的研究,自己的研究有哪些推进,对相关的理论有什么新的贡献。研究者甚至可以对自己的研究结果,做适当发挥。当然,研究者在这部分还需要指出自己的研究缺点和未来的研究方向。经验老到的研究者指出,很多读者只看文章的开头和结尾,最后的陈述是读者能够记住的信息,因此研究的局限一定不能够放在文章的最后,而应该把研究贡献放在最后。

七、参考文献(reference)

参考文献是对以往研究者的成果的承认,也是支撑自己文章中论点的重要证据。有经验的研究者可以根据一篇文章引用的参考文献大致判断其研究价值(Bornmann et al.,2010)。清楚地列举文章所引用的文献还可以为其他对相关问题感兴趣的研究者查找这些文献提供便利。参考了其他研究者的文献却没有明确引用,或者随意列出文章中实际并没有参考的文献都属于不道德的行为。通常,不同的期刊对于参考文献在文中和文末出现的格式要求不同,在投稿前应该仔细阅读该期刊的作者须知。在中文环境下,很多期刊采用的格式参照了 GB/T 7714-2015,《信息与文献 参考文献著录规则》;而英文期刊中,目前很大一部分使用了 APA 出版手册中规定的格式。参考文献格式繁复,在向不同期刊投稿时,往往需要调整其格式。如果手工完成,费时费力,采用一些文献管理软件,如 Endnote 及 Mendeley,则能节省宝贵的时间精力,起到事半功倍的效果。

第三节 实验效度

实验研究的课题,无论从理论推导中还是从个人经验中获得,实际上都是对多个抽象概念之间关系的陈述。例如,波特等人(Potter, LaTour, Braun-LaTour & Reichert, 2006)要研究电视节目类型对随后的广告中恐惧诉求信息加工的影响,就涉及电视节目类型以及恐惧诉求信息等概念。所谓概念是反映个体现象或事物特有属性的思维形态,包含内涵和外延两个方面,内涵通过定义的方式来揭示,外延则可以通过划分的手段被分成多个小类(金岳霖,1979)。概念具有普遍性、抽象性以及不能被直接或间接观察等特性。在社科领域,研究者通常将用于研究和构建的概念称为构念(construct)(陈昭全,张志学,2012)。构念具有以下特征(罗胜强,姜嬿,2012):构念是抽象的、不可观察的、清晰而确定的,构念与特定的理论和模型相联系,是研究者构造出来的[①]。与概念相比,构念一词更强调研究者为了研究的目的而人为设定这一特征。在本书中,两个名词混用,并不加以严格区分。

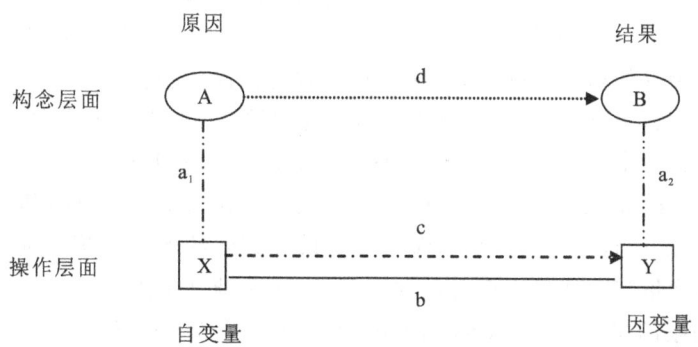

图3.2 实验研究的四类效度关系示意图

在构念层面上,实验研究就是要探讨构念 A 是否影响构念 B(见图 3.2 中 d 线),然而构念是抽象的,无法直接通过实证手段研究。在实验中,可以将不能直接操纵、观察和测量的构念通过操作化定义转化为可以操纵、观察和测量的变量(陈昭全,张志学,2012),因而构念 A 和构念 B 通过操作化定义分别变成了自变量 X 和因变量 Y(见图 3.2 中 a_1 和 a_2 线)。实验设计正是通过直接探讨自变量 X 与因变量 Y 之间的关系(见图 3.2 中 c 线)来间接反映构念 A 和构念 B 之间的关系(见图 3.2 中 d 线),即,将概念层面的关系(conceptual relationships,d 线)转化为经验层面的关系(empirical relationships,c 线),然后通过数据收集和分析(b 线)加以检验。实际上,这也就是所谓的假设检验(hypothesis testing),即通过探讨某样本中发现的自变量与因变量间的因果关系推测总体中两者之间的关系(Schwab,2004)。在整个实验研究过程中,只有通过实验设计获得的数据以及通过统计分析获得的数据之间的共变(co-variation)关系是可以直接观察的,用实线表示,见图 3.2 中 b 线,其他所有关系,都是经过推理而来,在图 3.2 中(a_1、a_2、c 和 d 线)都用虚线表示。

那么,怎样才算是一个良好的实验设计?研究者可能从不同角度来评价,归纳起来大致上可能包括以下问题:(1)自变量的操纵和因变量的测量是否很

[①] 虽然是人为构造的,但必须尽可能地反映客观现实。

好地反映了抽象构念?(2)从这个实验数据中获得的结果是否能够代表整个类似实验的结果?(3)自变量是否真的引起了因变量的变化?(4)假定实验中的因果关系是存在的,那么这种因果关系在其他时间、其他条件、其他人群以及其他操控或测量方式下是否仍然存在?归根结底,这些研究问题实际上又可以归属于同一个问题:研究效度(validity)。所谓研究效度,即指研究的结论或推理为真的程度(Schwab,2004),是对研究设计整体上的评价。按其所涉及的不同方面,研究效度可以进一步分为四类,上述四个问题正好分别对应了这四类,分别为:构念效度(construct validity)、统计推论效度(statistical conclusion/generalization validity)、内部效度(internal validity)和外部效度(external validity)。一般说来,保证实验设计的内部效度和统计推论效度可以提升自变量与因变量因果关系的确定性,而保证外部效度和构念效度则对该因果关系的概括化(generalization)方面很重要(Cook, Campbell, & Peracchio, 1990)。

根据王重鸣(2001)的说法,早在1957年,坎贝尔(Campbell)就第一个明确提出研究效度的问题,在1979年出版的《准实验:现场背景下的设计和分析问题》中,坎贝尔和库克(Cook)全面、系统地论述了研究效度及其价值,明确区分并详细阐述了上述四类效度。施瓦布(Schwab, 2004)则在对实证研究深入思考的基础上,将这四类效度整合在一个理论模型中(见图3.2)。该模型比较清楚地反映了四类效度的来源与关系,可以用来评价所有的实证研究(Schwab, 2004),在本书中,我们仅仅考虑实验研究的评价。

一、构念效度

在实验研究中,构念效度指的是通过测量或操纵而得到的值与其所代表构念的一致性程度(Schwab, 2004)。构念效度一方面反映了构念本身的合理性,另一方面又与操作化定义关系密切,反映了研究所使用的自变量和因变量操作性定义的精确程度(Goodwin, 2009)。从图3.2中可以看到,自变量X和因变量Y分别是构念A与构念B在研究中的"投影",a_1线和a_2线分别代表了构念与变量的对应关系,这种关系是一种试探性的(tentative),因为通过操作化将不能直接观察的构念转化为可量化估计的变量的过程不可避免地引入了误差,误差降低了变量对构念含义的准确反映。然而不幸的是,并没有客观的手段对构念效度进行直接检验,只能通过一些标准来推测(Schwab, 2004),因而a_1线和a_2线用虚线表示。

从构念转化为变量,大致上要包括三个过程(Schwab,2004):首先,对构念要有严格的、全面的和清晰的界定;其次,根据这个界定选择或者开发操纵或测量变量的手段;最后,对这些手段进行逻辑分析和实证检验以确定该操纵或测量是否能够与构念相对应。在这个过程的每个阶段,都可能出现威胁构念效度的因素。构念效度的威胁因素主要包括以下几类:

(一)对构念解释不充分、不恰当(Cook et al.,1990)

在做出操作化定义之前,对操作化的对象——构念要做出明确的界定,如果对构念的基本特点缺乏明确的分析和解释,就很难保证操作化之后的变量能够准确反映该构念。例如,通常研究者对情绪界定为:人对客观事物的态度体验和相应的行为反应,是个体与环境意义事件之间关系的反映(朱滢,2000),通常由内在体验、外部表现和生理唤醒三个成分组成,而外部表现又包括面部表情和躯体表情(彭聃龄,2002)。如果研究者对情绪的认识不充分,在其研究构念中仅仅反映了情绪的一个方面,那么在随后的操作化中也会出现偏差。例如,对于强烈的情绪——无论是积极的还是消极的——相对于面部表情,身体姿势才是鉴别情绪的有效线索(Aviezer, Trope & Todorov, 2012),如果实验中仅仅采用捕捉被试面部表情的方式反映其情绪状态,就会出现偏差。再如,权力(power)和地位(status)这两个概念,许多人往往将两者混同为一个概念。两者同属于社会阶层(social hierarchy)的构成部分,可以互相强化,甚至互为因果,但两者又具有明显的区分,研究者在研究时应首先加以界定和区分(Magee & Galinsky, 2008)。对构念理解不充分还表现在对构念的层次、水平范围理解不充分,尤其是当构念之间的关系是非线性的时候。例如,动机强度与工作效率之间就不是线性关系,最初,工作效率会随着动机增强而增强,当动机到达一定水平之后,随着动机继续增强,工作效率反而下降(彭聃龄,2002)。如果仅仅将动机操作化为中低强度,就不能反映动机这个构念的全部内涵。

初学者从经验中可以轻易获得研究选题,然而在随后的实验研究中却往往不成功,其中很大一部分原因就在于对研究构念界定不清晰。由于对本领域的文献了解较少,对相关理论和构念把握不够,因而不能把自己的研究主题与前人的研究联系起来,自己所谓独创的构念操作化往往不清晰、不恰当,因而构念效度很低。

(二)单一操作偏差(Cook et al.,1990)

操作化定义是将抽象的构念转化为具体的变量的过程。操作化定义可以包含多种类型。任何一个构念都包含了多层次、多方面、多维度的内涵,单个操作化定义只能反映该构念的部分内涵,而且还不可避免地带来了与构念没有关系的其他内容。

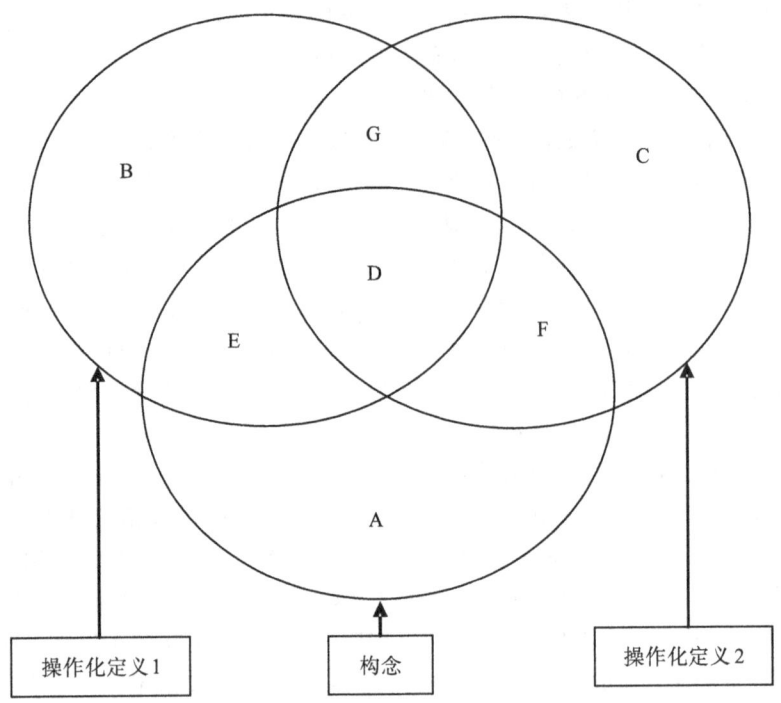

图 3.3　构念与操作化定义示意图

如图 3.3 所示,操作化定义 1 只能反映构念的 D + E 部分内容,而无法反映 A + F 部分内容,同时操作概念 1 还卷入了与构念无关的 B + G 部分内容。其他操作化定义也有类似结果。因此,在实验研究中,仅仅使用一种操作化定义来操纵或测量变量就会削弱构念效度。这时候,可以通过增加操作化定义 2 的方式加强构念效度。如图 3.3 所示,操作化定义 2 反映了操作化定义 1 所没有能反映的一部分构念 F,当然,操作化定义 2 同时还增加了一些与构念无关的内容 C。如果使用变化之后的操作化定义 2 仍然得到相似的结果,就可以在很大程度上排除与构念无关因素的干扰。目前,在期刊上所发表的文章中通常至少包含三四个实验,有些期刊发表的文章甚至包含七八个实验。在这些实验中,对自变量的操纵以及因变量的测量往往采用多种操作化定义。例如沃斯等人(Vohs, Mead & Goode, 2006)要探讨金钱概念对被试助人行为(helping)的影响,就在四个实验中分别采用了帮助他人编码数量的意向、帮助同伴解答问题的时间、帮人捡起落在地上的铅笔数量以及捐款的数额来反映助人行为。这四种操作化定义,包含了一些共同的内容,同时各自包含了独特的内容。

当然,从图3.3中可以看到,两个操作化定义的交集部分,除了共同反映构念D的部分,还有构念以外的G部分,因此即使两个操作化定义获得的一致的结果,仍然存在这样的可能:操作化定义交集中,构念以外的共同部分产生了影响,而非构念之间真实关系,本节(三)部分提到的单一方法偏差即反映了这种可能。当然,随着操作化定义类型的增加,这些操作化定义之间构念以外的交叉可能性越来越小,可以在一定程度上削弱上述问题。因此,除了在单篇期刊文章中采用多种操作化定义之外,对类似构念关系进行系统性重复或概念重复的其他研究文章,在很大程度上可以削弱单一操作偏差。

(三)单一方法偏差(Cook et al., 1990)

又称为共同方法偏差(common method bias)(Podsakoff, MacKenzie, Lee & Podsakoff, 2003; Podsakoff, MacKenzie & Podsakoff, 2012)。原则上,虽然增加操作化定义类型可以减少构念以外的共同交集G的可能性,但在某些特定的条件下,反而增大了共同交集的可能性,使用同样方法获得所有操作化定义就是这样一种特定条件。例如,对被试广告态度的测量,虽然使用不同的量表,但由于这些量表都是通过纸笔形式填答,那么被试所获得的最终分数很可能反映了被试对文字加工的一些特征。因此,单纯增加操作化定义的数量并不足以增强构念效度,实现操作化定义的手段还要多种多样。仍然以沃斯等人(Vohs, Mead & Goode, 2006)研究为例,在其实验中,对被试助人行为的四种操作化定义就是四种实现手段。

(四)操纵或测量所带来的随机误差

操纵或测量总是伴随着随机误差,随机误差可以通过一定的手段减弱,例如标准化的操纵流程,或者通过多个条目共同反映某一个变量,并且可以通过一定的统计手段加以估计,但在实验中无法完全消除。

二、统计推论效度

统计推论效度反映了研究者是否正确地使用了统计分析手段以及从分析

中获得恰当结论的程度(Goodwin，2009)。统计推论效度不涉及系统性偏差，主要受到各类随机误差以及研究者是否正确地使用了统计手段的影响(Cook et al.，1990；Goodwin，2009)。如图3.2所示，统计推论效度反映的是统计分析对自变量与因变量之间经验层面关系进行解释的可信度，因为是通过直接观察而来的数据来反映，所以用实线b来表示。

可能影响统计推论效度的主要有以下几个因素，其中前五个因素主要反映了数据质量低劣，增大了随机变异因素，导致结果不容易出现显著关系；后三个则属于忽略了使用统计检验方法的基本原则，从错误的前提出发，得到了错误的结论。

(一)统计检验力缺乏(Cook et al.，1990；董琦，2004；王重鸣，2001)

由图3.1可以看出，当样本量较少时，数据的离散度就会增加，导致两个正态曲线重叠程度加大，即使在保持一类错误不变的情况下，要使α保持恒定，那么判断标准(横轴数值)就会向右移动，导致二类错误β发生的可能性增大，从而使统计检验力(1-β)降低。或者即使样本量足够大，但在保持被试数量恒定的条件下试图单纯地降低α值，同样也会使判断标准向右移动，降低统计检验力，从而得出错误结论。当然，单纯地增大α值，虽然会提高统计检验力，但会使研究的一类风险增加。

(二)研究背景中随机无关因素(Cook et al.，1990；王重鸣，2001)

在研究过程中，没有两个被试所面对实验环境是完全一致的，而且实验环境还可能会随着时间变化而变化，实验环境中的一些无关因素就会增加数据的变异。例如，通过网络收集不同被试对某些广告诉求的态度，被试在答题的过程中，所处的环境千差万别，这些无关因素导致数据离散度增大。

(三)实验处理执行时的可靠性(Cook et al.，1990；王重鸣，2001)

如果实验处理没有标准化，那么不同被试接受到的实验处理就可能存在细微差别，这些差别也增加了数据的离散程度。例如，在指导被试如何观看视频广告时，主试的口气、语速、神态等对不同被试表现都可能不同，就是这些差异导致被试对广告的反应离散度增加。

(四)测量的信度

在实验中，如果对因变量的测量信度比较低，那么测量也会严重影响数据的离散程度。测量数据的离散程度用标准误表示，通过标准误公式 $S_e = S\sqrt{1-r^2}$ 可以看到，当测量信度r变小时，$\sqrt{1-r^2}$ 就会变大(S是本次测量的标准差),因而导致随机误差增大(王重鸣,2001)。

(五)被试的随机异质性(Cook et al.,1990;王重鸣,2001)

被试之间存在较大差异,有些被试可能对自变量敏感,有些被试可能对自变量不敏感,甚至对于同样的自变量,被试的反应是相反的。这样被试之间的差异会增加结果随机误差。

(六)忽视了统计检验方法的假设,统计方法运用错误

在数据处理过程中,研究者忽略了统计方法的前提假设(Goodwin,2009),例如,因变量的测量结果是计数数据,而研究在处理数据时使用 t 检验或方差分析等检验方法,这些方法只有使用等距量表才适用,因而得出错误的结论。再如,将重复测量的数据用独立样本检验的方式来检验,会使本来相关的数据被当作彼此独立的数据来处理,增大了误差项。

(七)多重比较(Cook et al.,1990)

在一些研究设计中,往往存在多个实验组,通过方差分析可能获得显著差异的结果,从而拒绝虚无假设,但这时候还不清楚到底是哪些组之间存在差异。对于这种情况,要使用事后检验的方式,对数据进行多重比较。但如果研究者错误地使用 t 检验,对多个实验组两两比较,这时候,就出现均值差异较大的一组所得 t 值超过预定的临界值的情况——尽管两者实际上没有真正的差异,从而造成一类错误(张厚粲 & 徐建平,2009)。

(八)报告部分结果(Goodwin,2009)

研究者选择性报告数据处理结果,只报告了那些显著的结果,而隐藏了那些不显著的结果,这种现象通常被称为 p 值操纵(p-hacking)或数据疏通(data dredging)(Altman & Krzywinski,2016;Nelson,Simmons & Simonsohn,2018)。这种做法除了导致统计推论效度降低之外,也是一种学术不端(fraudulent)行为。

三、内部效度

内部效度体现了实验设计免受方法缺陷特别是额外变量干扰的程度(Goodwin,2009),直接反映了自变量与因变量间因果关系推论的可信度和明确度。实验研究关心的是在实验中自变量的变异是否是因变量变异的唯一解释,然而在实际实验设计中,有可能出现一些额外变量,使我们解释两者关系时出现偏差。如图3.2所示,假设研究者发现因变量 Y 随自变量 X 变化而变化,两者间存在显著关系,如图中 b 线所示,但要由此推断 X 与 Y 间存在因

果关系,需要保证没有第三个变量导致因变量 Y 发生了系统性变化。同样,对于内部效度也没有直接的手段来对其进行检验,只能通过一些标准来推测,因此 c 线也是虚线,箭头表示因果推理的方向。

对于内部效度的威胁因素包括多方面因素。统计推论效度是内部效度的必要条件(构念效度并不是),因此影响统计推论效度的因素也会影响内部效度。除此之外,还有一些未控制好的、系统性变化的额外变量,比如来自主试和被试自身的特点因素、一些伴随实验展开所发生的事件因素,以及一些是由于实验程序导致被试特点发生变化而产生的因素也影响了内部效度。这些因素对不同类型的实验设计影响程度不同,有些因素可能只对包含重复测量的设计有影响,而有些因素则对没有控制组或者包含不对等控制组的设计有影响。

(一)被试更换或流失

被试由于各种原因停止参加实验或者更换被试,都会大大影响研究结果的比较和分析(Cook et al., 1990;董琦,2004)。被试的流失在纵向追踪研究设计的两次测验之间最容易发生,但也可能发生在横断研究的被试间设计中。实验组和控制组被试流失的数量可能不同,而且流失被试在某些关键特征也可能存在系统性差异。例如,要研究某些类型广告特别是容易引发被试不适的广告效果时,实验组中部分被试不能忍受实验处理带来的消极情绪反应,选择退出,而留下来的被试在这些方面可能耐受度较高,使得实验组和控制组的被试出现系统性差异。实际上在霍桑实验中就存在着被试更换等问题(Goodwin, 2009)。特别需要注意的是,被试的流失造成的损失不是统计方法可以弥补的(王重鸣,2001)。

(二)测试以及测试手段(Campbell & Stanley, 1966; Cook et al., 1990; Goodwin, 2009; Smith & Davis, 2012)

在某些包含多次测量的设计中,前面的测量可能给被试提示某些有用的线索,以至于被试在后测时有所准备或者降低了敏感性,从而影响了后测的结果。例如练习效应,被试成绩的提高并非由于处理的作用,而是由于不断地接受测试,对测试的熟悉导致其成绩的提高。

还有一种可能是前后几次测试所用手段不同,测试工具发生变化等都会影响内部效度。另外,主试在测试过程中操作存在差异,例如,主试两次测试的宽严程度不同,疲劳程度不同,等等,也会影响内部效度。

(三) 历史因素

大部分研究者将"历史"界定为两次测量中间发生的可能对因变量造成影响的事件(Campbell & Stanley, 1966; Cook et al., 1990; Goodwin, 2009; Smith & Davis, 2012)。这样的事件可能是研究所处的特定的社会热点事件,例如,要研究某类广告对受众的影响,由于特殊的原因,造成该类广告文案成为流行文化,诸如"凡客体""淘宝体"等(丛珩,2010;何爱晶,2012;袁野,2012)。在这种情况下,即使受众没有看到过相应的广告,仍然可能受到这类流行文化的影响,影响了研究的内部效度。另外有些事件是伴随着实验的进行而发生的,虽然不像前者那样"重大",但仍然影响被试的反应,例如,被试在观看视频广告过程中出现的噪声,使被试注意发生转移,因而影响了内部效度。

(四) 成熟

被试自身的生理与心理伴随着实验的开展而逐渐发生变化(Campbell & Stanley, 1966; Cook et al., 1990; Goodwin, 2009; Smith & Davis, 2012)。例如,被试可能变得成熟或者疲倦,对实验失去兴趣,这些因素都会影响被试在随后测试中的表现。被试可能最初对研究所呈现的广告感兴趣,对主试的问题能够积极回答,随着实验的进行,被试可能已经厌烦了主试的问题,对主试消极对抗,影响了再次测试的结果。

(五) 统计回归效应(Campbell & Stanley, 1966; Cook et al., 1990; Goodwin, 2009; Smith & Davis, 2012)

统计学基本原理表明,初测中获得极端高分或者低分的被试在重新测量时,其分数往往向小组平均值偏移,这种现象被称为统计回归。统计回归会严重干扰处理效应,如果依据这些极端值做出判断就会降低实验设计的内部效度。由于回归趋势与处理效应的相对效果(表现为两者之差的正负)可能有所不同,因此,在某些研究中可能出现一类错误,在另外一些研究中则可能出现二类错误。图 3.4 即展现了其中一种可能,当前测均值严重高于实际总体的均值时,再次测量就可能出现统计回归,虽然处理效应是使得该组数值正向偏离原总体均值,相对于前测数值应该表现为增大,但由于回归趋势强于处理效应,后测数值反倒比前测数值更低,可能造成二类错误。

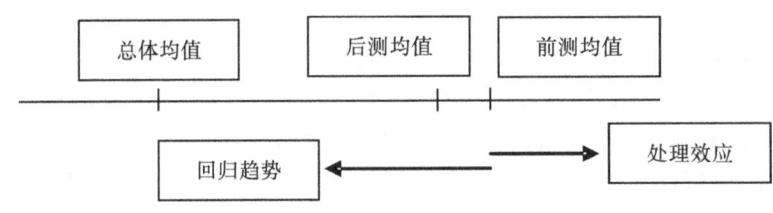

图 3.4　回归趋势与处理效应示意图

(六)被试选择因素(Campbell & Stanley, 1966; Cook et al., 1990; Goodwin, 2009; Smith & Davis, 2012)

由于各种原因,研究中不能随机分配被试,导致不同组被试之前存在系统性差异。例如,要研究某类广告诉求对青少年的影响效果,研究者在同一间学校选择了两个班进行研究,但研究者不清楚的是,两个班在学习成绩上存在非常大的差异,一个是拔尖精英班,而另外一个是学习成绩最差的班。由此获得的研究结果很可能不是广告诉求类型差异而是学习成绩、智力或自尊等因素造成的结果。

(七)主试效应和被试效应

主试的期望效应、被试对需要特征(Schwab,2004)的运用、被试的评价担忧、主试的其他特征或者实验执行过程中的非标准化操作等等都可能严重地降低实验设计的内部效度。对于主试效应和被试效应详细的探讨见第四章第三节第四、五部分。

(八)实验处理和程序产生的单独影响①

由于特定的实验程序或者实验处理的一些特性产生新的额外变量,降低了内部效度。主要包括以下几个方面:(1)实验处理的扩散与污染(Schwab, 2004; Smith & Davis, 2012)。组间设计要求只有实验组接受实验处理,但由于各种原因,导致控制组也在不同程度上接受了实验处理,造成了污染,这时候获得的结论就不再可靠。例如,要探讨幽默广告对受众的影响,实验组收看幽默广告,控制组则看非幽默广告,但控制组可能了解到实验组在看幽默广告,也收看了实验组的幽默广告,实验处理的扩散造成对控制组被试的测量出现系统性偏差,降低了内部效度;(2)实验处理可能使得实验组包含了某些好处,特别是当实验组和控制组知道彼此的存在,被试可能认为进入实验组本身

---

① 库克等人将其归于威胁构念效度的因素。见英文参考文献第37条。

就是引人注目和令人自豪的,因而影响了实验组的表现。要研究受众对视频广告播放的自主控制的影响,实验组的被试可以自主决定广告播放出现和持续的时间,而控制组只能被动观看广告,实验组了解到这些情况之后,可能觉得自主控制是一种特权,因而影响了其对广告的评价;(3)在有些情况下,这种实验组控制组间的不平衡没有影响实验组,而是影响了控制组的被试,一种情况下,控制组被试进行了补偿性的竞争,表现甚至超过了实验组,另外一种情况,控制组被试产生怨恨,产生自暴自弃心里,表现更差。以上无论那种情况都会严重地削弱内部效度。

(九)选择与其他多种因素的交互影响(Cook et al., 1990)

上述很多因素都可能与被试选择产生交互影响,例如选择与成熟交互,研究者试图研究大学生对某些广告诉求的喜欢程度,选择广告系的同学和物理系的同学为被试,按照专业分组,没有进行随机分配,广告系的同学可能由于看了太多类型的广告,在实验过程中很快就厌烦了这些广告,而物理系的同学因为较少接触这些广告,整个研究过程能保持一定关注。这样的研究内部效度就很低。再如,选择与历史产生交互作用,历史事件恰好只影响其中一组被试,而对另外一组被试没有产生任何影响,这样的研究内部效度同样会受到损害。其他的还有选择与实验处理产生交互影响等。

四、外部效度

外部效度指的是实验研究的结果能够一般化(generalize)和外推(extrapolate)到其他的总体(populations)、其他情境(situations)和其他时代(times)中去的程度(Goodwin, 2009)。如图3.2所示,实验研究可以探讨具体的自变量与因变量之间的因果关系,然而实验研究并不满足于描述单一因果现象,研究者希望通过探讨经验层面的因果关系反映概念层面的关系。但是,单个实验毕竟发生在特定的人群(样本)、特定的情境和特定的时代,其结论是否适用于所有人群、所有情境和所有时代?外部效度正是反映了单一研究结论是否具有普遍性和代表性。无论如何,单一研究很难保证被试、变量和背景方面的代表性,在尽可能模拟现实情景的基础上,通过多个相互关联的实验,以不同的研究条件获得具有普遍意义的结论。对于外部效度也没有直接的手段来对其进行检验,只能通过一些标准来推测,因此d线也是虚线,箭头表示因果推理的方向。

影响外部效度的因素有很多。构念效度、统计推论效度以及内部效度都是外部效度的必要条件,因此所有威胁这些效度的因素同时也会威胁到外部效度。然而,这些效度并不是外部效度的充分条件,除去威胁构念效度、统计推论效度和内部效度的因素之外,仍然存在其他可能影响外部效度的因素,主要包括:

(一)处理与选择的交互作用(interaction of selection with treatment)(Cook et al., 1990;朱滢,2000)

由于被试选择的缘故,在特定的实验中有可能发现确定因果关系,但是这样的关系也仅限于该样本。由于样本的特点如此特殊,以至于无法将这样的结果概括到总体中去。例如,主动参与实验的被试可能在动机(主动参加)、认知风格(风险寻求)、教育水平等方面有着特殊的特点,实验处理可能对这样的被试有效,但对总体中的其他个体则没么有效。对于比较基础的研究,被试之间差异可能并不是很大,但对于像广告学这样的学科来说,被试的特征影响可能非常巨大。如果在广告学研究中使用了大学生作为被试,那么这样的结论是否能够在诸如年龄、职业、收入、受教育程度等存在差异的非大学生群体中也适用,是个很大的问题。当前研究结果是否可以概括到本实验样本所代表的总体的程度与能力称为总体效度(population validity)或总体概括性(population generalization)(Smith & Davis, 2012;王重鸣,2001)。要保证较高的总体效度,需要进行严格的随机取样,并且,样本数量也不宜太少(董琦,2004)。

(二)处理与情境的交互作用(interaction of setting with treatment)(Cook et al., 1990; Smith & Davis, 2012)

实验室严格的控制条件创造了独特的情境,基本上排除了实验处理以外的干扰因素。在这样的环境中,实验处理可能存在真实的效果。但这样的实验室环境人为性(artificiality)比较明显,现实真实性比较低。从这样的环境下获得的结论是否能推广到实验室以外的情景中,需要慎重考虑。例如,在实验室中呈现某些特定诉求的广告,这些广告直接呈现给被试,脱离了实际播放的背景,而已经有大量研究表明广告的播放背景对广告效果存在显著影响(Barnes & Pressey, 2014; Furnham & Goh, 2014; Potter et al., 2006; Rangan, Singh, Landau & Choi, 2015)。另外,从多次处理或者多次测验实验设计中获得的结果外推到现实情境中也要格外谨慎,因为处理与处理、处理与测试之间的交互作用也可能影响外部效度(Cook et al., 1990)。例如,在多种饮料口味评价实验中,被试需要品尝多种饮料,那么从中获得的实验结果就有可能与被试只品尝其中一种饮料所获得的结果有所不同;又或者,在品尝某饮料之前,被试接受了酒精耐受度测试,而该前测可能给被试提供了后面的饮料含有酒精的暗示,因而干扰了对后面饮料的评价,这样获得的结果也就与没有前测的实验处理结果有所不同,仅仅从实验室获得的结论在外推时就需要格外谨慎。因此,目前一些期刊发表的研究报告中,往往包含几个实验室实验以保证内部效度,还要包含一个现场实验以保证外部效度。研究者将实验室研究结果能够说明或预测人们在真实的、各种不同背景中的行为的程度称为生态效度(ecological validity)或环境概括性(environmental generalization)(Goodwin, 2009; Smith & Davis, 2012)。

(三)处理与历史交互作用(interaction of history with treatment)(Cook et al., 1990)

特定实验结论可以适用于任何时代,而不是仅仅局限于实验所发生的特定时代的程度称为时间概括性(temporal generalization)(Smith & Davis, 2012)。一般来说,基础研究的结论,时间概括性比较好,而对于包含社会因素的研究来说,其结论很容易受到时代的影响(Goodwin, 2009)。广告现象属于文化和经济现象,很容易受到社会潮流和主流价值观的影响。在性观念比较保守的时代,广告中女性比较暴露的穿着可能大大削弱受众对广告的好感,而在性观念比较开放的时代,广告中女性穿着比较大胆则可能吸引受众的注意力,并使受众产生极大的美感和积极的评价。因此,研究所涉及的特殊实验处理与所处的历史时代特征交互作用也可能限制了该研究结论的外部效度。

五、四类效度之间的关系与权衡

无论是作为研究者,正要开始设计自己的实验研究计划,还是作为评论者,对他人已经完成研究报告做批判性阅读,根据上述四类效度即可整体上对一个实验设计的优劣与否做出全面系统的评价。然而很不幸的是,这四类效度往往不能兼顾,在提升某一类效度的同时,往往意味着需要牺牲另外一类效度。例如,尽量选择同质被试,可以大大减小被试反应的离散度,增加统计推论效度,然而,这样做同时削弱了被试样本的代表性,降低了该研究的外部效度;或者,为了保证构念效度,尽量采用多种操纵和测量手段,但这样有可能增加了被试流失甚至意外引入特定历史,降低了研究的内部效度。因此,希望通过单一实验解决哪怕是最简单因果关系的所有效度问题是不现实的(Cook et al., 1990),研究者需要根据研究目的和要求,权衡四类效度的优先顺序。通常来说,外部效度对于特定的研究项目来说并不是主要关心的问题,穆克(Mook,见 Goodwin,2009)甚至认为不应该使用"外部效度"这样的词,因为低效度似乎暗示研究是无效的(invalid)。虽然许多研究可能被认为外部效度很低,但他们对于社会实践有着重要的价值,例如对错误记忆的研究,通常要求被试记忆现实中几乎不存在的单词(无意义字母串),这样的研究设计几乎不具有外部效度,但通过实验室研究获得的普遍规律,的确对司法实践产生了非常重要的指导价值(Goodwin,2009)。因而在单一实验设计中,研究者更倾向于将内部效度置于最优考虑的地位,例如斯坦诺维奇(Stanovich,2017)在回应对心理学研究人为性的批评时,特别强调了内部效度对于验证和发展理论的重要性。至于外部效度,学术共同体的重复研究可以达到接近现实情况的目的。

第四章 实验研究基础

九层之台,起于累土。

在系统学习一个学科时,首先要面对的是它的基本术语。基本术语是各门学科的专门用语,术语表达该专业中的特殊概念,通常具有严格规定的意义,而且其语义范围准确、单一,被该领域内的研究者所熟悉(彭克宏,马国泉,陈有进和张克明,1989)。在学习这些术语时,要特别注意具体术语与相似的术语之间的联系与区别,以及其应用范围的限定。对于初学者来说,要读懂教科书或者同行论文,必须正确掌握基本术语,同时,要高效而准确地传播自己的研究和观点,也必须正确掌握基本术语。有些学科经常存在许多无谓的争议,部分的原因可能在于研究者各自为政,在对基本术语的内涵和外延没有清晰界定的情况下,较随意地使用表面上相同而实际上不同的术语,或者随意修改已经有固定含义的概念,因而造成了争辩不休而又无果的局面,严重地阻碍了学科的发展。

在许多著述中,作者对基本术语没有进行清晰的界定。也许作者认为某些概念是不言自明的,或者不屑于解释,认为读者随着阅读的深入可以逐渐领悟这些概念。读者的确可以通过逐步的经验积累,最终理解相应的概念,但这个过程漫长且充满艰辛。大多数时候,即使在花费大量时间、精力的情况下,读者对相关概念的理解仍然肤浅且缺少系统性,无法以全局视角把握彼此间的关系,甚至有些人始终抱有模糊的或者错误的观念。因而,在学习具体的实验设计之前,清晰理解、牢固掌握实验研究可能涉及的各类术语,能够为实验设计奠定良好的基础,有助于高效地学习并熟练运用各类术语进行具体实验设计,也有助于与其他研究者进行有效交流。实验中所涉及的术语不但数量庞大,而且不同研究者对于同一概念的命名可能有所不同,为了准确高效地交流,初学者有必要在准确把握概念内涵外延的基础上,广泛地了解同一概念的不同命名。另外,本章内容还可以起到辞典的作用,在之后的阅读中,可以随时翻查不清楚的概念。需要特别说明的是,在实验设计研究学界内部,尽管对于概念的内涵和外延通常有约定俗成的界定,但仍可能存在同样的术语,其内涵和外延却不同的情况,在有些参考书中,甚至对某些概念有错误的解释。在本书中,通过分析对比多方面的材料,采用比较常用的说法的同时,也保留了其他命名或解释,并谨慎地采用了能够逻辑自洽的概念,也是大部分研究者认同的概念。本书进一步将在某些特征上相似的概念分门别类,最终这些概念被划分为四个种类,包括:实验中的人和组、实验中的变量与关系、实验中的效应与变异以及实验中的操作。这四类基本上涵盖了实验中涉及的所有重要概念。在这样分类呈现的情况下,方便相关概念之间相互对照,加深理解。

第一节 实验中的人和组

一、主试(experimenter)

又称为实验者,即主持实验的人,发出刺激给被试,通过实验收集数据(朱滢,2000)。

需要注意的是,主试未必就是该实验的研究者和设计者。研究者可以亲自来做主试,执行实验,也可以雇佣其他人做主试。两者分别可与单盲和双盲设计(本节第三部分详细阐述)相对应。如果用拍电影来比喻的话,实验的设计者就像编剧,对整个实验设计的情节、人物、环境和任务等做了规定,而主试则是电影的导演,引导演员把一幕幕情境展现出来。

由于在社会科学实验中,主试面对的研究对象通常是人或者动物,主试的衣着(Elliot & Pazda, 2012; Elliot, Tracy, Pazda & Beall, 2013; Wiedemann, Burt, Hill & Barton, 2015)、性别(Sorge et al., 2014)、表情和语调变化都有可能影响被试的反应,干扰实验结果,因此在实验中,对主试的规范程序必不可少。规范程序要求主试在面对所有被试时,应在所有方面尽量保持一致。在有些实验中,主试甚至不出现在被试面前,而采用录音、录像或计算机指令的方式向被试传达实验指导语。这样做可以保证对所有被试保持一致,最大限度减少来自主试方面的干扰,但这种设计仅适用于实验程序比较单一,较少步骤就可以完成的情况。另外,由于缺乏面对面交流,仅有录像或语音呈现,可能使被试感觉不适。

二、被试(subject/participant)

又称实验对象、参与者,或者受试者,接受主试发出的刺激并做出反应(朱滢,2000)。

在早期的英文文献中,被试通常被写作 subject,即做观察对象之意,随着研究伦理逐步完善,特别受贝尔蒙特报告(Belmont Report)中关注被试权益、尊重被试等原则的影响,越来越多的英文文献使用 participant 来代替 subject,被试不再仅仅是被动的观察对象,而是研究的参与者(research partner)(Bromley, Mikesell, Jones & Khodyakov, 2015)。当然,在被试间设计(between-subject)和被试内设计(within-subject)这类专用术语中,仍然使用 subject 一词。实际上,在广告学研究中,participant 和 subject 仅仅有伦理学意义上的区分,此外并无差异,在随后的行文中,统一称作被试。

被试角色是情境依赖(context dependent)的,只有当个体同意为特定的研究提供数据时才称为被试;被试角色是任务聚焦(task focused)的,被试角色的核心是完成任务产生数据;被试角色还是有时限的(time-limited)的,一旦数据收集完成,被试角色终止(Bromley, Mikesell, Jones & Khodyakov, 2015)。当然,在现场实验中,被试往往并不知道自己处于他人的观察之中,因此,时限的意义不大。一般来说,被试参与实验往往抱有不同的动机,根据动机不同,被试被分成以下几种类型(王重鸣,2001):其一,消极型,为了获得被试费或者碍于人情关系等参与实验,对研究任务敷衍,不认真对待研究计划与安排;其二,评价担忧型,对参加的实验抱有疑虑,担心别人对自己产生消极评价;其三,合作型,盲目猜测实验目的,在研究中倾向于"帮助"实验者发现和证实研究假设;其四,忠实型,按照研究要求对实验刺激做出正常反应。第四种类型的被试才是研究者希望获得的被试。

如果延续上文拍电影比喻的话,被试表面上像是演员,但与演员不同,被试根本没有看到剧本,只是置身于主试给定的情境,按照自己的理解或习惯做出相应的反应。因此,被试更像是观众,随着电影剧情的展开而表现出自己的喜怒哀乐。

三、同谋者(confederate)

即主试的助手,伪装成被试或者表面上无关的第三者,参与到实验中,创造特定的情境,(假装)与真被试一起完成实验任务(Goodwin, 2009;

Schwab,2004)。

实验中使用同谋者意在创造真实的情境,同谋者可以假装是来参加实验的被试,让真被试认为同谋者和自己一样处于同样的境地,拥有相同的身份,也可以假装是与实验无关的第三者。例如,沃斯等人(Vohs et al.,2006)用 9 个实验来探讨金钱概念是否能为人们带来自给自足感(self-sufficiency),即面对困难更倾向于自己承担,而不是寻求帮助,并且基于同样理由,更不乐意去帮助别人。沃斯等人在不同的实验中,分别使用了这两种身份的同谋者。在实验二和实验四中,同谋者假装是一个同样来参加该实验的被试,而在实验五中,同谋者则是一位表面上偶然经过实验室的人。有时候同谋者甚至不一定在现实中出现,只要让被试相信自己面对一个这样的人即可。例如,同样研究金钱概念对被试的影响,周欣悦等人(X. Zhou, Vohs & Baumeister,2009)的研究要创造一种被人拒绝的处境,只是要求被试在电脑上玩一个电脑游戏,而且还要使被试相信参与游戏的还有另外三个人。这里的同谋者并没有现身,只是让被试相信其存在。本质上,这个同谋者可以视作掩饰故事的一部分(详情见后文"掩饰故事")。

同样以拍电影譬喻,同谋者才是真正的演员,他们在实验开始前就已经清楚实验的过程和自己表演要求,他们的任务是配合导演,按照固定剧本忠实地执行自己的表演。

四、实验组(experimental groups)

即接受实验处理的一组或者多组被试(Kantowitz et al.,2014),也可以称为处理组(treatment group)(Smith & Davis,2012)。

在真实验设计中,必然存在一个或以上的实验组。例如,在霍兰德等人(Holland, Hendriks & Aarts,2005)的研究中,所有实验都使用了一个实验组和一个控制组。该研究要探讨清洁气味是否会无意识地影响被试的心理和行为,清洁气味是关键的实验处理。实验组的被试被安置在充满清洁剂气味的房间里完成实验,相应的,控制组的被试被安置的房间里则没有清洁剂气味。而在司各特(Scott,1976)的研究中,则使用了四个实验组和一个控制组。该研究要探讨不同促销方案对用户的报纸续订行为影响,促销方案是关键的实验处理。分配给实验组一的促销方案是常规价格试用,分配给实验组二的促销方案是50%折扣价格试用,分配给实验组三的促销方案是免费试用,分配给实验组四的促销方案是免费试用额外赠送速食餐馆的折扣券,控制组则无任何试用。在这里不但实验组与控制组可以相对照,实验组各个水平之间还可以相对照。

五、控制组(control groups)

即没有接受实验处理的组(Kantowitz et al.,2014)。控制组是与实验组相对应的一个组别和概念。在准实验设计中,由于无法随机分配被试,不同的组可能在某些控制变量的水平上存在差异,因此,与实验组相对应的组又称为对照组(comparison group)(Smith & Davis,2012)。在中文文献中,有少量研究对此做了区分,大部分研究混用这两个概念。在本书以后的行文中,统一使用"控制组"一词,不再做详细区分。还需要特别强调的是,控制组与后面的控制变量是完全不同的两个概念。一般在实验组和控制组中的控制变量的类别和水平都是相同的,只有在是否接受实验处理方面,两者才是不同的。

控制组的一个重要特征是为实验组提供一个基线(baseline),实验处理的效果通过实验组和控制组的结果相比较而表现出来(Kantowitz et al.,2014)。在有些实验中,很难分辨出哪组是实验组,哪组是控制组,这些组彼此对照,从而反映实验处理的效果。例如,李纾(Li,2005)研究具有文化内涵的音乐对被试文化心理和行为的影响,实验包含两个组,其中一组被试所听的音乐是《梁祝》(代表东方集体主义文化),而另外一组被试所听的音乐是《我心永恒》(代表西方个体主义文化),在这两组中,没有明确的实验组和控制组,可以说他们都是实验组,分别接受了同一个自变量(文化)的不同水平(集体主义文化和个体主义文化)。还有的实验属于被试内设计,仅有一组被试,接受所有的实验处理,因此不存在实验组和控制组,只存在实验条件(experimental condition)和控制条件(control condition)(Kantowitz et al.,2014)。例如,斯蒂芬等人(Stephens, Atkins & Kingston,2009)试图验证诅咒使人对疼痛的耐受性增加并降低了对疼痛的感受,使用一组被试,实验处理是骂脏话(swearing),控制条件是非脏话,被试先后接受这两个条件,即先骂脏话,然后说非脏话,或者先说非脏话,再骂脏话。在这个实验设计中,只有一组被试,同时接受了实验条件(骂脏话)和控制条件(非脏话)。

六、安慰剂组(placebo control group)

让被试相信自己接受了真实的实验处理但实际上仅仅接受安慰剂处理的组被称为安慰剂组(Goodwin,2009)。安慰剂效应首先被医学研究者所发现,是指病人接受某种治疗或摄入某类物质之后产生的真实的(genuine)、积极的心理或生理效果,尽管这种治疗或物质实际上是无效的(Price et al.,2008;Schwarz et al.,2016)。安慰剂效应是由于期望或者暗示造成的实验效应,并非由研究者操纵的自变量引起的(Smith & Davis,2012)。相对于积极效果,有些治疗还可能产生消极的影响,这种现象被称为反安慰剂效应(nocebo effect)(Price et al.,2008;Schwarz et al.,2016)。例如,无论被试自身的基因型如何,在被告知自己具有某高风险基因(肥胖、体能较差)之后,在随后的一段时间以内,被试相对应的生理机能真的发生了相应的变化(Turnwald et al.,2019)。实际上,无论是安慰剂效应还是反安慰剂效应,两者本质是一样的,因此在本书中,不再将两者区分,统称为安慰剂效应。

安慰剂组的设置即考虑了实验处理可能带来的安慰剂效应。安慰剂组本质上属于控制组。很多实验需要的基线水平不只一组,因此可能包含多个控制组,安慰剂组就是能够为实验提供基线的特殊的控制组。例如,要验证一种新药对某疾病的疗效,实验组即摄取这种新药的被试组,控制组则不摄取这种新药,但"摄取新的药物"不是一个单纯的处理,"摄取药物"本身就是一种"治疗",因此除了没有摄取任何药物的控制组之外,还需要设置一组摄取表面上与新药相似的无疗效的"药物"的控制组,即安慰剂组。

第二节 实验中的变量与关系

一、操作化定义(operational definitions)

即详细说明如何产生和测量研究者感兴趣的概念的一整套方案(formula),包括如何操纵自变量、控制额外变量以及如何测量因变量等说明(Smith & Davis,2012)。实验中操作化定义的目的在于增加术语的客观性和精确性,并且使实验过程公开化(public),以便其他科学家可以重复验证该实验(Goodwin,2009;Kantowitz et al.,2014)。能否精确到被其他研究者重复验证是检验操作化定义的主要标准。获得操作化定义的过程被称为操作化(operationalization)。

实证性研究意在探讨特定事物多个属性之间或者多个事物特定属性之间

的关系。实验法更进一步研究事物属性之间的因果关系,这里的"事物"往往以抽象构念的形式出现。例如,沃斯等人(Vohs et al.,2006)探讨金钱概念是否能为人们带来自给自足感,"金钱概念"与"自给自足感"就是两个抽象的概念,这样的抽象概念不能直接观察和测量,无法使用实证研究方法继续探讨两者的关系。但操作化定义使用可以测量或操纵的变量来代替抽象概念,并进一步通过实验获得数据,随后使用相应的统计方法检验这些变量之间的关系。再如,钟晨波等人(Zhong & Liljenquist,2006)要探讨道德威胁与身体清洁需求的关系,自变量是道德威胁,通过操作化定义,一半被试的任务为回忆过去自己干过的道德的事情,而另外一半被试的任务则为回忆过去自己干过的不道德的事情,通过回忆与自己相关的不道德事件,操纵了被试的道德威胁,在测量被试的清洁需求时,则利用词干补笔任务(word completion task)来反映清洁需求的可达性(accessibility),与清洁有关的词的易得性就是因变量清洁需求的操作化定义。

当研究者从不同角度,对同一个抽象概念进行不同的操作化定义进行研究时,我们称之为汇聚性操作(converging operations)(Kantowitz et al.,2014),概念性重复(见第二章第二节)即是汇聚性操作。在沃斯等人(Vohs et al.,2006)的研究中,9个实验,用了5种操作化定义反映自变量。同样是金钱概念,可以让被试使用包括金钱的词汇造句,也可以让被试玩关于钱的游戏,还可以让被试看到钱币等,这就是自变量的汇聚性操作。同时,对因变量的测量也是如此,在实验中,沃斯等人使用了8种测量因变量的操作化定义,即通过观察被试坚持完成任务、帮助实验者编码的页数、帮助同盟者解答问题的时间以及捐款数额等来反映自给自足感。9个实验,无论通过何种操作化定义,都可以稳定地获得一致性结果,即金钱概念使得被试更加自给自足。如上例,使用不同的操作化定义反映同一个抽象概念,并且都得到了相同的结果,可以说明,的确是这些操作化定义共同反映的抽象概念造成的影响,而不是某个具体的操作造成的。同时,汇聚性操作更加全面而精确地反映了相应概念。

将抽象的概念转化为可以操纵或测量的变量,还会涉及该变量是否能够准确全面地反映该抽象概念的问题,这个问题即构念效度问题,已经在本书第三章第三节中详细讨论。

二、变量(variables)

指在数量上或性质上可以改变的事物属性,是研究者观测或操纵的部分(Kantowitz et al., 2014),通常包括两个或两个以上的取值(Schwab, 2004; Smith & Davis, 2012)。变量是实验研究的核心,是保证实验正常运行的关键构件(Kantowitz et al., 2014; Schwab, 2004)。研究中,研究的对象一定要取不同的值①。例如,理性诉求和感性诉求是广告诉求这一变量在性质上发生变化的两个水平,用不同数额的人民币来表示受众收入这一变量则是在数量上发生变化的多个水平。

不同的变量可被量化的程度有所不同。这种可被量化的程度在统计学和测量学中被称为测量尺度(measurement scales)(Goodwin, 2009; Kantowitz et al., 2014; Smith & Davis, 2012)。变量的测量尺度在实验设计中非常重要,直接关系到数据分析时统计方法的选择(郭志刚,1999)。变量的测量尺度可以表现为四个层次,主要包括命名量尺(nominal scales)、顺序量尺(ordinal scales)、等距量尺(interval scales)和等比量尺(ratio scales)。所谓命名量尺,是一种简单的分类系统,仅能表现差异(difference),是所有测量尺度中测量水平最低的一种量尺,命名量尺的数值只是用来表示事物的分类,没有任何实际的数量方面的含义。例如,最常见的性别变量,用 1 表示男,2 表示女,也可以用 1 表示女,2 表示男,或者其他任意数字。数字变化对该类变量蕴含的信息没有任何影响。使用命名量尺所获得的数据只能计算次数的多少,所适用的统计方法属于次数统计,如频数、众数、百分数、列联相关和卡方检验等(郑日昌,孙大强,2013)。顺序量尺比命名量尺等级要高,不但能够表现差异,还可以表现等级(magnitude),例如学生的成绩,优、良、中、差可以分别用 4、3、2、1 表示,这时候数字不仅表现某个变量存在多个有差异的水平,还可以表现某个值好于/高于/大于另外一个值。当然,两者之间的差异大小不可知,也不可比,不能做加减乘除运算。这类量尺所适用的统计方法包括中位数、百分位数、斯皮尔曼(Spearman)等级相关及肯德尔(Kendell)和谐系数等(郑日昌,孙大强,2013)。等距量尺的特征是数值变化在整个量尺中都是等距的(equal intervals),但没有绝对零点(true zero),数值可以进行加减运算,但不能做乘除。这类量尺所适用的统计方法包括平均数、标准差、积差相

---

① 变量一词就是这样来的,因为只有变化才被称为"变"量。

关、t 检验及方差检验等。在广告学研究中,一般测量尺度为等距量尺,例如,要探讨受众对某则广告的喜欢程度,可以划分为 5 个等级:1——非常不喜欢,2——不喜欢,3——中立,4——喜欢,5——非常喜欢。等比量尺是最高等级的测量量尺,除了具有以上三类量尺的特征,还具有绝对零点,可以进行加减乘除。比较四类量尺可以发现,高等级量尺包含了低等级量尺的所有特征,高等级量尺可以降级使用。而且在社会科学研究领域,包括广告学研究,很少有变量属于等比量尺,大部分量尺属于等距量尺及以下的测量尺度。从统计学角度来,等距量尺就是最高等级的量尺了(郭志刚,1999)。

变量还可以根据是否对实验结果造成影响来划分为有关变量(relevant variable)和无关变量(irrelevant variable)①。对实验结果可能造成影响的变量属于有关变量,对实验结果不造成影响的变量则属于无关变量。在有关变量中,又可以进一步分为自变量、因变量、额外变量等。

三、自变量(independent variables,简写为 IVs)

即由实验者有目的地选择和操纵的那些变量(Goodwin, 2009; Kantowitz et al., 2014; Smith & Davis, 2012),正是这些变量造成了因变量的变化(Schwab, 2004)。自变量对应的英文是 independent variables,意味着(至少在当前的实验中)该变量不受任何其他变量的影响,它是独立的。实验要探讨的是这个变量对其他因素的影响。

根据来源,自变量大体上可以分成三类(Goodwin, 2009):第一类,刺激/材料特点自变量(task variables),指的是分配给不同组被试不同的刺激或任务。例如,布隆迪等人(Blondé & Girandola, 2018)要探讨在健康传播中,信息的鲜活性(vividness)对说服效果的影响,一组被试阅读的是关于皮肤癌的枯燥的宣传材料,而另外一组被试阅读的宣传材料里还包括了 8 张彩色照片,增强材料的鲜活性。在这个实验设计里,两组被试所面对的刺激就是不同的。第二类,情境特点自变量(situational variables),指的是被试或者任务刺激(stimulus)所处环境的不同特征。例如,布什曼(Bushman, 1998)要研究观看

---

① 在某些文献中,把额外变量称为无关变量,这样的命名是基于研究者是否关注该因素角度考虑的,有一定道理。但这样的命名同时也可能造成误会,令人认为额外变量不影响实验结果,实际上额外变量是研究者不关注的但对实验结果有影响的变量。为避免混淆,在本书中采纳通用说法。

暴力电影是否会影响受众对随后的广告的记忆效果，一组被试先看一个暴力电影片段，再看广告，而另外一组被试则先看一个非暴力电影片段，再看广告，两组被试都要测量对该广告的记忆效果。在这个实验设计里，被试面对的任务都是对同样一组广告的记忆，而广告置入的环境则不同。第三类，指导语自变量(instructional variables)，指的是被试面对相同刺激，通过操纵指导语要求不同组被试以不同的方式完成(同一)特定任务，属于暂时造成的被试差别。例如，皮特森等人(Peterson et al., 2008)要探讨受众观看广告的目的对其观看广告的影响，研究者向所有被试呈现的平面广告是完全相同的，只是要求其中一半被试评价自己有多喜欢这些广告，而要求另外一半被试评价这些广告效果如何。此时，被试面对的刺激完全相同，刺激所置入的环境也完全相同，只是指导语不同，被试观看广告的目的也就发生了变化。上述三种类型是实验设计中最典型的自变量。还有一类变量叫作被试特点变量(participant characteristics)，即被试的一些个人特征，可能包含自然形成的被试变量，如年龄、性别、身高、体重以及一些人格特征等，还可能包含一些社会因素所形成的被试变量，如社会经济地位、宗教信仰、特定职业、学习和工作经历等(Goodwin, 2009)。一般来说，主试无法真正改变特定被试的这些特征，只能选择具有特定特点的被试，因此原则上，这些无法被操控的变量不应该被认为是自变量。但在大部分实验研究中，被试特征也被当作自变量(Smith & Davis, 2012)。需要特别说明的是，如果把人格特征作为一种特质，是被试长期的(chronic)、稳定的秉性(disposition)，那么主试不能加以改变，此时的人格特征是被试特点变量，只能通过测量了解这些特点的差异程度。但越来越多的研究将人格特征当作一种情境性的、可塑的变量，通过启动等手段使被试的这些特点发生临时(moment-to-moment)改变，使某个特征凸显出来，这时候的人格特征就是任务自变量。例如，调节定向(regulatory focus)就是这样一类人格特征变量(Kees, Burton & Tangari, 2010)，有些研究将其作为稳定的人格特征加以测量(Uskul, Sherman & Fitzgibbon, 2009)，也有研究将其作为被情境临时改变的特征，使用启动材料令不同组被试产生相应的特征(Kim, 2006)。甚至有些看似受客观因素影响的被试特征变量也可以通过操纵改变，例如，被试对自身的社会阶层观念(social-class mindsets)，一般来说，每个人都处于相对稳定的社会阶层，因此个人对自身的社会阶层观念应该是相对稳定的被试特征，但通过特定的范式仍然可以临时改变被试的相对社会阶层观念(Piff & Stancato, 2012)。

上述几类自变量其实存在部分重叠(overlapping),划分相对粗略,彼此间的界限并非十分清晰。例如,通过启动临时改变了被试的人格特征,此时自变量属于刺激特点自变量还是指导语自变量?在假定情境法中,给被试呈现的广告文案存在细微差别,此变量属于刺激特点自变量还是指导语自变量?在第二类自变量中所举的例子中,暴力和非暴力视频属于刺激特点自变量还是环境特点自变量?尽管这种自变量划分比较粗略且有重叠,但仍然有其实用价值。这些区分有助于我们在设计实验时,从更高、更抽象的层次来构建自变量。

在实验设计或统计检验中,自变量又被称为因素或因子(factor),自变量的每一个取值被称为水平(level)。同一个实验中,往往具有两个以上的自变量,因此会出现来自不同自变量水平的组合。水平或者水平组合被施加给被试,所以又称为实验处理(treatment)。在全因子设计中,自变量水平数的乘积就是实验处理的数目[①]。实验报告中通常以 A×B×C 的形式呈现。乘数 A、B、C 分别代表三个自变量的水平数,如 2×3×4,表明第一个自变量包含 2 个水平,第二个自变量包含 3 个水平,第三个自变量包含 4 个水平。

根据自变量的变化是否连续,自变量又可以分为因素型或类型变量(factorial/categorical variables)和连续型变量(continuous variables)。所谓类型变量是指其取值是可数的(countable),并且是有限的,通常是该变量在性质上的变化。例如,性别即为类型变量,包含男女两类。一般情况下,在这类实验中,自变量的水平分类最少 2 个,最多不超过 4 个,水平间差异尽可能大;而连续型变量是指该变量包含了一个连续集(continuum),两端之间的数值无限可分,通常是该变量在数量上的变化。例如年龄、收入以及人格特征即为连续型变量(Goodwin,2009;Schwab,2004)。一般情况下,在这类实验中,自变量的水平取值尽可能多且连续,至少 5 个等级比较合适。

四、因变量(dependent variables,简写为 DVs)

因变量即由自变量导致的结果或效果,是主试测量或观察的对象(Goodwin,2009;Schwab,2004;Smith & Davis,2012),以数据(data)的形式由主试记录下来。因变量对应的英文是 dependent variables,意味着该变量依赖其他变量,它的变化是由于其他变量引起的。实验要探讨的是其他变量特别

---

① 对于其他类型的设计,则未必如此,例如拉丁方设计或嵌套设计等。

是自变量对因变量的影响。

广告活动对消费者的影响,即使不是最重要,也是广告效果评价指标中最重要的组成部分之一。因而,对广告的评价,除了客观的千人成本、频率、到达率等(乔治贝尔奇,迈克尔贝尔奇,2014),还应该测量广告对受众反应的影响。对受众反应的测量也是广告学实验研究中最主要的因变量来源,通常,包含以下几种类型(Smith & Davis, 2012):其一,正确度(correctness),在某些效果测试中,反应有对错之分,如观看某个广告之后,受众对广告内容的回忆是否正确;其二,比率或频率(rate or frequency),在某些效果测验中,反应虽然没有对错之分,但有多少之分,例如受众观看过禁烟公益广告之后,其每日吸烟频率是否降低;其三,程度或数量(degree or amount),受众的有些反应,不是以比率或频率的形式来计数的,可能表现为程度的差异,例如受众在观看某些广告之后,对广告产品是否满意,这就需要用一些量表来测量其满意度了;其四,潜伏期或持续期(latency or duration),在有些效果测试中,对于探讨受众多长时间才做出反应或者反应持续了多久是非常必要的,例如,要观察受众对广告中某一元素是否感兴趣,可以观察受众的眼动轨迹,记录其花多长时间才注意到该特定元素,对该元素观看持续了多长时间等等。

因变量一般由观察或测量而来,更本质的划分应该根据观察或测量的方法手段来进行。而且,从实验设计的角度来看,这样的划分更有助于安排实验设计。我们大体上将因变量的测量分成一般行为测量和生理生化测量两大类,其中一般行为测量又包含了直接观察(direct observation)、自陈量表(self-report inventory)、眼动追踪(eye tracking)、内隐测量(implicit measurement)和网络追踪(E-tracking)等五个类别;生理生化测量则包括多导生理仪器(polygraph)测量、事件相关脑电(ERP)测量、脑磁成像(fMRI 和 TMS)测量以及各类激素——如多巴胺(dopamine)、睾酮(testosterone)、黄体酮(progesterone)、皮质醇(cortisol)及其他激素——的生化测量等四个类别。

同样是对因变量的测量,不同的测量手段还是有好坏之分的。对于好坏评价标准主要包括信度(reliability)、效度(validity)[①]和区分度(discrimination)等三个方面。所谓信度,指的是测量手段的可靠性或稳定性(reliable or stable),即,如果在相同的条件下,同样的被试,同样的实验设计和同样的测量工具,那么

---

① 本节中所谓的效度专指因变量的测量效度,注意与第三章中的评价实验设计的四类效度相区分。

多次重复的实验结果应该相同(Goodwin,2009)。例如,要测量受众对某一广告的态度,原则上,使用同样的测量工具,在不同时间内对同一批受众进行测量,所得到的结果应该是相同的。所谓效度,指的是测量所获得的数据是否是其应该测量的内容(Goodwin,2009;Smith & Davis,2012)。因变量测量的效度可以从多种方式来考察,例如表面效度(face validity)、内容效度(content validity)、预测效度或效标效度(predictive validity or criterion validity)及构念效度等多类指标即从不同角度来反映测量的效度。所谓区分度,指的是测量对受测对象水平差异的区分程度(郑日昌,孙大强,2013)。区分度缺乏的极端情况被称为尺度扭曲效应(scale-attenuation effects),即由于测量尺度有效的范围不够大[①],导致分数集中在尺度的底部或顶端(Kantowitz et al.,2014),根据情况不同可分为天花板效应(ceiling effects)与地板效应(floor effects)。所谓天花板效应是指不同组的被试在某测试中得分都非常高以至于没有任何差异,一般是由于任务难度太小造成的。相应的,所谓地板效应是指不同组被试在某测试中得分都非常低,没有任何区分度,一般是由于任务难度太高引起的。

五、额外变量或控制变量(extraneous/control variables)

在实验中,有些变量是研究者不感兴趣的,是额外附着的(extraneous),但会伴随着自变量出现且稳定地干扰(distract)自变量对因变量的影响,出现混淆(confounding)的结果,对自变量与因变量之间的因果关系的解释是一种妨碍(nuisance),因此要加以控制(control),这样的变量被称为控制变量(Goodwin,2009;Kantowitz et al.,2014;)。控制变量本质上是一种需要保持恒定或被排除的潜在自变量。控制变量无论在英文文献还是中文文献中,名称都很多,如 extraneous variables 对应额外变量[②],也有人翻译为外生变量(例如,樊景立,梁建,陈志俊,2012),distracting variables 对应干扰变量,confounding variables 对应混淆变量,nuisance variables 对应妨碍变量,control variables 对应控制变量。当然,也有文献对这些变量名称所代表的含

---

① 也有可能是自变量的水平差异设置不合理。
② 另外,需要注意 extraneous 与 exogenous 相区分。exogenous 是结构方程模型里的一个变量名称,通常翻译为外源变量,是一种特殊的预测变量或自变量,在本书中并不涉及该领域的知识,因此不再赘述。

义有所区分,例如史密斯等人(Smith & Davis,2012)认为 extraneous variables 和 nuisance variables 是不同的变量,extraneous variables 会增加因变量的系统性变异,即影响因变量的均值,而 nuisance variables 会增加因变量的随机变异,即影响因变量的标准差。在本书中,并不加以区分,按照行文方便,会称为额外变量或者控制变量。

控制变量的命名固然是复杂的,但与其对实验结果造成的复杂而微妙的影响,以及由此引发的各类控制手段相比,则是小巫见大巫。控制变量主要的来源于主试效应、被试效应以及实验设计造成的效应。由于控制变量的来源与控制包含很多概念,而且都是很重要的概念,因此将在本章第三、四节中再加以详细讨论。

值得一提的是,协变量(covariates)是一个很有意思的变量,这个概念在实验设计中较少出现。一般来说,协变量本质上是自变量,但属于研究者并不感兴趣的变量,但对于因变量有明显的影响,是典型的控制变量,应加以排除或保持恒定,但又难以做到,因此在实验中还要加以测量[①],通过统计手段使之成为一个常数,或者干脆把这个变量纳入自变量中(张文彤,董伟,2004)。协变量一般为连续变量(Schwab,2004)。

六、调节变量(moderator,moderating variables)

调节变量是一种因其取值的不同而影响自变量与因变量之间关系的变量,又称为交互效应变量(interaction variables)或者边界条件(boundary conditions)(Schwab,2004),调节变量本质上是一个自变量,在一般情况下需要主试操纵,但有些情况下,例如被试特点自变量,则用测量的方法获得。例如,加农等人(Cannon & Rucker,2018)在探讨旁观者如何评价奢侈品消费者地位和人际温暖(warmth)等方面的问题时,认为旁观者自身对奢侈品的非专业信念(lay belief)会调节奢侈品消费与人际温暖评价的关系,在实验四中,加农等即采用测量的方式获得了被试对奢侈品的非专业信念,在随后的数据统计中采用回归的方式得到了确定的结论。

调节变量的存在,即假定某特定自变量对因变量的影响是主要的,只是这种关系受到调节变量的"调节",调节变量自身不会单独影响因变量,只有与自变量匹配才能够共同影响因变量。例如,研究发现,面对危险和不确定的情

---

① 注意与中介变量相区分。协变量本质上是自变量,中介变量本质上是因变量。

况,信息表达的框架会影响其说服效果,通常损失框架(loss-framed)的信息比收益框架(gain-framed)的信息更有说服力。但进一步研究发现,只有在信息呈现背景是红色的情况下(相对于灰色),这种关系才成立(Gerend & Sias, 2009)。但信息呈现背景本身并不直接影响广告的说服力。因此,可以说是信息呈现背景调节了信息框架与说服效果之间的关系。这里信息框架就是自变量,说服效果是因变量,信息呈现背景颜色就是调节变量。

然而,在一般的实验设计中,较少使用调节变量这个名词。这是因为在析因设计实验中,可能同时存在两个或三个自变量,几个自变量自身单独就可以影响因变量,很难讲哪个自变量与因变量的关系是主要的,哪个自变量是调节两者关系的。另外,在析因设计这类实验中,研究者可能更关心的是交互效应,即两个自变量是否共同影响以及如何影响因变量。例如,赵等人(Zhao & Pechmann, 2007)要探讨受众的调节定向、信息的调节定向和信息框架三者对反吸烟广告的效果的影响。受众的调节定向、信息的调节定向和信息框架三个都是重要的自变量,很难讲哪一个是主要的,哪些是调节的。相对于自变量是主要还是次要的问题,研究者更关心三者如何共同起作用。

七、中介变量(mediator, mediating/intervening variables)

所谓中介变量即能够为自变量与因变量提供因果联系的抽象变量,是一种潜在的因果机制(Kantowitz et al., 2014),中介变量通常被用来解释自变量为什么会影响因变量。通常情况下,自变量对因变量的影响是直接的,被称为直接效应(direct effect)(Schwab, 2004),但如果存在中介变量,那么自变量对因变量的影响则可能是间接的[①],发现并解释中介变量才能够形成完整的因果链。

中介变量本质上是因变量,一般需要通过测量获得。对于中介变量的检验,较早前通用的做法是,根据巴荣和肯尼提出的中介分析方法(R. M. Baron & Kenny, 1986),使用逐步回归模型检验中介变量是否存在,随着晚近研究者对该检验方法效果和程序提出越来越多的质疑,自举法(bootstrap)成为一个流行的检验方法(Shrout & Bolger, 2002),众多研究者对该方法如何使用进行了详细的阐述(陈瑞,郑毓煌 & 刘文静,2013;江程铭 & 李纾,2015)。

---

① 当然,也可能包含直接影响,这取决于是完全中介关系还是部分中介关系,见下文。

然而,这种通过测量获得中介变量,再通过特定的统计方法进行中介检验的方式仍然存在一些缺陷,具体包括:首先,多出的中介变量的测量可能对自变量影响因变量的过程造成干扰;其次,这些分析方法实际上只能反映自变量与中介变量、中介变量与因变量之间的相关而非因果关系;最后,有时候对中介变量的测量与对因变量的测量无法在理论上区分,实际上有可能测量的是同一个概念。因此,斯宾塞等人(Spencer, Zanna & Fong, 2005)呼吁,当对某中介过程的操纵比较容易时,无论对其测量是否容易,最好都使用操纵该中介过程(manipulation-of-process)的方式进行实验。当然,在实际研究中,研究者可以两者兼用。例如维金等人(Wiggin, Reimann & Jain, 2018)在探讨好奇心(curiosity)如何导致放纵式(indulgence)消费时,认为对奖赏的渴望(desire for rewards)会中介这一过程,即好奇心会引发受众对奖赏的渴望,而对奖赏的渴望则进一步诱发放纵式消费。维金等人通过五个实验检验了这一中介过程,在实验二、三和五中,维金等人采用通常的测量方式获得了被试对奖赏的渴望程度的数据,然后采用自举法对该中介效应进行了检验,在实验一中,维金等人则采用了操纵的方式,直接改变了被试对奖赏的渴望[①],然后通过方差分析的方式获得好奇心与对奖赏渴望这两个变量之间的交互效应,验证了好奇心导致对奖赏的渴望,对奖赏的渴望则进一步诱发放纵式消费这一过程。

中介变量对于自变量与因变量之间关系的中介包括完全中介(full mediation)和部分或不完全中介(partial mediation)。所谓完全中介,指的是自变量与因变量的关系完全通过中介变量的运作(operate),自变量对因变量没有直接影响,是一种间接效应(indirect effect),即自变量导致了中介变量的发生,中介变量导致了因变量的发生,如果不通过中介变量,自变量无法影响因变量。而部分中介则是指自变量与因变量之间的关系部分地通过中介变量的运作,即自变量同时导致了中介变量和因变量的发生,自变量一方面通过中介变量对因变量发生作用,另一方面直接对因变量发生作用(Schwab, 2004)。例如,凯克拉斯等人(Kareklas et al., 2014)探讨消费者有机食品的信念(organic food beliefs)与亲环境的生活方式(proenvironment lifestyle)对有机食品购买意图的影响,研究结果发现,消费者的有机食品信念完全通过有机食品态度(organic food attitude)的中介才对有机食品的购买意图造成影响,而亲环境的生活方式则部分地通过有机食品态度中介对有机食品购买意图造成影

---

① 此时,本来应该测量获得的中介变量已经转变为通过操纵改变的自变量。

响,同时会直接影响受众对有机食品的购买意图。

八、变量之间的关系图

初学者在清楚了解所有变量的概念之后,还需要对变量之间的关系有清晰的认识,本书通过一个变量关系示意图来详细阐述变量彼此间的关系。

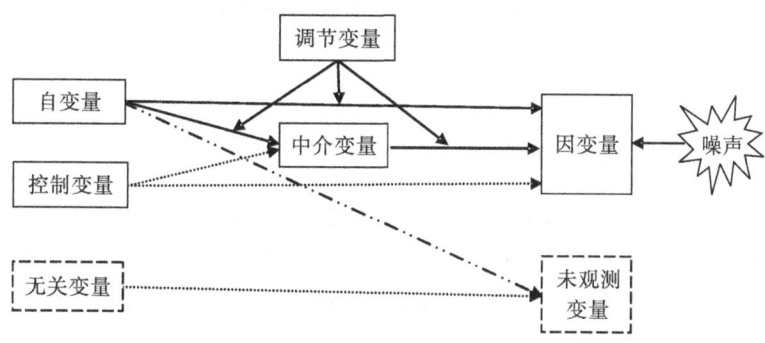

图 4.1 变量关系示意图

在广告学研究中,广告(刺激)本身、被试特点本身、广告及被试所处的环境、主试给予被试的指导语都可能是影响广告效果的来源。研究者不可能同时研究现象中包含的所有变量和关系,只能挑选出部分变量和关系进行研究。研究者挑选出的变量就是自变量、因变量以及调节变量和中介变量(当然,并非所有实验中都包含后两类变量)。自变量可能单纯地对因变量造成直接影响(无须中介),也可能单纯地通过中介变量对因变量造成影响(完全中介),也可能同时存在两种关系(部分中介)。自变量与因变量的关系还可能受到调节变量的调节,自变量对因变量的影响在调节变量的不同水平上表现有所不同,当然,调节变量可能调节自变量与中介变量之间的关系,也可能调节中介变量与因变量之间的关系。需要注意的是,自变量可能不仅仅影响因变量,还可能会有其他效果,只是由于研究者对其他变量不感兴趣,因此并没有完全测量自变量的所有效果。控制变量可能对因变量造成影响,无论是直接的还是通过中介变量间接的。控制变量在其他研究中可能是很好的自变量,但在当前的实验中不是研究者感兴趣的对象,因此要通过一定的手段加以排除或使之保持恒定。无关变量对研究者挑选的因变量不造成影响,因此不需要进行任何操作,忽视即可。当然,无关变量并不是无意义的,只是因为与当前的研究没有关系。无关变量对一些未观测的变量仍然可能造成影响,也许是其他研究中研究者感兴趣的自变量和因变量。在严格控制了所有控制变量之后,因变量的变异原则上都应该是研究者选定的自变量影响的结果,但实际上,随机误差(random error)总会影响因变量的变异,为实验带来噪声(noise)。

第三节 实验中的效应与变异

一、主效应(main effect)

在因子设计实验中,某个自变量对因变量单独的(sole)、全部的(overall)影响(Goodwin,2009;Smith & Davis,2012)被称为该自变量的主效应。某个自变量存在主效应说明其在不同情况下对因变量的影响方向大体上是一致的、稳定的(Kantowitz et al.,2014)。

在因子设计实验中,有多少个自变量就应该有多少个主效应,尽管并非所有的主效应都会显著。我们以最简单的两因素两水平析因设计为例,用表格和图形的形式来展示主效应表现形式。现在,假定要探讨广告主题以及广告背景对广告效果的影响,广告主题只包括两个水平,A1 和 A2,广告背景也只包括两个水平,B1 和 B2。因此会形成 2×2 个处理,即 A1B1,A1B2,A2B1,A2B2。每个处理会获得一个平均值,分别呈现在表格中的四个格子(cell)中①。格子中的数值表明每个处理对广告效果的影响程度,图形根据表格中的数据所画,因为两个自变量都是离散变量,因此使用条形图(bar charts)是合适的,但为了便于看出趋势和交互效应,我们采用折线图(broken line graph)。以下表格中的数据完全来自虚拟,现实中的情况千变万化,所形成的图形也不可能如例子中的样式。

(一)广告主题影响广告效果,广告背景不影响广告效果

结合图 4.2 和表 4.1,可以看出,广告主题 A1 对广告效果的影响(10,表 4.1 横向第一行均值,下同)与广告主题 A2 对广告效果的影响(20,表 4.1 横向第二行均值,下同)相比存在显著差异,因此广告主题主效应显著。从图 4.2 中看到 A1 线低于 A2 线,或者每条线取中点再比较高低。广告背景 B1 对广

---

① 简单起见,就不再写出各个处理的离散程度。

告效果的影响(15,表4.1纵向第一列均值,下同)与广告主题B2对广告效果的影响(15,表4.1纵向第二列均值,下同)不存在差异,因此广告背景主效应不显著,从图中可以看到,A1线与A2线在B1端的中点与在B2端的中点在同一水平上。

表4.1 数据举例①

两类变量		广告背景		
		B1	B2	均值
广告主题	A1	10	10	10
	A2	20	20	20
	均值	15	15	/

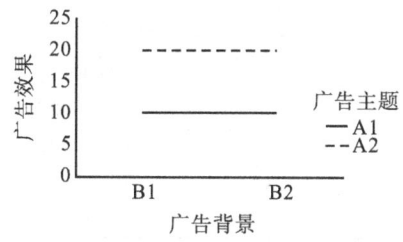

图4.2 结果示意图①

(二)广告主题不影响广告效果,广告背景对广告效果存在主效应

结合图4.3和表4.2,可以看出,广告主题A1对广告效果的影响(15)与广告主题A2对广告效果的影响(15)相比不存在差异,因此广告主题主效应不显著,从图4.3中看到A1线与A2线重合。广告背景B1对广告效果的影响(10)与广告主题B2对广告效果的影响(20)相比存在显著差异,因此广告背景主效应显著。从图4.3中可以看到,两条线在B1端的中点(实际上与两线端点重合)低于在B2端的中点(实际上与两线端点重合)①。

表4.2 数据举例②

两类变量		广告背景		
		B1	B2	均值
广告主题	A1	10	20	15
	A2	10	20	15
	均值	10	20	/

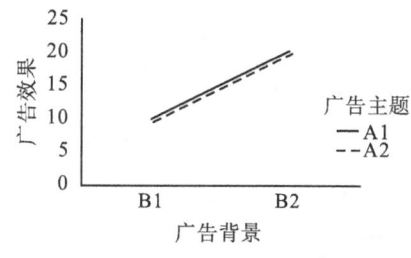

图4.3 结果示意图②

(三)广告主题和广告背景对广告效果都存在影响

结合图4.4和表4.3,可以看出,广告主题A1对广告效果的影响(10)与广告主题A2对广告效果的影响(15)相比存在显著差异,因此广告主题主效应

---

① 如果完全依据数据画图,两条线应该完全重合,但为了能够看出是两条线,因此图形做了部分修改。下面类似情况也做了同样处理。

显著,从图 4.4 中看到 A1 线低于 A2 线。广告背景 B1 对广告效果的影响(7.5)与广告主题 B2 对广告效果的影响(17.5)相比存在显著差异,因此广告背景主效应显著。从图 4.4 中可以看到,两条线在 B1 端的两线间中点低于在 B2 端的中点。

表 4.3　数据举例③

两类变量		广告背景		
		B1	B2	均值
广告主题	A1	5	15	10
	A2	10	20	15
	均值	7.5	17.5	/

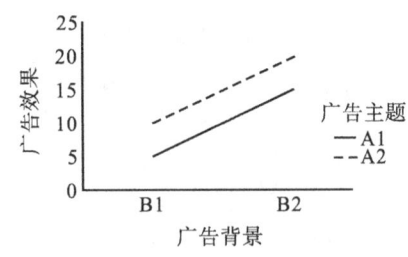

图 4.4　结果示意图③

(四)广告主题和广告背景对广告效果都不存在主效应

结合图 4.5 和表 4.4,可以看出,广告主题 A1 对广告效果的影响(20)与广告主题 A2 对广告效果的影响(20)相比不存在差异,因此广告主题主效应不显著。从图 4.5 中看到 A1 线与 A2 线重合。广告背景 B1 对广告效果的影响(20)与广告主题 B2 对广告效果的影响(20)相比不存在显著差异,因此广告背景主效应不显著。从图 4.5 中可以看到,两条线在 B1 端的中点(实际上与两线端点重合)与在 B2 端的中点(实际上与两线端点重合)在同一水平上。

表 4.4　数据举例④

两类变量		广告背景		
		B1	B2	均值
广告主题	A1	20	20	20
	A2	20	20	20
	均值	20	20	/

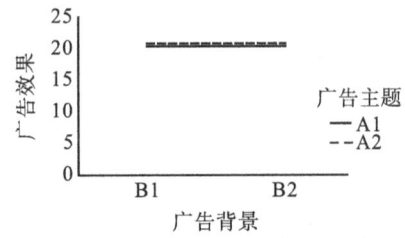

图 4.5　结果示意图④

在双因素因子设计实验中,两个自变量的主效应可能出现上述四种情况。但因子设计中,往往会出现交互效应,上述四种情况完全是在交互效应不显著的前提下出现的。接下来还有四种交互效应可能出现的情况。

二、交互效应和简单效应分析(interaction effect and simple effects)

在因子设计实验中,多个自变量对因变量联合的(joint)、同步的(simultaneous)影响(Smith & Davis, 2012)即交互效应。交互效应的存在说明一个自变量对因变量的影响在另外一个自变量不同水平上表现不同(Goodwin, 2009; Kantowitz et al., 2014),即自变量对因变量的效果还受到其他自变量的影响。

在因子设计实验中,自变量的个数决定了交互效应的阶数和数量,例如三个自变量的因子设计中,当一个自变量对因变量的效应受到另外两个自变量影响时,我们说存在三阶(three-way)交互效应,另外,三个自变量两两之间还会存在二阶交互(two-way)效应。在三个自变量的因子设计中,一般会有一个三阶交互效应,三个二阶交互效应,而两个自变量的因子设计则仅包括一个二阶交互。当然,并不一定所有的交互效应都会出现显著。通常,在实验中出现交互效应显著的情况下,需要随后进行简单效应分析[①],即在某一自变量所有水平上,比较另外一个或多个自变量每个水平对因变量造成影响的效果差异(Goodwin, 2009)。我们仍然以主效应部分所举例进行说明。

（一）广告主题和广告背景对广告效果都不存在主效应,但两者交互效应显著

结合图4.6和表4.5,可以看出,广告主题A1对广告效果的影响(15)与广告主题A2对广告效果的影响(15)相比不存在差异,因此广告主题主效应不显著,从图中看到A1线中点与A2线中点重合。广告背景B1对广告效果的影响(15)与广告主题B2对广告效果的影响(15)相比不存在显著差异,因此广告背景主效应不显著。从图4.6中可以看到,两条线的在B1端的中点与在B2端的中点在同一水平上。从表4.5中比较难以看出交互效应,但从图中就比较容易地看出两条线交叉在一起,表明两个自变量可能存在交互效应。当然,应当注意的是,在实际研究中,不能单纯依靠图中线条是否交叉来判断交互效应是否存在,有时候两条线虽然交叉,但交互效应并不显著,也有时候两条线在图中并没有交叉(但两条线的延长线可以相交在一起),交互效应却是

---

① 简单效应分析在目前的SPSS软件中无法直接通过菜单命令计算,但可以通过编写语句的方式来执行。需要特别注意的是,不能用t检验代替简单效应分析。

显著的。判断交互效应是否显著应该以 ANOVA 的分析结果为准,图形只是给人直观印象。

表 4.5 数据举例⑤

两类变量		广告背景		
		B1	B2	均值
广告主题	A1	10	20	15
	A2	20	10	15
	均值	15	15	/

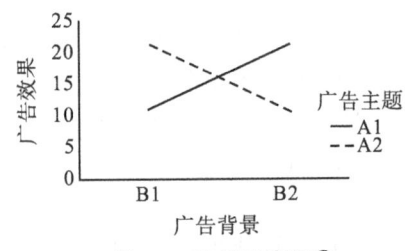

图 4.6 结果示意图⑤

此例交互效应显著,因此需要进行简单效应分析。通过简单效应分析发现,在广告背景是 B1 的情况下,广告主题 A1 的广告效果(10,表 4.5 中 A1 行与 B1 行交叉的格子,下同)比广告主题 A2 的广告效果(20,表 4.5 中 A1 行与 B1 行交叉的格子,下同)差,而在广告背景是 B2 的情况下,结果反了过来,广告主题 A1 的广告效果(20)比广告主题 A2 的广告效果(10)要好。

(二)广告主题与广告背景对广告效果都存在主效应,且两者交互效应显著

结合图 4.7 和表 4.6,可以看出,广告主题 A1 对广告效果的影响(10)与广告主题 A2 对广告效果的影响(15)相比存在显著差异,因此广告主题主效应显著,从图中可以看到,A1 线的中点低于 A2 线的中点。广告背景 B1 对广告效果的影响(10)与广告主题 B2 对广告效果的影响(15)相比存在显著差异,因此广告背景主效应显著。从图 4.7 中可以看到,两条线在 B1 端的中点(A1 线与 A2 线在 B1 端重合的位置)低于在 B2 端的中点(A1 线与 A2 线和 B2 端的中间位置)。同样从图 4.7 中可以比较容易地看出两条线交叉在一起,表明两个自变量存在交互效应。仔细观察表 4.6(每个小格)和图形,还可以看到 A1B1,A1B2,A2B1 三个处理的广告效果实际上是等值的(都是 10),只有 A2B2 处理的广告效果(20)远超过这三点。因此虽然两个主效应都显著,但实际的意义却不大,重要的发现是交互作用,更进一步解释简单效应的发现,即当广告主题 A2 结合广告背景 B2 时,广告的效果最好。

表 4.6　数据举例⑥

两类变量		广告背景		
		B1	B2	均值
广告主题	A1	10	10	10
	A2	10	20	15
	均值	10	15	/

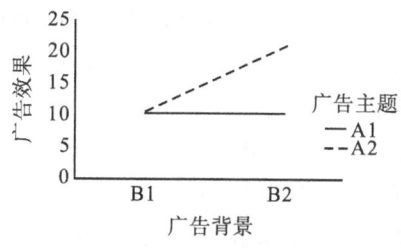

图 4.7　结果示意图⑥

(三)广告主题对广告效果有影响,广告背景对广告效果无影响,但两者交互效应显著

结合图 4.8 和表 4.7,可以看出,广告主题 A1 对广告效果的影响(12.5)与广告主题 A2 对广告效果的影响(17.5)相比存在显著差异,因此广告主题主效应显著,从图 4.8 中可以看到,A1 线的中点低于 A2 线的中点。广告背景 B1 对广告效果的影响(15)与广告主题 B2 对广告效果的影响(15)相比,不存在显著差异,因此广告背景主效应不显著。从图 4.8 中可以看到,两条线在 B1 端的中点(A1 线与 A2 线在 B1 端重合的位置)与两条线在 B2 端的中点(A1 线与 A2 线在 B2 端的中间位置)在同一水平上。同样从图 4.8 中可以比较容易地看出两条线交叉在一起,表明两个自变量存在交互效应。进一步的简单效应分析发现,在广告背景是 B1 的情况下,两个广告主题对广告效果的影响(都是15)没有差异,而在广告背景 B2 的情况下,广告主题 A1 的广告效果(10)要低于广告主题 A2(20),而且也低于在广告背景 B1 情况下的任何广告主题。

表 4.7　数据举例⑦

两类变量		广告背景		
		B1	B2	均值
广告主题	A1	15	10	12.5
	A2	15	20	17.5
	均值	15	15	/

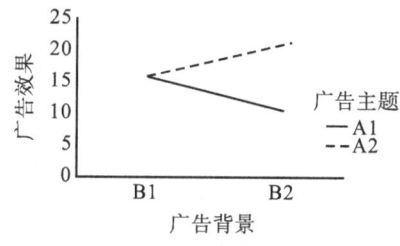

图 4.8　结果示意图⑦

(四)广告主题对广告效果无影响,广告背景对广告效果有影响,两者交互效应显著

结合图 4.9 和表 4.8,可以看出,广告主题 A1 对广告效果的影响(10)与广告主题 A2 对广告效果的影响(10)相比不存在显著差异,因此广告主题主效应不显著,从图 4.9 中可以看到,A1 线的中点与 A2 线的中点重合在一起。广告背景 B1 对广告效果的影响(12.5)与广告主题 B2 对广告效果的影响(7.5)相比,存在显著差异,因此广告背景主效应显著。从图 4.9 中可以看到,两条线在 B1 端的中点高于在 B2 端的中点。同样,从图 4.9 中可以比较容易地看出两条线交叉在一起,表明两个自变量存在交互效应。进一步的简单效应分析发现,在广告背景是 B1 的情况下,广告主题 A1 的广告效果(15)比广告主题 A2 的广告效果(10)要好,而在广告背景是 B2 的情况下,结果反了过来,广告主题 A1 的广告效果(5)比广告主题 A2 的广告效果(10)要差。

表 4.8　数据举例⑧

两类变量		广告背景		
		B1	B2	均值
广告主题	A1	15	5	10
	A2	10	10	10
	均值	12.5	7.5	/

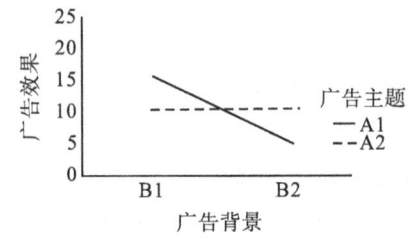

图 4.9　结果示意图⑧

三、变异及变异分析(variance and variance analysis)

实验结果的处理本质是对各种来源的变异进行分析。所谓变异是指组内数据偏离组平均值的程度,表现为测量单个被试所获得的数值减去该组平均值之后平方求和,再除以被试的数目,公式化表述为:

$$S^2 = \frac{\sum (X_{被试} - \overline{X}_{组平均值})^2}{n}$$

其中 S^2 为变异①,$X_{被试}$ 为测量单个被试获得的数据,$\overline{X}_{组平均值}$ 为整组被试的平均值,n 为整组被试的总数量。

通常,实验中的变异有两个主要来源,即系统性变异(systematic variance)和误差变异(error variance)。所谓系统性变异即由一些可识别的来源(source)

---

① 此即为和方 SS 除以自由度之后的均方 MS。只是样本的离散度的平方(方差)是和方除以样本量,而总体的离散度的平方(均方)是和方除以自由度(通常用样本量减去 1),有轻微差别。

或因素造成的因变量变化,包括自变量造成的变异和未控制好的额外变量造成的变异(Goodwin,2009)。自变量造成的变异是研究中的实验处理引起的,包括主效应与交互效应,被称为处理效应(treatment effect)或者处理变异项(treatment variability)(Smith & Davis,2012)。而由未控制好的额外变量所造成的系统性变异又可以称为系统性偏差(systematic bias/errors)或者额外变异(extraneous variance)。系统性偏差主要有两个来源,其一,未能控制好的额外变量会对实验结果造成系统性偏差;其二,对因变量的测量也可能会导致系统性偏差,主要包括两类,一类是由于测量了规定构念(defined construct)以外的其他东西而带来的污染(contamination),另外一类是由于没能完整测量规定构念而带来的缺失(deficiency)(Schwab,2004)。同样是系统性变异,系统性偏差会模糊处理效应,使研究者无法分辨实验处理是否对因变量真的造成了影响,因此系统性偏差是研究者需要极力避免的,而处理效应则是研究者希望通过严密的实验设计获得的。设计严密的实验应该排除系统化偏差的干扰,仅仅保留组间变异中的处理效应。本小节四、五、六词条总结了实验中常见的造成系统性偏差的多类控制变量。

误差变异又叫随机误差,是由非系统的、随机的因素或者个体差异造成的因变量的变异(Goodwin,2009;Schwab,2004)。随机误差是偶然发生的,是研究者无法控制的未知因素,即使通过更加严格的实验程序也无法彻底消除,主要包含测量时的随机误差和个体差异。随机误差会增加测量的变异性(Kantowitz et al.,2014),降低实验设计的统计推论效度和内部效度。一般情况下,测量的随机误差对因变量造成的影响方向和大小也是随机的,即在某个条目或者被试得分上可能被高估(inflate),而在另外的条目或者被试得分上可能被低估(understate),因此通过多条目测量以及随机取样可以将一些随机误差平均掉(average-out),避免出现系统性偏差(Schwab,2004)。另外一部分随机误差来自被试的个体差异,主试可以通过选择特定的被试来减少个体差异,但无法通过直接操控改变被试的个体差异。误差变异和系统性偏差共同构成了实验误差(experimental error),即自变量以外的因素对因变量所造成的变异(Kantowitz et al.,2014)。实验结果的分析即根据特定的标准,将处理间变异与处理内变异相比较,通过统计中的方差分析做出自变量是否影响因变量的决断(Goodwin,2009；Kantowitz et al.,2014；)，公式化[1]表述如下：

$$差异显著值 = \frac{处理间变异(处理效应 + 系统性偏差 + 误差变异)}{处理内变异(误差变异)}$$

在严密设计的实验中，系统性偏差应该等于零，即处理间变异都应该是处理效应加随机误差引起的。

我们以一个虚拟的研究和虚拟数据来说明如何检验实验效果。假设某实验中有三种处理，每个处理组有5名被试，这三组被试分别喝矿泉水、热咖啡以及某功能饮料，喝过之后测量每名被试的反应速度，结果如表4.9所示(表中数值越大表明反应速度越快，属于无单位的相对值)：

表4.9 三组被试的反应速度

被试编号	矿泉水	某功能饮料	热咖啡
1	1.00	2.00	4.00
2	1.00	3.00	5.00
3	2.00	3.00	6.00
4	3.00	4.00	6.00
5	4.00	5.00	7.00
平均值	2.20	3.40	5.60

要比较不同组之间的差异，并不是直接比较三个组的均值差异，而是比较组均值与总均值之间的变异大小获得的。在假设检验中，通常首先假定多组平均值之间不存在差异，所有数据都来源于同一总体。在理想状态下，对同一条件的测量，所得数值应该完全一致，但由于存在各种来源的影响，因此，每个被试的数据点值在实际上并不相同，如图4.10中所示。每个被试的数据点值与总平均值(图中最长的虚线)之间距离的平方之和，就是总的变异，公式化表述为 $SS_T = \sum_{组=1}^{3} \sum_{被试=1}^{5} (X_{被试} - \overline{X}_{总平均})^2$ [2]，在本例中，该数值为46.93。

---

[1] 注：Smith对于组内变异项的说法是错误的。另外，处理间变异与处理内变异都要除以自由度之后才可以做这样的比较，见下文。

[2] SS代表sum of square的缩写，即和方。T代表total，即总的，W代表within，即处理内的，B代表between，即处理间的。

在这总的变异中,有些变异是系统性的,可识别的,即组间变异,从图4.10中可以看到,这部分变异是每个小组的平均值(穿过每个小组的横线)与总平均值距离的平方之和,公式化表述为 $SS_B = \sum_{组=1}^{3} n(\overline{X}_{组平均} - \overline{X}_{总平均})^2$,在本例中,该数值为29.73;还有一些变异是随机的,几乎无法识别其来源,这部分变异即组内变异,从图4.10中可以看到,这部分变异是每个被试的数据点与其所属的小组平均值距离的平方之和,公式化表述为 $SS_W = \sum_{组=1}^{3}\sum_{被试=1}^{5}(X_{被试} - \overline{X}_{组平均})^2$,

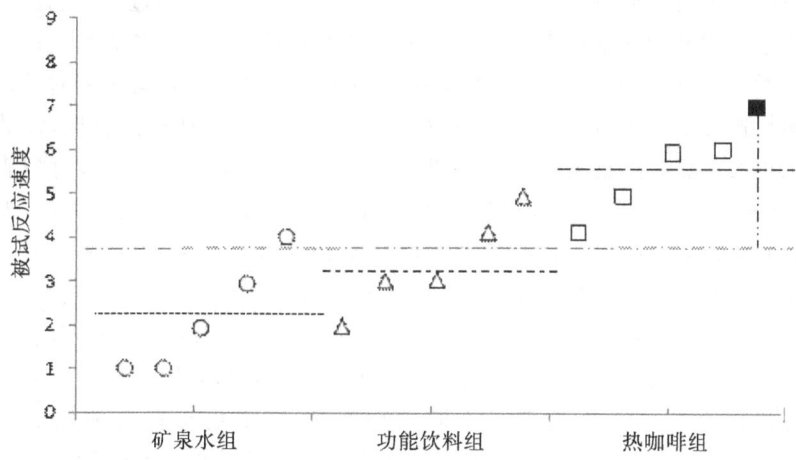

* 圆形、三角形和正方形分别代表喝矿泉水、热咖啡、某功能饮料的被试的数据点。

图4.10 三组被试数据分布示意图

在本例中,该数值为17.20。由于变异大小与观测值的自由度有一定关系,因此,在实际计算的时候,要将和方除以各自的自由度,转化为均方再计算,因此组间均方和组内均方分别为14.87和1.43,根据差异显著性公式可得10.37,并根据自由度查F分布的表,即可发现差异显著,说明喝过不同饮料之后的各个小组的被试反应速度有差别。

四、主试效应(experimenter effect)

主试效应,又称为主试偏差(experimenter bias),是由于主试的出现而造成的失真结果,可能是由于主试某些个人特点或期望为被试提供了微妙的线索而造成的(Goodwin, 2009; Kantowitz et al., 2014;)。

主试的一些个人特征,诸如性别、种族、年龄、举止等,都可能在特定的实验中产生意想不到的影响。例如,在动物实验中,里尔顿(Reardon, 2017)发现主试性别会影响药效,已有研究发现,氯胺酮对小鼠的确具有抗抑郁效果,但如果是由男性实验人员给药,则该效果消失。

主试的期望也会造成影响。如果实验设计的研究者担任主试,熟悉本实验设计的目的,而且又强烈地渴望获得显著的结果,验证自己的假设,因而对被试应该做出的反应有所期望。这样的期望会有意无意地通过语言、音调、表情或体态等微妙的线索透露出来。当被试选择正确的时候,主试忍不住微微点头或微笑,做错的时候会轻轻地皱眉等,这些微妙的线索都有可能对被试造成影响。这种由于主试不经意地向被试暗示一些自己所期望的反应,以致对实验结果产生影响的现象又被称为期望效应(expectancy effect),或称罗森塔尔效应(Rosenthal effect)(Smith & Davis, 2012)。在一个经典实验中,罗森塔尔将几组需要进行迷宫训练的老鼠分配给 12 名大学生,一半大学生被告知这些老鼠来自很聪明的种群,善于学习走迷宫,而另外一半大学生则被告知这些老鼠来自比较笨的种群,不善于学习走迷宫,实际上这些老鼠都是来自同一种群。由于研究者对两组大学生指导语不同,这些训练老鼠的大学生对于老鼠学习走迷宫的行为也就有了不同的预期,而结果也正符合他们的预期(Rosenthal & Fode, 1963)。在社会心理学领域,期望改变人的行为而产生预期结果的现象还被称为皮格马利翁效应(Pygmalion effect)或自我实现预言(self-fulfilling prophecies)(Gerrig, 2015)。另外,科学史上经典的"聪明的汉斯"也是主试效应的体现(Stanovich, 2017)。当然,也有研究者认为,主试效应的影响不宜夸大(Kantowitz et al., 2014),具体问题需要具体分析。

要大幅度削弱或者消除主试效应最好的办法是双盲实验(double-blind experiment),即参与实验的被试和主试,双方都不知道实验目的以及被试所接受的是何种实验处理(Goodwin, 2009; Kantowitz et al., 2014;)。主试不知道哪些被试接受了实验处理,或者根本不清楚接受实验处理所应该表现出的反应,也就不会产生特定的期望。但是,纵使是双盲实验,主试对不同被试的表现也可能不同,仍然会产生干扰。因此要控制实验者效应,还需要遵循一定的实验方案(protocol)或实验脚本(experimental script),即实验前就要详细描述实验环节中每个步骤的顺序,保证主试同等对待每名被试(Goodwin,

2009),具体而言,实验方案应该包括:(1)使用标准的方法;(2)依照特定的标准精心训练主试;(3)主试的表情、穿着、态度、用语等尽可能标准化(Smith & Davis,2012)。另外一种削弱主试效应比较有效的手段是实验过程的自动化(Goodwin,2009;Kantowitz et al.,2014;Smith & Davis,2012),例如,把指导语事先录音或者录像,对所有的被试播放同样的指导语,或者使用计算机按照固定的程序呈现刺激,在某些实验条件下,还可以自动记录被试的反应。但自动化的实验程序也有一些缺点,冰冷的机器可能引起被试的不适。

五、被试效应(participant effect)

被试效应,又称被试偏差(participant bias),即被试由于察觉到自己被观察研究而对研究者或者研究情境产生的一种意外(unplanned)反应[①],被试不由自主地改变了自己的行为习惯(Kantowitz et al.,2014)。相对于主试效应,被试效应在不同的实验中存在更加普遍。

被试效应存在多种形式,取决于被试有什么样的期望以及他们认为自己在研究中的角色(Goodwin,2009)。在实验中,实验设置的一些特征(feature)或线索(cues)能够让被试猜测实验的目的和假设[②],从而系统性地影响了被试的反应,这些线索被称为需要特征(demand characteristics)(Kantowitz et al.,2014;Smith & Davis,2012)。有些被试希望表现出积极的合作行为,往往会根据需要特征对实验目的或主试期望自发地产生猜想,然后再以一种自以为能满足这一假想的方式做出反应,希望"帮助"主试获得有意义的结果,这种现象被称为好被试效应(good participant effect)(Smith & Davis,2012)。一个著名的例子是霍桑效应(Hawthorne effect),该效应的命名来源于实验发生的地点,西部电气公司(western electric company)的一家在伊利诺伊州霍桑的工厂。公司希望提升工人的士气和生产效率,因此做了一系列实验,结果发现,无论实验条件怎么变化,工人的生产效率都提升。这是因为工人们觉得自己那个参与实验,是被特殊照顾的人,因此工作更加努力。需要特征对被试的影响有时候可以大到超过了自变量的效果,使得研究发现不能推广到其他情境中去。尤其是在被试内设计中,被试接受了所有的

---

① 即指这种行为不同于在非实验的同等情境下,被试自有的一套惯常反应。
② 虽然被试的猜测未必是正确的,但如果大部分被试猜测的方向一致,也会造成系统性偏差。

处理，更有机会发现研究假设，从而做出主试期望的反应(Goodwin, 2009)。

除了希望做一名合作的好被试，被试还希望给主试留下积极印象，让主试认为自己是优秀的、情绪稳定的、富有同情心的等，这种心态被称为评价担忧(evaluation apprehension)(Goodwin, 2009)。因此，当被试在实验中做出反应时，努力使自己的回答符合一般社会预期，使自己讨人喜欢，这种现象被称为社会赞许性效应(social desirability bias)(Goodwin, 2009)。评价恐惧对结果的影响在大部分情况下应该与好被试效应一致，但有时候也可能冲突。比如，在某个奢侈品广告中，机敏的被试可能猜测到主试的希望，应该表现出对购买奢侈品可以炫耀自己财富、提升自己地位等诉求的认可，但虚荣是丑恶的，不应该表现出对这类诉求的支持。因此，好被试效应可能使得被试对这个广告评分高，而评价恐惧则使得被试对该广告评分低。

另外，被试某些习惯性的反应方式也会产生偏差，例如一些被试倾向于对所有的问题都回答"是"，这些人被称为诺诺之人(yea-sayers)，自然，有些被试倾向于对所有问题都回答"否"，这些人被称为谔谔之人(nay-sayers)(Smith & Davis, 2012)。实验中存在这样的被试会大大增加结果的变异。研究者可以通过一定的技巧来控制被试习惯反应对因变量的影响，例如，对于习惯说是或否的被试，需要在测量因变量的量表里，加入反向计分的条目(item)，即有些条目以肯定句的形式出现，有些条目则以否定句的形式出现。特别注意的是，肯定句式或否定句式不应连续出现，而应该以随机或抵消平衡的方式呈现。

同消除主试效应一致，消除或减小需要特征的一种方式是进行双盲实验或者简单的单盲实验(single-blind experiment)(Smith & Davis, 2012)。所谓单盲实验，相对于双盲，仅仅使被试不了解实验意图和是否接受了实验处理(Kantowitz et al., 2014)。当然，无论双盲还是单盲实验，被试都会对实验目的进行猜测，虽然并不是所有的被试都能够正确猜到实验目的，但这样随意的猜测为结果带来了随机变异，使得处理效应更难以显现出来。在某些实验设计中，不但不告诉被试真实的实验目的，还要告诉被试一套看起来合理的实验目的，这种使用欺骗(deception)来掩盖真实实验目的(Goodwin, 2009)的方式是单盲实验的一个特例①。例如，实验的真实目的是探讨被试对弹窗广告(pop-up)的注意和记忆效果，但在实验中，主试却告诉被试，要了解他对网页上呈现的文章的理解，这样尽可能地模拟了弹窗广告在现实中出现的情境，避

---

① 这里的欺骗方式即为掩饰故事，具体见第四节第五部分。

免被试故意观看弹窗广告而产生错误结论。然而,欺骗方式还引发另外的问题,首先,可能涉及研究伦理方面的争议,研究者在使用欺骗方式时应慎重考虑,并请研究伦理委员会批准;其次,欺骗的方式虽然让被试难以猜到真实的实验目的,但也可能带来新的需要特征,对因变量产生系统性影响。在实验室实验中,只要被试意识到自己在参与实验,被试对实验目的的猜测就很难被消除。相对于实验室实验通过精确和严格的控制进行研究,在自然环境下进行现场实验(field experiment),结果与真实生活或工作情境比较接近,具有很好的推论性。一般在现场实验中,被试没有意识到自己在被他人观察,因此也就不存在猜测实验目的问题(Goodwin, 2009; Kantowitz et al., 2014;)。当然,现场实验也涉及伦理问题,被试无法做到知情同意(informed consent),被试的隐私也需要注意保护(Goodwin, 2009)。而且现场实验中的额外因素更加庞杂,主试对现场的控制更难,因此现场实验的结论更加脆弱。

六、顺序效应(squence/order effects)

一般在被试内设计中,当需要面对一系列的实验处理时,被试完成实验的起初部分,经验(experience)或者改变的环境会影响其在随后部分的表现,这种现象被称为顺序效应,此时,实验处理在序列中的顺序而非实验处理本身对因变量产生了系统性影响(Goodwin, 2009; Smith & Davis, 2012)。顺序效应可以表现为不同的形式。

当被试的表现变化随着处理稳定、线性地进步时,被称为进行性效应(progressive effects)(Goodwin, 2009),这时候所有的处理顺序所产生的进行性效应是一致的,即线性增加或降低,并不因为具体某个处理在前或在后而改变。进行性效应主要包括疲劳效应(fatigue effect)和练习效应(practice effect)。疲劳效应是一种随着实验的进行,后面的行为表现逐渐减弱的现象,特别是当实验非常冗长、困难或枯燥时;练习效应是指随着实验的进行,由于不断地练习,被试的行为表现提升的现象,坎特威茨等人(Kantowitz et al., 2014)将疲劳效应和练习效应统称为一般练习效应(general practice effects)。

当一种处理的效应持续影响下一种处理的效应(Smith & Davis, 2012),因而某些特定的顺序产生的影响与其他顺序产生的影响不一致,这种现象被称为延滞效应(carryover effect)(Goodwin, 2009),这种情况下,处理之间会彼此影响,而且彼此影响程度不同,实验前期部分对实验后期部分的影响取决于具体哪个处理在前(Kantowitz et al., 2014)。例如,让被试先后观看恐惧诉求和理性诉求两类广告,如果恐惧诉求广告在前,由恐惧诉求广告产生的恐惧情绪可能会影响后面理性诉求广告的效果(增加或削弱),而如果理性诉求广告在前,恐惧情绪则不会影响到理性诉求广告的效果。

在某些著作中,顺序效应被狭义地界定为进行性效应。在本书中,顺序效应还包含了延滞效应。进行性效应可以通过抵消平衡法得以控制,而延滞效应则难以得到有效控制,应避免使用被试内设计,改为被试间设计。

第四节 实验中的操作

一、操纵与控制(experimental manipulation and control)

在实验过程中,为了使自变量与因变量之间因果关系成立的证据坚实可靠,主试需要对实验情境和程序进行充分有效地操纵与控制。对变量的操控是所有类型实验研究的核心特点,是其他研究类型所不具备的本质特征。一般来说,操纵是指有计划地改变、干预自变量以判断其如何影响因变量的变化,而控制则是指采取适当措施尽可能减少甚至消除实验误差(Kantowitz et al., 2014),以确证因变量的变化的确是由自变量引起的。实验研究的目的一般是希望观察受操控的自变量对测量获得的因变量的影响效应。

要想获得确实的结论,对自变量有效地操纵和对额外变量充分地控制是非常有必要的。因此,在实验设计中,首先,要考虑对自变量的操纵是否成功,即检验操纵的结果是否真的反映了想要操纵的自变量。这涉及构念效度的问题,在本书第三章第三节已有详细讨论。至于自变量的具体操纵手段,因研究问题和研究者的不同而改变,呈现出多种多样、不拘一格的特点。本书不可能穷尽操纵自变量的手段,本节第二、三部分仅举两类常见的自变量操纵范式。自变量操纵成功是实验进行的基石,如果无法保证成功地操纵自变量,后面的实验程序也就失去了意义。那么,如何检验是否成功地操纵了自变量?本节第四部分对操纵检验进行了详细论述。其次,还要考虑对额外变量的控制是否成功。只有排除了额外变量造成的系统性偏差才可以确认自变量的确存在效果。控制额外变量有多种行之有效的基本方法(Goodwin, 2009; Kantowitz et al., 2014; Smith & Davis, 2012),当我们清楚哪些是额外变量时,最直接的方法就是排除法(elimination),即把额外变量从实验中彻底地排除出去,例如,噪声可能影响被试对视频广告的评价,那么可以把被试安排在安静的实验室内完成实验,完全排除了噪声的干扰;有时候额外变量不可能完全排除或者很难排除,但可以在实验过程中使之保持恒定不变,此所谓恒定法(constancy),我们可以使实验地点、实验时间、主试等保持恒定,或者在某种程度上保持实验刺激的恒定,例如,广告的熟悉程度可能影响被试对广告的评价,那么可以选择被试都熟悉或者都不熟悉的广告材料作为刺激。恒定法是控制额外变量的最常用的方法。另外,还有一种控制方式——实际上并非真正的"控制"——在实验完成后,通过一定的统计技术来排除实验中额外变量对结果的干扰,例如有其他的变量严重影响自变量的效果,难以用其他方法控制时,可以考虑对其加以测量,以协变量的方式纳入随后的数据统计中,使用偏相关、协方差等手段,在数据统计层面上排除其干扰。除了上述三类方法,还有很多其他控制额外变量的方法,有必要详细分析,见本节第五到七部分。

二、假定情境法(hypothetical scenario)

在实验中,一般可以向被试呈现特定的刺激、场景,这些刺激尽量模拟真实的情境,例如要研究被试被社会排斥之后的行为,首先要让被试面对尽量真实的社会排斥,米德等人(Mead, Baumeister, Stillman, Rawn & Vohs, 2011)在研究中即用了一个此类研究常用的操纵,研究者告诉被试,需要被试与另外一个人进行面对面互动,但在此之前,首先看对方的视频材料以确定是否乐意与对方进行面对面互动,在一种情况下,被试发出自己的视频材料之后,被告知对方看过视频材料之后不想与其见面,此时被试就会体验到社会排斥。再如,皮弗等人(Piff & Stancato, 2012)要探讨社会阶层与不道德行为之间的关系,要操纵被试的社会阶层心态,研究者要求被试将自己与那些有更多(更少)钱、更高(低)教育层次和更(不)受人尊敬的职业的人相比,以此使被试体验到更低(高)的相对社会阶层[①]。上述操作,虽然发生在实验室,但所产生的情境真实地模拟了现实中可能发生的状况。

有些情境难以在实验室中复现,因此使用假定情境。这种方法通常要求被试阅读一段短文(vignette),并尽量把自己代入到当时的情境中,想象是发

[①] 上述两个实例所呈现的操纵方法在某种程度上也可以看作是一种启动方法,可以视作指导语启动。

生在自己身上的事情或者是自己正在面临的情景。在探讨人的决策过程中，假定情境法是最为常用的经典方法(李纾，2015)，例如应用广泛的框架效应(framing effect)就是(Tversky & Kahneman, 1981)利用称为"亚洲疾病问题"的假定情境发现的，再如，各类风险决策、跨期决策的实验研究，大部分都是使用假定情境呈现自变量(李纾，2015)。这种方法还在研究消费者的心理方面被广泛采用，例如万雯等人(L. C. Wan, Hui & Wyer, 2011)探讨关系规范在服务失败中的作用即采用了假定情景法。在实验中，被试被要求阅读一篇短文，根据短文想象自己本来预定了一个海景餐桌庆祝生日，但在生日那天，该餐桌已经被其他人占用，被试在阅读短文之后需要将自己代入到主人公的角色中去。假定情景不仅可以用作操控自变量的工具，还可以在因变量测量时采用，例如施奈尔等人(Schnall et al., 2008)要探讨清洁与道德判断的关系，便使用了六个假定的情景表达道德困境，包括电车困境、空难困境等，要求被试评估情景中行为在多大程度上是错误的，这里假定情景即用作了因变量的测量。

假定情景法的好处在于可以通过简单的短文阅读将被试带入到各种情景中，而这些情景可能在实验室难以模拟。但假定情景法的问题也同样突出，这种操纵方法能否成功取决于被试对这种情景的熟悉和投入程度等因素。如果被试本身并不熟悉这样的情景，那么就很难推想自己真实情况下面对这样的情境时，应该如何反应，或者被试根据直觉或常理推测自己应该会如何反应，但自认为的反应可能与真实反应大相径庭，因此如何保证情境的心理真实性尤为重要。另外，如果被试在阅读情景短文时并不认真，根本没有将自己代入到假定的情景中去，被试的反应则不能真实地反映假定情景的效果。

假定情景法本身是一种工具，总体来说是为了操纵自变量，但操纵发生在什么层面上仍然有细微差别。假定情景可能直接操纵了刺激或任务本身，例如，上文中服务失败的例子；假定情景还可能作为启动一种手段或掩饰故事，本节第三、四部分会加以详述。

三、启动(priming)

所谓启动指的是由于特定的表征在个体中被激活(activate)或者其可得性(accessibility)增加而导致对个体随后的判断、行为或者目标造成影响(Kantowitz et al., 2014; Smith & Mackie, 2014)。其典型的做法是，在实验室中，向被试呈现一系列的刺激任务，前面的任务表面上与后面的任务没有任何关系,被试在完成前面任务之后再完成后面的任务。启动任务中,实验操控成功的基本前提是被试不能意识到前面的任务对后面任务有影响(Molden,2014;Oyserman & Lee,2008)。前面的任务可以要求被试有意识地参与,例如在周欣悦等人的研究中,要求被试点数纸币,以启动金钱概念(X. Zhou et al.,2009),也可以不需要被试的意识参与,如单纯在屏幕上呈现金钱而不要求被试刻意关注(Vohs et al.,2006),甚至前面的刺激任务也可能以阈下(subliminal)的形式呈现,即被试根本意识不到之前刺激的存在,如速示掩蔽范式(Payne,Cheng,Govorun & Stewart,2005)。

启动技术多种多样,比较常见的有:

(一)散句任务或测验

典型的做法是向被试呈现20~40组散乱的单词,每组有四五个单词,其中三个可以组成一个通顺的句子。任务要求被试整理这些句子。研究者将能够启动的相应概念或目标的单词放在其中一半句子中,另外一半句子里只包含其他中性词。这些只包含中性词的句子被称为填充或衬托(filler/foil),如果所有句子都包含目标词汇可能使被试猜出实验目的。该范式被研究者广泛应用于多种概念的启动,例如,通过这种方式,基诺等人(Gino & Mogilner,2014)启动了与时间或金钱相关的概念,荣丁等人(Rounding,Lee,Jacobson & Ji,2012)启动了与信仰有关的概念,杜波伊斯等人(Dubois,Rucker & Galinsky,2016;Winterich & Zhang,2014)启动了权力距离信念,特鲁德尔等人(Trudel & Murray,2013)启动了健康目标相关的概念,大石等人(Oishi,Miao,Koo,Kisling & Ratliff,2012)启动了与居住稳定性相关的概念等。

(二)假定情景

典型的做法是向被试呈现与启动概念相关的短文,让被试阅读甚至誊抄。例如,通过这种方式,洪杰文等人(Hong & Chang,2015)启动了被试的独立自我或互依自我等不同的自我构念(self-construal),陆等人(Lu & Chang,2012)启动了被试短期择偶(short-term mating)或者长期择偶(long-term mating)的目标。该方法在启动特定概念时,与上述散句任务没有本质差别。

(三)指导语启动

通过指导语直接要求被试回忆或想象特定的事件或情景。例如,乔什等人(Joshi & Fast,2013)要求被试回忆并写出自己拥有或者缺乏权力的情境,菲兹西蒙斯等人(Fitzsimons & Bargh,2003)通过要求被试回答与自己母亲有关的问题启动成就目标。假定情境法可以视作指导语启动法的扩展形式。

(四)真实刺激启动

主试还可以使用与启动概念相关的真实的刺激作为启动项。例如,利简奎斯特等人(Liljenquist et al.,2010)和霍兰德等人(Holland et al.,2005)直接在被试所在的小屋里释放清洁剂的味道以启动关于清洁的概念,沃斯等人(Vohs et al.,2006)通过计算机屏幕呈现各种纸币甚至让被试点数纸币来启动金钱的概念。

(五)阈下刺激

同样是以呈现真实的刺激作为启动项,但启动项呈现处于被试的意识阈下。例如,沙阿等人(Shah & Kruglanski,2003)通过阈下呈现解决问题的手段启动了被试的绩效目标,艾克斯罗德等人(Axelrod, Bar & Rees,2014)则使用不可见的情绪面孔启动了被试相应的情绪。需要特别说明的是,对于阈下刺激,被试即使通过努力也无法意识到刺激的存在,这一点不同于真实刺激启动的情况。在真实刺激启动中,刺激呈现是阈上的,即被试可以察觉到该刺激的出现,虽然在某些研究中,被试可能没有意识到其存在,但经过提醒,还是很容易就能察觉到该刺激。

四、操控检验(manipulation check)

在向被试呈现经过操控的自变量之后,还需要检验这种操控是否成功,即要检验对自变量的操纵是否产生了预期效果(Goodwin,2009)。操控检验也是控制需要特征的一种方式(Goodwin,2009)。当自变量对因变量没有效果的时候,特别需要有操控检验,因为单纯从结果看,无法知道是由于自变量操控没有成功,还是由于自变量与因变量之间真的不存在关系导致的。在大部分情况下,操纵检验不是用来评估被试是否注意到这个操纵,而是要看这个操纵是否真正地影响到了被试。

操控检验有时候在实验完成之后的解释阶段,目的是了解被试是否已经洞悉研究者的研究目的。例如,麦夸里等人(McQuarrie & Mick,1999)在探讨个人相关性、信息框架对受众判断的影响时就将操控检验放在最后。这样做的好处是,由于主要实验已经完成,此时操控检验不会对因变量产生干扰,但缺点是,实验已经完成,如果成功尚可,如果不成功,被试资源和主试的时间等已经浪费,无法挽回。因此,更多时候在自变量操控之后,因变量测量之前进行操控检验。这时候的操纵检验一方面可以验证自变量的操纵是否成功,另一方面甚至起到加强自变量操控的效果。例如,阿革瓦等人(Aggarwal &

Law,2005)操纵被试与假定情景中人物的关系,在读完一篇短文并进行想象之后,还要求他们将自己代入到故事情景中,并回答是否为对方支付午餐费用,这个问题既是操控检验,同时还起到了加强关系规范操纵的作用。

与操纵检验相关的另外一个概念是混淆检验(confound checks),即检查自变量的操纵是否不经意间导致了控制变量的改变,例如,迈尔斯-列维等人(Meyers-Levy & Maheswaran, 2004; Raghubir, Morwitz & Chakravarti, 2011; Yorkston & Menon, 2004)的研究即分别进行了操控检验和混淆检验。当然,在文献中,混淆检验也被通称为操控检验。例如,杜波伊斯等人(Dubois, Rucker, & Galinsky, 2015)在操纵了被试的权力感之后,除了常规的检验操纵是否有效之外,还要求被试回答当时的心境。这里心境就是需要检验的额外变量。

五、掩饰故事(cover story)

所谓掩饰故事是指主试对研究目的和研究内容给出的一些错误的或者误导性的表述,目的是避免被试偏差(Kantowitz et al.,2014)。掩饰故事属于指导语的一种,为了避免被试获得需要特征,干扰实验结果,主试往往给被试一些表面上合理的指示或解释。掩饰故事的可信度尤为重要。有些情况下,掩饰故事经过精心编制,故意误导被试,令被试认为研究是关于主题A的,而实际上是关于另外一个主题B的,例如威尔斯(Wells,1980)要研究头部(上下或左右)运动对说服效果的调节作用,他的掩饰故事就是要求被试评估耳机的舒适性和音质,而实际上研究者真正关心的是被试对耳机中听到的音乐和社论的评价。当然,在另外一些情况下,掩饰故事并不主动欺骗被试,而是仅仅隐藏某些关键信息,形成被动误导,例如,要研究受众在没有认知努力情况下对广告内容的记忆,掩饰故事可能只是告诉被试观看几则广告,任务是评价广告代言人的一些特征等,但在所有广告播放完毕后,则需要被试回忆刚才看过的广告内容。最后的回忆任务在最初的掩饰故事中并没有出现,避免了被试对广告内容有意识地复述记忆。

六、随机化(randomization)

指的是在统计学上的一种取样程序,它保证了每个元素都有同等机会被选择(Kantowitz et al.,2014)。随机化包含多种含义。通常情况下,在实验设计中,随机化等同于随机分配(random assignment),即意味着参与实验的每一位被试都有同等的机会被分配到任何一个组中,是被试间设计中控制额外变量的最常用手段之一(Kantowitz et al.,2014;Smith & Davis,2012)。当然,有文献中,被试内设计为了控制实验处理的顺序效应,实验处理呈现顺序在不同被试间呈现有所不同也被称为随机化,但通常被称为抵消平衡,见本节第七个条目。随机分配的基本逻辑是,每个被试都有同等机会被分配到任何一个组内,那么被试的所有个人特点在不同组中都应该是同等分布的。在引入自变量之前,随机化分配被试非常必要,只有这样才有了后面对照比较的基础。随机分配被试的方式比较简单,可以采用抽签法(drawing lots),即将被试随机编号并做成签,充分混合然后随机抽取并分配,或者采用随机数字表(random number table)法,将表中数字对应的被试随机分到某个实验处理条件下。

随机分配形成的小组被称为对等组(equivalent groups),原则上这些对等组的被试在所有方面表现总体上应该是等同的,当然实际上并不能百分之百地保证所有组被试在所有方面完全等同。好在这样的误差可以通过统计方法计算出来(Kantowitz et al.,2014)。例如,要探讨不同类型广告能够被记忆的程度,被试的智力水平可能会影响到其对事物的记忆,智商高的被试更容易记住广告内容。那么,通过随机分配被试,理论上,不同组的被试的平均智商和智商离散程度应该是相同的,即在 A 组中有智商相对较低的被试,也有智商相对较高的被试,人数大致上呈正态曲线分布,在 B 组中也是同样情况。同样道理,其他可能干扰的因素,诸如熟悉程度,对广告题材的感兴趣程度等等,通过随机分配被试,也使得在这些方面程度参差不同的被试在不同组中大致等同。一般来说,每组包含 20 个以上的被试,使用随机化就能够比较有效地创造对等组,人数越多,这种方法越有效(Goodwin,2009;Smith & Davis,2012)。随机分配被试对于实验的内部效度非常关键。在随机分配成功的情况下,大部分额外变量一般会得到良好控制,研究者不需要对特定的额外变量有什么深入了解,甚至完全意识不到这些额外变量也行(Schwab,2004)。

有时候,有些被试特点变量可能与因变量有关系,影响实验结果,因此需要通过测量的方法获得被试在这方面的特征。首先将得分相同或相近的被试配对,然后将其中一个被试随机分配到实验组,而另外一个被试被分到控制组。多组情况依此类推。这种使不同组的被试在某些被试特点或测验得分上尽量等同的方式被称为匹配(matching),或者称为平衡(balancing)(Kantowitz et al.,2014;Smith & Davis,2012)。通过随机分配法形成对等组的设计被称为独立组(independent groups)或随机组(random-groups)设计,通过匹配法形成对等组的设计被称为相关组(correlated groups)或匹配组(matched-groups)设计(Goodwin, 2009; Kantowitz et al., 2014; Smith & Davis, 2012)。匹配法实际上是随机化方法的延伸,也是被试间设计中控制额外变量的常用手段之一。但匹配法的问题之一在于匹配多组被试存在困难,试想一下在 3×3×3 的析因设计中,需要 27 组匹配被试,几乎是不可能完成的任务。因此,在析因设计中,很少使用匹配方法,随机化方法适用更广泛(Kantowitz et al., 2014)。坎贝尔等人(Campbell & Stanley, 1966)甚至认为根本没有必要使用匹配法,因为随机分配已经足以使不同组在额外变量方面等同。

与随机分配相类似的一个概念是随机取样(random sampling/selection),应特别注意加以区分。所谓随机取样即指研究总体中的每个个体都用相同的机会被选为样本(Goodwin, 2009),并且每次选择都是独立的,即选择某人为被试并不影响选择另外的人为被试的机会(Kantowitz et al., 2014)。随机取样主要是一种产生实验样本的重要手段。然而,对于广告学研究来说,总体往往无法被清楚界定,即使能够清楚界定总体,在实际操作上随机取样又往往做不到,因而很多实验就是方便或鉴别取样(convenience/judgment sampling),即研究者根据找到被试的简单程度取样(Smith & Davis, 2012),只要这些被试满足实验的一般要求(general requirements)即可(Goodwin, 2009)。随机取样可以获得有效的统计推论,而方便取样的研究结论在外推的时候要非常谨慎(Schwab, 2004)。

七、抵消平衡(counterbalancing)

在被试内设计中,被试通常要接受多种实验处理,抵消平衡是为了控制顺序效应而采用的一种控制方法,通过向不同的被试系统性地呈现不同的处理序列(treatment sequence)来实现(Smith & Davis, 2012)。一般来说,进行性效应(包括疲劳效应和练习效应)被认为在所有处理序列下都一致,可以通过对抗平衡来控制和评估,然而对于延滞效应,抵消平衡法可能仅仅会使其部分削弱,但并不能完全控制(Goodwin, 2009; Kantowitz et al., 2014)。根据是否采用了所有可能的顺序,抵消平衡法又可以分为完全抵消平衡法(complete counterbalancing)和不完全抵消平衡法(incomplete/partial counterbalancing)。

(一)完全抵消平衡法

即向被试组呈现所有可能的处理顺序(Goodwin,2009;Kantowitz et al.,2014)。这种方法在实验处理数目较小的时候比较适用,例如,只有两个处理的重复测量,顺序只有两种(2! =2×1),这种情况最简单,一半人先做实验处理 A,再做实验处理 B,而另外一半人先做实验处理 B,再做实验处理 A。当有三个实验处理时,全部顺序变为 6 种(3! =3×2×1),被试可以分成六组,一组处理顺序为 ABC,二组处理顺序为 ACB,三组处理顺序为 BAC,四组处理顺序为 BCA,五组处理顺序为 CAB,六组处理顺序为 CBA,穷尽了所有可能的顺序。然而当处理水平为四个时,全部顺序为 24 种(4! =4×3×2×1),当有五个处理的时候,全部的顺序达到 120 种(5! =5×4×3×2×1),在这样的情况下,完全平衡法几乎不可能做到,此时需要采用不完全平衡法。

(二)不完全抵消平衡法

即从所有可能的处理顺序中选择其中一部分施加给被试(Goodwin,2009)。不完全抵消平衡法中,最简单的做法是根据被试数目,从总的处理顺序中随机抽取同等数目的序列,例如 33 人参加广告作品评分实验,共有 5 份广告作品,虽然所有可能的顺序为 120(5!)种,但本实验只需要从 120 种顺序中随机抽取 33 种即可。第二种方式被称为反向抵消平衡(reverse counter-balancing),即当被试对每种实验处理要经历多次,那么第二次实验处理的顺序就可以按照第一次实验处理顺序的反向执行,例如,同一个被试要多次接受实验处理 A、B 和 C,就可以按照 A—B—C—C—B—A 的顺序进行。

第三种常用的方法被称为拉丁方(Latin square)序列,据说该名称源自古罗马的智力游戏 puzzle,该游戏要求把拉丁字母安排在一个矩阵里,而且同一个字母在横行和纵列中只允许出现一次(Goodwin,2009)。构建拉丁方的一般规则比较简单:假设实验中有 N 次处理,那么矩阵的第一行为 A、B、N、C、N-1、D……,后面的其他行即为上一行的处理次序加 1,直到第 N 行。构建拉丁方的具体操作会因为处理数目 N 的奇偶性不同而有差异。

当 N 为偶数(如 6 个),只需要按照一般规则构建一个拉丁方即可,见图 4.11。在这个拉丁方中,每个处理在所有横行和纵列上都出现且只出现过一次,而且每个处理在所有其他处理的前和后都出现过一次。以处理 B 为例,B 在第一位(第二行)、第二位(第一行)、第三位(第三行)、第四位(第六行)、第五位(第四行)和第六位(第五行)各出现一次,而且在 A 前后各一次(第四行和第一行),在 C 前后各一次(第二行和第五行),在 D 前后各一次(第六行和第三行),在 E 前后各一次(第三行和第六行),在 F 前后各一次(第一行和第四行)。

A	B	F	C	E	D
B	C	A	D	F	E
C	D	B	E	A	F
D	E	C	F	B	A
E	F	D	A	C	B
F	A	E	B	D	C

图 4.11　处理次数为偶数的拉丁方

当 N 为奇数时(如 5 个),需要建构两个拉丁方。首先按照一般规则构建一个拉丁方,见图 4.12,在这个矩阵中,每个处理在所有顺序中都出现且只出现了一次,但并不是每个处理在其他处理的前后都出现一次。仍以处理 B 为例,B 在 A 和 D 后出现两次,没有在 C 和 E 之后出现过;在 C 和 E 之前出现过两次,没有在 A 和 D 之前出现过。因此还需要反转之后的拉丁方,见图 4.13,该矩阵是由图 4.12 中矩阵的镜像,即每一行的顺序反转后得到的。结合两个矩阵,就使得任何一个处理在其他处理之前和之后出现的次数相同(各两次)。

A	B	E	C	D		D	C	E	B	A
B	C	A	D	E		E	D	A	C	B
C	D	B	E	A		A	E	B	D	C
D	E	C	A	B		B	A	C	E	D
E	A	D	B	C		C	B	D	A	E

图 4.12　原始拉丁方　　　　　　　图 4.13　反转拉丁方

从图 4.11、图 4.12 和图 4.13 中,不难看出,对于处理数目 N 为偶数的情况,所需被试数量为 N 的整数倍,而对于处理数目 N 为奇数的情况,所需被试数量则需要为 2N 的整数倍。

要保证"每个处理在所有横行和纵列上都出现且只过一次,而且每个处理在所有其他处理的前和后都出现过一次",上述规则并不是唯一可行的规则。例如图 4.14 就是另外一种平衡方式。

```
A    B    C    D
B    D    A    C
C    A    D    B
D    C    B    A
```

图 4.14　其他平衡方法

上述拉丁方法被用作不完全平衡法的一种,是平衡组内设计中实验处理出现顺序的手段。实际上还有一类实验设计被称为拉丁方设计,在这类实验设计方法中,拉丁方被用作安排三个因素的多个水平组合,需要特别注意的是,拉丁方设计属于被试间设计。本书第六章第三节会对该方法详细论述,请读者注意两者的差别。

八、区组随机化(block randomization)

区组随机化是一种分配被试或实验处理的实验程序(Goodwin,2009)。

分配被试发生在被试间实验设计中,是随机分配的一种方式。为了保证每个实验处理条件都包含相同数量的被试,需要采用此类程序。基本要求是,在分配被试时,首先保证每个实验处理都被随机分配到一个被试,然后再进行下一轮分配。在这种情况下,所有的实验处理以随机化排序的方式构成一个区组,对第一个区组分配被试后再对另外一个区组分配被试。使用这种方式分配被试,简单的做法就是查随机数字表,手动分配被试,也可以借助计算机程序,网站 https://www.randomizer.org/ 可以提供帮助。

分配实验处理顺序发生在被试内实验设计中,是抵消平衡的一种方式。此类程序的基本要求是,在被试内设计中,当每个被试需要重复经历同一个实验处理多次时,所有被试在第二次接受任意一个特定的实验处理之前,必须已经完整地接受了所有其他的实验处理。在这种情况下,所有的实验处理以随机化排序的方式构成一个区组,被试完整接受了此区组之后,再接受第二个区组,当然区组与区组之间的排序在不同被试间也是随机的。在一些呈现简单的视觉或听觉的实验设计中,例如有关反应时的实验(Gomez, Skiba, & Snow, 2018)、事件相关脑电实验(Schmid & Amodio, 2015)和功能磁共振成像(fMRI)实验(Schiffer, Pawliczek, Müller, Gizewski & Walter, 2013)等,实验刺激通常重复多次,因此经常采用此类方式。需要特别注意的是,在上述文献中,某些作者将这种分配实验处理顺序的方式称为区组设计(block design),实际上区组随机化并非普通意义上的实验设计,而仅仅是分配实验处理的一种方式,一定要注意与第六章中真正的完全随机化区组设计相区分。

第五章 实验设计(上)

工欲善其事,必先利其器。

实验设计即如何安排各类变量的计划,包括操纵自变量,选择和分配被试,记录因变量的变化,同时控制额外变量,其目的在于针对需要验证的实验假设,确定真实的因果关系(Smith & Davis, 2012)。实验设计是整个实验研究中最根本的一环,研究者针对需要验证的实验假设,预先确定具体的设计模式,并依据这个设计模式有计划地搜集观察资料。根据不同标准,实验设计可以分成多个类型,这些类型为一般实验设计提供了方向上的指导。在大体把握实验设计分类之后,考虑实验设计具体细节之前,还需要对一般的实验设计流程有清楚地了解,根据被试和变量的特征决定进行哪类设计。在宏观上把握实验设计的整体类型和一般流程很有必要,可以避免陷入只见树木不见森林的境地。进行具体的实验设计,最重要的是自变量的操纵和额外变量的控制以及被试的选择和分配。这些条件直接决定了可供选择的具体的实验设计模板范围。

本章主要阐述在坎贝尔(Campbell & Stanley, 1966)早期著作中,被称为典型的真实验设计的三个设计类型。在这三个主要的真实验设计类型中,被试完全随机取样,并且被随机分配到实验处理中,因此一般统称为完全随机设计(completely random design),由于每个被试要么接受且只接受一个实验处理,要么完全不接受实验处理,所以又称为被试间设计(对应英文大致有四种,completely/totally between-subjects/groups);又由于各个实验处理组的被试是随机分配,彼此之间完全没有关系,称为独立组或独立样本设计(independent groups/sample)(Smith & Davis, 2012)。需要特别说明的,完全随机设计中,一般只包含一个自变量,该自变量可以有两个或者以上的水平(张文彤,董伟,2004),但在有些著作中,把析因设计(至少包含两个自变量)也认作是完全随机设计中的一种(例如,Smith & Davis, 2012;舒华,1994;朱滢,2000),本书也沿袭这种分类方法,将完全随机设计分成单因素完全随机设计

（即本章内容）和多因素完全随机设计（析因设计，第六章部分内容）。除了三个基本的真实验设计模式，本章中还包含了若干个在设计上相类似的准实验设计和前实验设计模式，这些设计被称为降等设计（deteriorated design）。这样的命名主要是基于他们在自变量和额外变量的操控以及被试选择上做出妥协考虑的。由于上述多方面的妥协，导致这些设计的内部效度或多或少受到了影响，因而就此角度而言是降等的。但每个设计方案都有其适用的范围，也相应有其适用界限，设计再严密良好的实验模式也有无法解决的问题，有时候降等设计反倒是当时研究者所面对问题的最优解。因而，就面对的可解决问题而言，这些实验设计是对等的。

第一节 实验设计概述

一、实验设计分类

实验设计包含很多具体的设计类型，这些设计可以根据不同的标准划分为若干个类别。在类别上做整体把握，有利于了解具体实验设计的本质及优缺点，也有利于在更高层次上比较某一项具体研究与其他研究的优劣得失。

（一）根据样本量

根据实验中所使用的样本量的大小，大致上可以分成大样本设计（large-n designs）和小样本设计（small-n 或 single-case design）。

1.大样本设计

根据统计学原理，通常单个实验处理使用30名被试以上实验设计的被称为大样本设计。大样本设计在分配被试时可以采用随机分配的方式，被试的反应也可以用平均值和标准差等统计数值来反映，再通过特定的统计方法，能够获得自变量影响因变量的一般结论。在大样本设计中，从单个被试身上获得的数值对整体结果影响很小，即使是极端异常数值也是如此，被试的整体的、一般化的反应——集中趋势和离散度——才具有比较意义。大样本设计被广泛地应用于心理学、管理学和传播学研究中，广告学的实验研究也基本上使用大样本设计。

实际上，大样本的实验设计在费舍尔（Fisher）对变异分析的工作之后才成为可能。在 20 世纪 30 年代之前,主要是小样本设计(Goodwin,2009)。

2.小样本设计

即对极少量甚至单个被试施加所有处理的实验设计,试图通过使用极少量被试进行大量观察、详尽地分析而获得普遍结论,是被试内设计的一种变体(Kantowitz et al.,2014)。由于仅仅对极少量被试进行研究,因而该类实验设计非常经济(economical)且便于控制额外因素。在心理学的特定领域经常使用小样本设计,例如心理物理学(psychophysics)和操作条件(operant conditioning)等领域的研究。在这些领域中,小样本设计之所以常见,是因为上述领域所研究的对象通常是基础的认知和生理变量,这些变量在不同被试之间变异非常小,大部分属于同一属性在数量上的差异,而在广告学研究领域,所研究的对象通常是差异较大的态度、价值观或针对社会情境的行为反应,很大一部分反应属于不同性质上的差异,被试之间变异可能非常大,不适合小样本研究,因此需要使用大样本实验设计。

在本书中详细阐述的实验设计都属于大样本设计。

(二)根据发生的环境

实验可能在不同环境下展开,根据其所发生的环境,大致上可以分成实验室实验(laboratory experiments)和现场实验(field experiment)。所谓实验室实验,通常指发生在实验室条件下,主试可以对各种因素进行精确而严密控制的研究,内部效度较好;现场实验,一般称为现场研究(field research/study),是在准自然情境下[①]的观察,研究者对实验情境的控制较少,结果与真实生活或工作情境比较接近,外部效度较好。例如皮弗等人(Piff & Stancato,2012)在探讨社会等级(social class)与不道德行为(unethical behavior)之间的关系时,研究二即采用了现场实验的方式。研究者首先观察汽车的一些线索,如品牌、新旧和外观,以此来反映驾驶者的身份,同时还要观察车辆在路口是否与过马路的行人抢行。在该研究中,研究者并非完全被动等待车辆与行人同时过马路这一状况自然发生,而是让同谋故意穿过马路,主动制造冲突情境。实际上,实验所发生环境并不是两者区分的关键,实验室实验与现场实验存在的不同更多表现为以下几点:(1)在实验室实验中,被试通常清楚地知道参加了实验,而在现场实验中,被试往往无法察觉;(2)相对于现场实验,实验室实验

---

① 之所以称为准自然环境,是因为在很多情况下,主试对环境进行了部分操控,不同于自然观察法。

接近现实的程度较低;(3)由于实验室严格控制了实验发生的环境,控制了额外因素的干扰,因而可控性较强,而现场实验发生在自然环境下,无法控制额外因素的干扰,可控性较差;(4)一般来说,实验室实验花费相对于现场实验较低。

在期刊发表的文章中,同一篇文章可能同时包含实验室实验和现场研究,例如上述皮弗等人的研究(Piff & Stancato, 2012),这样同时兼顾内部效度和外部效度。两者结合一般可以遵循两套不同的逻辑:第一种,首先在实验室发现了确定的结果,研究者希望检验其外部效度,因而将实验移植到现实环境中;第二种,有些现象首先通过现场实验被发现,但并不清楚其内部机制或自变量与因变量之间是否存在严格因果关系,因而再通过严格控制的实验室设计检验。这两套逻辑都有各自道理,在实际研究中可以根据情况加以灵活运用。

(三)根据被试是否接受所有处理

实验设计中,很重要的一步是如何分配被试。根据被试是否接受实验中所有处理,实验设计大体上被分为三种,即被试间设计(between-subjects/groups design)和被试内设计(within-subjects/groups design),还有一类设计,混合了被试间和被试内设计的特点,称为混合设计(mixed design)。同时,由于被试内设计和混合设计中,同一个被试要接受多次实验处理和因变量测量,又被统称为重复测量设计①(repeated-measures design)。

1. 被试间设计

又称组间设计,指的是被试仅仅接受单次实验处理(自变量一种水平或者水平组合)的实验设计(Goodwin, 2009; Kantowitz et al., 2014)。当被试特点作为自变量时或者一种处理会影响另外一种处理的效果时,更多采用被试间设计(Goodwin, 2009)。被试间设计是一种相对保守(conservative)的设计,在这类设计中,由于同一被试只接受一个处理,因此处理之间不会相互污染,但缺点是,被试间设计必须面对不同被试之间相互比较的问题。不同组被试如果分配不当,可能造成各组之间在某些特点上存在系统性差异,这些差异很可能与处理产生交互影响,混淆了自变量的影响(Kantowitz et al., 2014)。因此,在被试间设计中,要么严格遵循随机分配原则,创造出对等组,此类设计

---

① 注意与实验设计中的前测后测设计相区别。前测后测发生在一个实验处理的前后,而重复测量通常是在每个实验处理之后。

被称为随机组设计(random-groups design)或独立组设计(independent groups design)(Smith & Davis, 2012);要么根据某些可能会影响因变量的属性匹配被试,此类设计被称为匹配组设计(matched-groups design)(Goodwin, 2009; Kantowitz et al., 2014)。在随机组设计中,即使不存在系统性差异,不同组被试之间在某些特点上的离散程度也有所不同,这种被试变异无法在随后的数据统计中被分离出来,因而会与其他随机变异一道共同削弱实验设计对自变量效应的检验。而在匹配组设计中,被试的变异可以分离出来。

2.被试内设计

又称组内设计,被试接受自变量所有水平或者水平组合的处理,是重复测量设计模式之一(Goodwin, 2009)。被试内设计通常被用于以下几类情况中(张文彤,董伟,2004):(1)研究主要目的要考察某指标随着时间变化而改变的情况,如考察被试观看某广告之后特定时间段内对广告的记忆保留程度曲线;(2)被试差异巨大,而对应的自变量的效应却比较微弱,如果使用组间设计的话,很难检验出自变量的效果(Goodwin, 2009),例如,人们在单独选项评估和多个选项联合评估时的判断可能发生反转(Hsee, Loewenstein, Blount, & Bazerman, 1999)。由于被试间对选项偏好差异巨大,如果使用组间设计的话,两组被试的偏好值可能没有差异,但使用组内设计时就可以清楚地看到,被试实际上对不同选项的偏好;(3)由于研究特点导致很难招募到足够的被试,此时被试内设计就是一种相对高效(efficient)的选择(Kantowitz et al., 2014),在这类设计中,只需要少量被试就可以完成所有处理。假设某实验包含两种处理,如果采用被试间设计的话,至少需要两组,每组被试为30人,就要招募60个被试,但如果是被试内设计的话,只需要一组,30人即可。然而,被试内设计的问题也很突出。同一个被试要接受所有处理,这些处理之间可能相互影响,或者被试接受处理的顺序也会对因变量造成影响,有些影响可以通过抵消平衡设计来抵消(详细阐述见本书第四章第四节的抵消平衡),但有些影响无法通过上述手段消除,只能使用被试间设计。

3.混合设计

即同时包含被试间和被试内自变量的实验设计(Kantowitz et al., 2014),或称为混合因素设计(mixed factorial design),也是重复测量实验设计的一种形式。在混合设计中,至少包括两个自变量,并且至少一个自变量是组内设计,一个自变量是组间设计(Smith & Davis, 2012)。例如,要考察广告诉求类型(感性诉求和理性诉求)和观看次数(1次、5次和10次)对广告态度的影响,即可采用2×3混合设计。其中2代表了广告诉求类型,为被试内设计,即每个被试都观看了两种类型的广告,而3代表了观看次数,为被试间设计,即第一组人观看两种类型的广告各1次,第二组人则观看同样的广告各5次,第三组人观看同样的广告各10次,当然各个广告出现的顺序需要经过抵消平衡。混合设计包含了组间设计和组内设计的优点,也承袭了两者的缺点(Goodwin,2009)。

(四)根据测量的次数和实验持续时间

在实验中,对因变量的测量可能只有一次,也可能有多次,实验持续时间可能比较短暂,也可能伴随着被试成长而持续存在较长一段时间,根据实验持续时间特点,实验设计被分为横断设计(cross-sectional design)、纵向设计(longitudinal design)和时滞设计(time lag design)。

1.横断设计

广义上讲即因变量只测一次的实验设计(Schwab,2004),即在同一时点或者相对短促的时间段内对多组被试进行检验(Smith & Davis,2012)。被试间设计通常属于横断设计(Goodwin,2009)。在以年龄为关键自变量的研究中,横断设计通常指那些根据被试年龄来分组的大样本设计(Kantowitz et al.,2014)。在这样的研究中,不同年龄的被试作为不同组(即人群中的年龄横断面),实验要考察年龄因素对因变量可能的效应,但这里存在一个问题就是代际效应(cohort effects),由于不同年龄的人在成长过程中处于不同的时代,时代背景可能使之成为不同类型的人,在价值观、经验、教育程度等方面存在显著差异(Goodwin,2009)。因此,不同年龄的被试在因变量测量中出现差异很可能是时代差异的表现,而与人的年龄因素并无关系。

2.纵向设计

广义上讲是对因变量的测量一次以上的实验设计(Schwab,2004),即对同一个被试组在不同时间点上加以测试(Kantowitz et al.,2014；Smith & Davis,2012),被试内设计即属于纵向设计。在以年龄为关键自变量的研究中,纵向设计通常指对同一组被试在其不同年龄时点上进行多次测试的设计。在纵向追踪设计中,发生在横断设计中的混淆因素得以避免,但纵向设计也存在某些缺陷,例如,被试的某些变化可能受到特定生活经验(历史效应)的影响而不能归因于年龄引起的变化(Kantowitz et al.,2014),被试的流失也是纵向设计中存在的严重问题(Goodwin,2009)。

3.时滞设计

一种准实验设计,与横断设计相同之处在于都是对不同年龄的被试的比较。但横断设计要求在同一时间点比较多组被试,而时滞设计是在不同时间点上比较多组被试,这样可以保证在比较时,被试的年龄是一致的(Kantowitz et al., 2014)。这种设计比较了不同代际的被试在同样年龄时的反应,而且测验是依次展开的(见图 5.1),因此又称为代际循序设计(cohort sequential design)(Goodwin, 2009)。然而,这种设计也具有明显的缺陷,主要在于年龄对因变量的影响效果可能同时混杂了被试出生年代的影响以及测试年代的影响。

4.三种设计模式比较

三种设计的模式和彼此之间的关系如图 5.1。假设研究者要探讨不同年龄段儿童对广告的认识,可以在 2017 年按照随机取样原则,随机选择 2008 年、2010 年、2012 年和 2014 年出生的四组儿童为被试,进行单次测试,这样的研究就是横断研究;研究者还可以随机选择 2014 年出生的一组儿童为被试,在 2017 年测试一次,随后在 2019 年、2021 年和 2023 年进行多次测试,这样的研究就是纵向研究。假设研究者要探讨 9 岁(当然,也可以其他年龄,如 7 岁和 11 岁)儿童对广告的认识,可以分别在 2017 年选择 2008 年出生的一组儿童、2019 年选择 2010 年出生的一组儿童、2021 年选择 2012 年出生的一组儿童以及 2023 年选择 2014 年出生的一组儿童分别进行测试,这样的研究就是时滞研究。

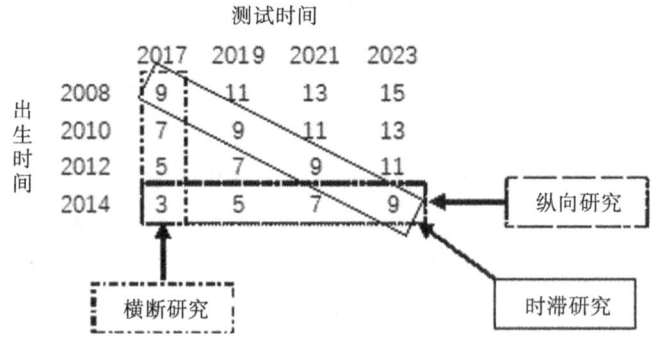

图 5.1 三类设计示意图

在包含年龄为主要自变量的具体研究中,研究者可以将横断设计和纵向追踪设计相结合,在同一时间测试不同年龄的被试,然后在不同时间点上重复测试。如果无论横断比较还是纵向比较,都可以发现年龄因素对因变量的效应,而且时滞比较没有发现年龄组随着测试时点的不同而不同,那么就可以获得较可靠的结论,认为年龄的确是影响因变量的重要因素。在广告学的研究中,儿童对广告说服意图的认识是其中一个重要的主题(Connell et al., 2014; Mallinckrodt & Mizerski, 2007; Roedder, 1981; Roedder, Sternthal & Calder, 1983),这三类实验设计具有重要的借鉴价值。

(五)根据实验中要操纵变量的多少

根据单次实验中,主试操纵自变量的数目,可以分为单因素实验(single-factor experiment)和多因素实验设计(multifactor experiment)。

1.单因素实验

即在实验中只包含一个自变量的设计(Goodwin, 2009),自变量的水平可以是两个,也可以是两个以上。这样的设计最为简单,不存在多个自变量之间的交互作用。设计虽然简单,但不意味着用这种设计做出的研究就简单或者价值低,恰恰相反,能够用单因素实验设计所做的研究往往是价值很高的经典实验。这样的研究很可能开辟了一个新领域,指引其他研究者参与进来,从其他角度考虑多种因素,使用多因素实验设计,从而发现可能的边界条件和内在机制。诺贝尔经济学奖(2002)得主卡尼曼(Kahneman)曾经就说过,自己是一个"主效应"心理学家(Evans, 2016)。熟悉卡尼曼研究的人应该知道,在他的研究中,大部分是单因素实验设计。

2.多因素实验设计

包含两个或两个以上自变量的实验设计被称为多因素实验设计[①]。原则上多因素设计可能包含任意多个自变量,但实际上典型的因素设计通常只包括两个或三个自变量,极少情况下有四个自变量[②](Goodwin, 2009)的研究。

---

① 有些著作中将包含多个自变量的设计等同于析因设计,例如古德温的 *Research in psychology: methods and design* 和史密斯等人的 *The psychologist as detective: An introduction to conducting research in psychology*。实际上析因设计仅仅是多因素设计中的一种,嵌套设计也属于多因素设计类型。

② 一个比较实际的考虑是,如果使用四个自变量,一旦出现四阶交互效应,结果难以理解和解释。另外,自变量和控制变量也更难操控。

根据自变量的水平是否完全组合形成处理,多因素设计又包括析因设计(factorial design)和嵌套设计(nested design)。另外,随机区组设计和拉丁方设计原则上只有一个自变量(扩展情况下甚至可以多个自变量),但实际上在自变量之外还综合考虑了另外一个或者两个额外变量,因此也可以看作是多因素设计①。

在析因设计中,一个自变量的每一个水平要与其他自变量的每一个水平都有结合(Kantowitz et al., 2014),析因设计可以同时检验多个自变量对因变量的效果,更重要的是可以检验自变量间的交互效应,即一个自变量在另外一个自变量的不同水平上对因变量的效果差异。在广告学研究领域所看到的多因素实验设计多数属于析因设计。例如要研究广告诉求类型(理性和感性)与广告前置背景(纪录片和家庭故事片)对广告效果的共同影响,可以将两个自变量的不同水平完全组合,得到四组,分别是前置纪录片加理性诉求广告、前置纪录片加感性诉求广告、前置家庭故事片加理性诉求广告和前置家庭故事片加感性诉求广告。在嵌套设计中,考虑到自变量可能存在层次性变化,某个自变量很可能是另外一个自变量的有效细化,或者自变量之间有主次之分,这时候就不需要将不同自变量的所有水平进行完全组合,而仅把一个自变量各个水平嵌套在另外一个自变量的水平之下。例如要研究广告的损失—收益(loss-gain)框架与诉求类型(理性、恐惧、幽默、温情)对广告效果的影响。在不同框架下难以开发出满足所有诉求类型的广告,使用嵌套设计,在损失框架下仅仅包含理性和恐惧诉求,而在收益框架下仅仅包含幽默和温情诉求。这类设计不能分析主次自变量之间的交互作用,另外,只有部分自变量可供研究者控制的情况下也可以采用嵌套设计(张文彤,董伟,2004)。在广告学研究领域,这样的实验设计很少见到。

(六)对实验控制条件的严密程度

根据是否能够操纵自变量、控制额外变量,以及是否能随机分配被试,实验又可以分为前实验设计(pre-experimental design)、准实验设计(quasi-experimental design)和真实验设计(true experimental design)三大类。

1.前实验设计

也称为非实验设计,这种设计并不能发现确定的因果关系,更像是一种描

---

① 至少在数据处理时可以明确看出,在单因素随机区组设计中,区组作为一个变量也被纳入 ANOVA 检验。在拉丁方设计中,其他两个变量也被纳入 ANOVA 检验。

述性或相关性研究设计,通常用来识别和检验自然存在的变量及其相互关系。这些变量往往自然发生且不受主试的直接操纵,只能对其进行测量或者分类(朱滢,2000)。虽然前实验设计不能通过随机化程序分配被试形成对等组,或者不能主动操纵自变量来检验其效果,但这并不意味着前实验设计没有价值,前实验设计可以作为更为严格的真实验设计的先导(pilot)研究。通过前实验设计发现某些变量之间存在相关关系,如果理论上存在因果关系的可能性,可以使用真实验设计进一步检验。甚至,某些前实验设计本身就有其独特的价值,有些影响较大的研究即属此列。在广告学研究中,可能有些现象不容易在实验室复现,而只能在现场情境或等待这些现象发生之后进行研究。例如,要研究新的广告法对广告实践或者社会风气的影响,研究者无法操纵广告法的改变与实施,但可以等待其自然发生再加以研究。

前实验设计大致上包含以下几种类型(Campbell & Stanley, 1966; Cook et al., 1990):单组后测设计(one-group posttest-only design)、单组前测后测设计(one-group pretest-posttest design)、固定组设计(static-group comparison)和事后回溯设计(ex post facto design)。需要注意的是,在坎贝尔参与的两本著作中,典型的前实验设计只有三种,前两者与本书相同,对于第三种,坎贝尔等人(Campbell & Stanley, 1966)的著作中,称为固定组设计,从文章中表达的意思看,并没有特别地将实验处理视作是事后变量,即作者认为在这类设计中实验者是可能操纵该自变量的,而在库克等人(Cook et al., 1990)的著作中,第三种称为不等组后测设计(posttest-only with nonequivalent groups),其所呈现模式与前述固定组设计模式相同,从文章中可以明确看出,作者已经将其中所涉及的自变量视作事后变量,实验者不能再进行操纵。实验者能否操纵自变量,在设计模式上还是有些微不同,因此,本书依照朱滢(2000)的分类方法,将固定组设计和事后回溯设计分列为两种设计。

2.准实验设计

准实验设计是一种较为宽泛的称呼,指的是那些被试不能被随机化分配到不同组中的研究(Goodwin, 2009)。quasi 在英文中是"接近、几乎"的意思,相比前实验设计,准实验设计更接近真实验设计,它像真实验一样一般要比较不同的组或条件[1],但这种设计通常使用被试特点自变量作为分组条件,

---

[1] 时间序列设计也属于准实验设计中的一种,但不需要有对照组。

而被试特点自变量通常是无法通过操纵而改变的,研究者只能选择那些在某些特征上本已存在不同程度差异的被试,而不能像真实验那样随机分配被试。例如,在探讨年龄为关键自变量的研究中,研究者只能选择不同年龄的被试参与实验,而不能为被试随机分配年龄。在准实验设计中,存在一定程度的控制,但在形成实验组和控制组时,基于事后回溯中自变量无法操纵的同样原因——伦理原因和现实无法操纵等原因——无法随机分配被试形成对等组,因此对自变量与因变量之间严格的因果关系推论是无法达到的,这让准实验设计看起来比真实验设计要低一等。实际上,与其说准实验设计是一种方法选择,毋宁说是在不可能随机分配被试情况下的应变(fallback)(Hedrick, Bickman & Rog, 1993)。面对重要的理论与现实问题,相比由于不能进行严格的实验研究而放弃该研究主题,莫如在这些限制条件下,谨慎地展开准实验设计研究。

准实验设计模式构成复杂,类型多样,而且即使是相同的研究者,在不同时期对准实验设计的类型划分也不尽相同,在早期的著作中,坎贝尔等人(Campbell & Stanley, 1966)将准实验设计模式划分为时间序列(time series)、相等时间样本设计(equivalent time samples design)、相等材料样本设计(equivalent materials samples design)、不对等控制组设计(nonequivalent control group design)、平衡对抗设计(counterbalanced designs)、分离样本前测后测设计(separate-sample pretest-posttest design)、分离样本前测后测控制组设计(separate-sample pretest-posttest control group design)、多重时间序列设计(multiple time-series design)、制度化循环设计(institutional cycle design)以及回归不连续性设计(regression discontinuity design)等10类,在较晚近的著作中,坎贝尔等人(Cook et al., 1990)将准实验设计模式划分为有前测的无处理控制组设计(untreated control group designs with pretests)、无前测设计(designs without pretests)、回归连续性设计(regression-continuity design)以及中断时间序列设计(interrupted time series design)四大类,每个大类下面又包含了若干小类,甚至有些设计模式还包含了基本设计类型和若干扩展变式。本书仅详细阐述一些常用的准实验设计模式,对于本书中未能详细阐述的其他准实验设计模式,有需要的读者,可以自行参考库克和坎贝尔等人的著作(Campbell & Stanley, 1966; Cook et al., 1990)。

3.真实验设计

在实验中,如果主试可以严格操纵自变量并且控制额外变量,在被试间设计中,被试可以被随机分配到不同组而形成对等组,在被试内设计中,可以使用恰当的抵消平衡手段分配实验处理,那么这样的实验设计就被称为真实验设计(Goodwin, 2009; Smith & Davis, 2012)。如果包含不能操纵的被试变量,或者被试不能被随机分配到不同的实验处理中,这样的实验则属于前实验设计或准实验设计。"真实验设计"这个名词听起来很怪,好像除了这样的实验其余的都是假的一样(Goodwin, 2009)。实际上,这里的"真"主要指的是对自变量能否操控和能否随机分配被试。在严格意义上,只有真实验设计才是能够检验因果关系的设计。

在坎贝尔等人(Campbell & Stanley, 1966)早期的著作中,仅仅将后测控制组设计(posttest-only control group design)、前测后测控制组设计(pretest-posttest control group design)和所罗门四组设计(Solomon four-group design)作为真实验的代表。而在朱滢(朱滢,2000)的著作中,析因设计和随机区组设计(randomized block design)也被认作是真实验设计,但没有提及所罗门四组设计。这些设计也是心理学、广告学等研究中常用的实验设计,因此在本书中都加以介绍。

二、实验设计的一般流程

在阅读实验报告时,读者可以看到研究者使用了什么操作定义,如何呈现实验刺激,如何记录被试的反应以及如何分配被试。然而,研究者需要考虑的工作远不止写在报告上的内容,研究者在实验报告之前所做的、看不到的准备才是真正的实验设计,而报告上的内容只是这些前期准备的结果而已。实验设计流程对于本领域的专家自然是显而易见、理所当然的,然而对于初学者来说,还需要剥开表象,了解更多背后的故事。简单来说,实验设计流程要处理两个核心问题,一个是变量的问题,另外一个是人(被试)的问题。

第一个核心问题,变量的问题。实验设计的目的是验证文献综述中已经形成的假设,因此,在实验设计之初就需要进行操作化定义,即,将理论中的抽象概念转化为实验中的自变量和因变量。因变量的测量是一个相对简单的问题,主要是确定需要测量的指标以及测量工具,如果是单纯的观察,需要清晰界定观察对象是什么,哪些与观察对象相似但不属于观察对象,观察对象的强度或频率,观察的起止时间等一系列问题;如果使用量表法,尽量采用其他人经常使用的、被重复验证为信度和效度良好的量表;如果使用特定的仪器设备,需要对该仪器设备有清晰和全面的了解,包括仪器设备性能型号,可以记录的指标,如何输出数据等。对于控制变量,则可以按照第四章所提供的方法进行控制。

对自变量的考虑要复杂得多,需要分成多个层次。对自变量进行多个层次的分析实际上涉及了实验设计的第二个核心问题,即如何分配被试的问题。同时对自变量进行多层次分析和被试分配的考虑也基本上决定了实验设计的类型和最终数据处理的手段。一般来说,对自变量的分析包括这样几个层次(Goodwin, 2009; Smith & Davis, 2012):(1)实验中自变量的数量;(2)要组间设计、组内设计还是混合设计;(3)自变量是操控的还是只能选择(被试变量);(4)形成什么类型的处理组;(5)自变量的水平。

第一层问题,实验中自变量的数量是由实验目的决定的,研究假设已经清楚地确定了自变量的数量。只有一个自变量的实验属于单因素设计,有两个或者两个以上自变量的实验属于多因素设计。

第二层问题,要组间设计、组内设计还是混合设计。这通常是由处理(自变量的水平或者水平组合)之间是否相互干扰决定的。在有些实验中,不同处理之间的效果相互干扰,不能同时或者先后加诸同一批被试,只能采用被试间设计。而在有些实验中,不同处理之间不存在相互干扰,可以采用被试内设计。对于单因素设计,要么是被试间设计,要么是被试内设计,对于多因素设计才可能存在混合设计,混合设计中,彼此干扰的自变量采用组间设计,没有干扰的自变量采用组内设计。

第三层问题,自变量是由主试操控的还是选择的。这些往往是由自变量本身的属性决定的。刺激自变量、环境自变量和指导语自变量都可以进行操控,而被试自变量通常只能被选择而不能被操纵,只有特别情况下可以通过一定技术改变,此时可以认为该变量属于指导语变量,更详细分析见第四章第二节部分。根据自变量是操控还是选择的,可能存在以下两种状况:其一,单因素被试内设计和多因素完全被试内设计,这类设计的自变量大部分是操控而来的,因为一旦是被试特点自变量,天然就形成了被试间设计[①],不过在纵向追踪设计中,如果以年龄为关键自变量的设计还是属于选择的自变量;其二,

---

① 因为同一个被试在某一个时间点不可能同时具有两种相异的特点。

对于单因素组间设计、多因素组间设计和多因素混合设计,有可能是操控也有可能是通过选择而来。

第四层问题,形成什么类型的处理组。在组间设计中,如果通过操控获得自变量,这时候分配被试到不同组的时候有两种方式,一种是随机分配被试,另外一种则是根据在某些维度上相等或相似来匹配被试。如果通过选择获得自变量,则无法随机分配被试,因此产生了不等组,但即使是不等组,也可能在某些维度上加以匹配。只是这种匹配仅仅部分地减少但不能完全消除组间的不对等。在组内设计中,只有单组接受所有处理,因此不存在是否对等组的问题。

第五层问题,自变量的水平。自变量一般包括两个或者两个以上水平。到这一层次,就基本上决定了数据处理所使用的统计方法。有些统计方法仅仅适用于单个自变量、两个水平的情况,例如独立样本 t 检验,这类统计方法不能应用到多自变量或多水平的情况。而有些统计方法则适用于自变量有多个水平的情况。适用于多个自变量、多个水平的数据统计方法也可以适用于单个自变量、两个水平的情况,体现出方法的向下兼容性。另外,统计方法的选择还需要考虑因变量测量的数据类型及统计方法的适用条件,连续型变量可以使用 t 及 ANOVA 检验,计数型数据则或者不符合特定分布要求的数据可以使用 χ^2 检验及其他非参数检验。

为了阐述方便,实验设计被分成五个层次,每个层次对应了一个核心问题。对该层问题的解答决定了后续问题的解答。图 5.2 和图 5.3 比较全面地展示了实验设计的决策步骤以及综合概况。需要说明的是,将实验设计分成五个层次,更多是为了阐述方便,在实际设计过程中,这些问题并没有严格的先后顺序,自变量的数量和水平可能在设计之初就已经迅速确定了,对于操纵还是选择自变量也几乎不需要权衡,对自变量进行被试间设计还是被试内设计则需要慎重考虑。

三、实验设计模式及符号说明

本章接下来的部分以及第六章,将会详细分析一些典型的设计模板。为了在阐述这些设计模式时方便,本节中会首先明确规定一组通用的符号语言,这些符号语言仅仅反映了本书实验设计中的特定成分,方便阐述和理解不同的设计模式,不会在具体的实验报告中出现。

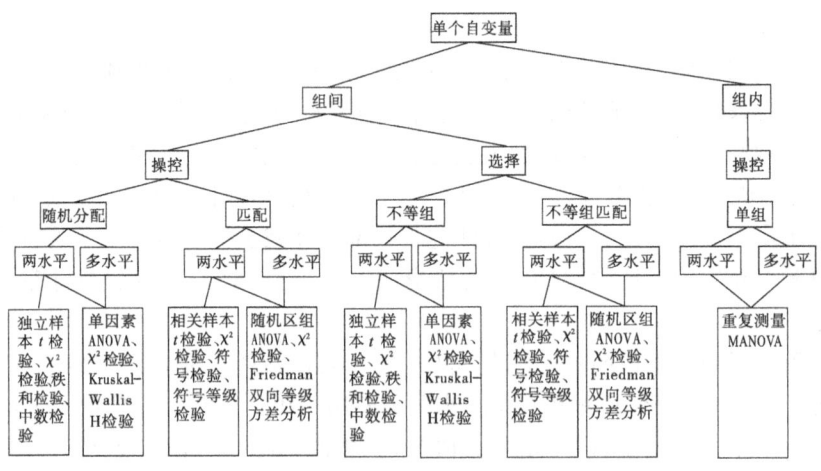

图 5.2 单因素设计决策树

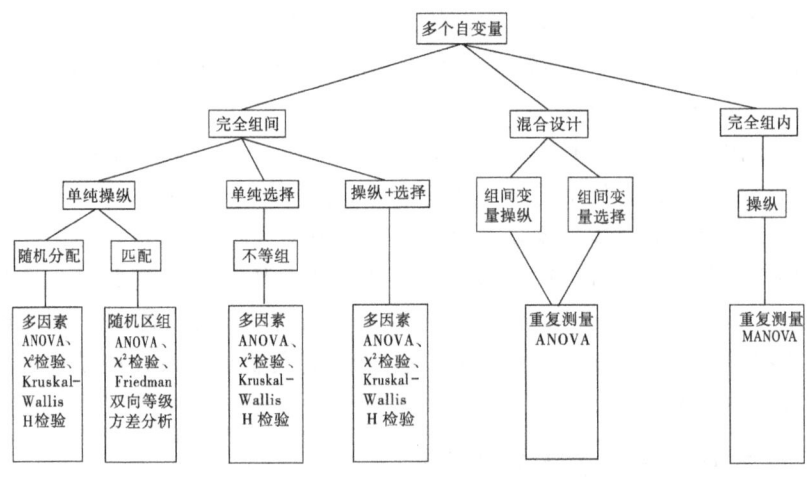

图 5.3 多因素设计决策树

本书中可能使用到的符号、符号组合以及特定表达方式的含义:(1)T(treatment):表示一种处理,即研究者操作或选择的自变量或者某一个水平,当只有一个自变量时,用 T 表示,自变量存在多个水平①,以 T_1、T_2……表示,当存在两个自变量 a 和 b 时,用 T_{ab} 表示,当每个变量仅有两个水平时,其组合有四种,分别是 T_{a1b1}、T_{a1b2}、T_{a2b1} 和 T_{a2b2},更多自变量及水平的情况依此类推;(2) $\overline{T}$:表示实验处理的撤销或与原来实验处理相反的操作;(3) $\boxed{T}$:指事后回溯设计中的"自变量",方框框住处理表示该处理事实上已经发生,研究者不能主动操纵或改变;(4) O(observation):表示处理前或后的一种观测或度量,是对因变量的反映,根据测试组别和顺序,以 O_{11}、O_{12}……O_{nn} 表示,其中脚标两位数②,前一位数表示组别,分类变量,无顺序含义,仅表示类别区分,后一位数表示测试次序;(5) P(participants):表示参与实验的被试,根据组别和编号,以 P_{11}、P_{12}、P_{21}……P_{nn} 表示,其中脚标两位数,前一位表示组别,后一位表示被试的编号,两者都是分类变量,仅用作区分,无顺序含义;(6)前测(pretest):在被试接受实验处理前进行的测试,对于控制组,虽然没有接受处理,但在测试时间上同实验组,也称为前测,在表 5.1 中,O_{11} 和 O_{21} 即是;(7)后测(posttest):在被试接受实验处理后进行的测试,对于控制组,虽然没有接受处理,但在测试时间上同实验组,也称为后测,在下面的实验设计模式中,O_{12} 和 O_{22} 即是;(8) R(random assignment):表示被试已被随机分配;(9) M(matching):表示根据某些特征把被试加以匹配,通常在匹配之前还有一次测量,根据对关键特征测量的结果来匹配被试。

实验设计模式举例:

     R O_{11} T O_{12}
     R O_{21} O_{22}

观察上述实验设计,可以看出,这个实验一共有两个组,而且这两个组是通过随机分配被试获得的,实验处理又是主试可以操纵的,因此应该属于真实验设计,自变量仅有一个,且仅有两个水平,接受处理或者不接受处理。因此,两个组中只有一组接受实验处理,为实验组,另外一组没有接受实验处理,为控制组。在实验组接受实验处理之前,两组都接受了前测,在接受实验处理之后,又分别接受了后测,因此可以称为前测后测控制组设计(the pretest-posttest control-group design)。

---

① 当自变量仅有两个水平时,即处理组和控制组,一般不需要脚标。见表 5.1。
② 个别情况下会有三位数脚标,会在相应位置再做说明,被试的脚标情况类似。

第二节 前测后测控制组设计及降等设计

一、前测后测控制组设计(the pretest-posttest control-group design)

(一)基本模式与结果检验

又称随机实验组控制组前测后测设计(朱滢,2000)。在该类设计中,通过随机分配被试获得了两个对等组,并且在对实验组的被试进行实验处理之前,首先对实验组和控制组进行测量,即前测。通过前测可以比较两组在接受实验处理之前是否存在差异,从而可以比较可靠地反映实验处理之后的后测差异是否是由实验处理引起的。

该设计通常被认为属于典型的真实验设计。

1.具体设计模式

$$R \quad O_{11} \quad T \quad O_{12}$$
$$R \quad O_{21} \quad \quad O_{22}$$

2.被试分配方案

假设每个实验组分配 n 名被试。其中被试 P 的脚标第一位数表示被试的组别,第二位数表示被试编号。观测均值是从每组中所有被试身上获得的观测值算术平均值。例如,O_{11} 就是第一组中被试 P_{11} 到 P_{1n} 前测均值,O_{12} 就是第一组中被试 P_{11} 到 P_{1n} 后测均值。见表 5.1。

表 5.1 前测后测控制组设计被试分配表

组别	前测均值	被试编号			后测均值
处理组	O_{11}	P_{11}	P_{12} ······	P_{1n}	O_{12}
控制组	O_{21}	P_{21}	P_{22} ······	P_{2n}	O_{22}

3.变异分解与结果检验

从变异的角度来分析该设计的原理,根据变异分析的思想,$SS_T = SS_B + SS_W$,

总的变异来源于实验处理间SS_B与实验处理内的变异SS_W①。要检验实验处理的效果,直接比较实验处理间变异与实验处理内变异即可(还要考虑自由度,因此实际的数据处理中是比较均方)。如果因变量的测量是连续变量,最优推荐统计方案为协方差分析 ANCOVA,即以前测分数为协变量,对实验实施前的被试的组间差异进行统计控制和调整,排除可能的前测成绩差异影响,以使得两组后测成绩具有可比性。当然,也可以比较两组的前测后测增量差异,即比较 $O_{12}-O_{11}$ 的值与 $O_{22}-O_{21}$ 的值的大小,t 检验即可。如果因变量的测量不符合参数检验的前提假设,可以采用曼-惠特尼 U 检验(Mann-Whitney U tese)或中位数检验等非参数检验方法。

需要特别说明的是,该设计模式结果检验不可以使用如下方法来检验:先考察(O_{11}、O_{21})没有显著性差异,然后对后测分数(O_{12}、O_{22})t 检验。道理应该如事后检验中不建议采用多次 t 检验那样——多次 t 检验产生第一类错误的概率增大。

(二) 设计评价

由于使用了随机分配程序,实验组和控制组在各个方面可以认为是对等的,发生在实验组前测和后测阶段的历史同样也会发生在控制组,因此排除了历史的影响;同样,两个组是对等的,因此在实验过程中,成熟的发展速度应该是相同的;两组都实施了相同的测试,因此测试和测量设备的影响也可以排除。另外,被试的流失和统计回归也可以得到很好的控制。

(三) 设计举例

王霏等人(Wang, Lin, & Ke, 2015)要探讨大众媒体上播放关于阴谋诡计内容的电视节目是否败坏了青年的道德和心理,即采用了该类研究设计。关于媒体暴力和色情对青少年的影响的研究已经不计其数,但对于阴谋诡计和人际斗争对青少年心理影响的研究却很少,人民日报两次撰文(陶东风,2013;王广飞,2012)批评宫斗剧败坏社会道德,尤其会对青少年构成一种误导,使他们失去了指引现实人生的历史坐标,一味沉溺于逃避现实的空虚里。到底描述人际斗争和阴谋的宫斗剧会不会影响青少年的心理呢?研究者根据以往媒体影响受众心理的三个路径,感知偏差(perception bias)、去敏感化(desensitization)和模仿(imitation)推测宫斗剧可能会影响受众对世界公正

---

① 在完全随机设计中,处理间变异又被称为组间变异项(between-groups variability),处理内变异又可称为组内变异项(within-groups variability)。

的信念(belief in a just world)、人际信任(interpersonal trust)、终极正义的信念(belief in ultimate justice)、道德推脱(civic moral disengagements)以及欺骗行为等多个方面。因此研究者采用了四个自我报告的量表和一个行为观察来测量上述五个因变量。该实验被试来自选修某个课程的厦大学生,共计138名,严格来讲,这些学生不能算随机抽样,不能作为中国青年人整体的最佳样本,但通常很多研究该类现象的实验,都采用了这种方便取样方式。方便取样获得的结论在外部效度上受到了影响,在做推论时要谨慎。但这些并不影响内部效度,对内部效度威胁最大的是如何分配被试。随机分配被试是这类实验设计最重要的特征,在该实验研究中,研究者按照学生学号的奇偶数将被试分为两组,因为学号是学生入学时按照学院分配的,前面的号码带有学院和入学时间等特征,但最后一位的奇偶则是完全随机的。随机安排一组被试为实验组,要求在一个学期(约四个月)内观看宫斗剧,而另外一组为控制组,只是要求看电视剧,对于控制组没有特别要求看什么类型的电视剧,也没有禁止看宫斗剧,这种安排最大程度上符合现实中人们观剧的习惯,随后每两周进行一次操控检验,要求被试报告自己所观看的电视剧名称,检验发现,控制组被试并没有观看宫斗剧。在该实验中,掩饰故事要求被试观看电视剧是为了记录这些电视剧中的植入广告以及分析其艺术特点。测验分两次进行,在学期之初,所有人测试一次,是为前测,之后要求不同组观看不同类型电视剧,在学期末,再次进行测试,是为后测。实验结果的处理即将前测结果作为协变量,后测结果作为因变量,分别对五个因变量进行 ANCOVA 分析,结果发现在所有因变量上,实验组和控制组的被试并没有表现出任何差异,即经过四个月的暴露,无论观看宫斗剧还是非宫斗剧,被试在人际信任、世界公正的信念和欺骗行为等方面的表现差异。结果不支持人民日报上那两篇文章的观点。

该实验设计是典型的前测后测控制组设计,前后持续近四个月之久。在这四个月的时间里,对内部效度最大的威胁来自实验处理的扩散,即控制组被试得知实验组被指定要求观看宫斗剧,从而也观看了宫斗剧。为了排除这个解释,研究者还要求被试报告自己实验期间所看的电视剧名称,从被试报告来看,控制组被试在实验期间并没有观看宫斗剧。

二、降等设计一：不对等控制组设计（nonequivalent control group design）

（一）基本模式与结果检验

又称为具有前测后测的无处理控制组设计（untreated control group design with pretest and posttest）（Cook et al., 1990）。相对于前测后测控制组设计，该设计模式最大的缺陷在于不能随机选择和分配被试。实验处理中的组是已经自然形成的。虽然两个组的被试不能被随机分配，但实验处理部分地受到控制，研究者可以将实验处理随机分配到不同组中去，即可随机指定任何一组为实验组，另外一组为控制组。另外，该设计模式对实验组和控制组分别进行了前测和后测，前测结果可以作为两组对照的基线。

该设计通常被认为属于典型的准实验设计。

1.具体设计模式

$$O_{11} \quad\quad T \quad\quad O_{12}$$
$$O_{21} \quad\quad\quad\quad O_{22}$$

该设计模式被试分配方案与随机前测后测控制组设计基本相同，可参照表5.1。两者本质的区别在于能否随机分配被试，在被试分配方案表中没有体现这一点。

2.结果检验

该设计模式使用了不等组，因此仅仅比较后测数据并不能反应实验处理的效应，需要衡量两个不等组前测和后测的数值变化。可以使用 t 检验法比较差值，即比较 $O_{12} - O_{11}$ 和 $O_{22} - O_{21}$ 差值大小。也可以使用协方差：将前测结果作为协变量，后测分数作为因变量，通过控制前测成绩对后测成绩的影响之后，来估计实验处理的效果。

（二）设计评价

表面上看，该设计模式与后文中准则组设计模式变式二很相似，但在准则组设计模式变式二中，前测是与因变量测量有关但不相同的变量，因此不能直接比较。而在不对等控制组设计中，前测与后测的因变量是完全相同的，保证了前后测的直接可比性。

该设计属于准实验设计，最大的缺陷是不能随机分配被试，因此实验组和控制组就可能不是对等组，被试选择因素与其他因素相互作用成为该模式内部效度最大威胁的因素，例如，由于不是随机分配被试，被试的成熟速度可能在不同组中有所不同,或者测量工具在不同时点上的敏感程度不同,或者历史对不同组的影响也有所不同,这些因素都可能严重威胁该设计模式的内部效度。另外,统计回归也可能影响该模式的内部效度。如果四次观察中,任意一次属于极端值,对实验处理的效应检验都会受到影响。当然,由于存在控制组,该设计模式基本基本上控制了历史、成熟、被试流失、测试及测试手段的影响。

需要注意的是,原则上,无论获得的数据结果是哪种模式,内部效度的威胁因素仍然是相同的,但有时候,数据结果和该模式所要解决的理论问题往往减弱某些因素对内部效度的威胁。库克等人(Cook et al., 1990)特别对五种可能的数据结果进行了分析,认为有些威胁因素在特定的数据结果下存在,而在另外一种数据模式下则可以合理地予以排除。例如,在前测中,实验组的数值明显低于控制组,而在后测中,两者数值没有差异,此时很难认为是实验处理产生了效应,因为实验组的前测很可能属于极端值,后测中数值提高不过是统计回归效应而已,但如果在前测中,实验组数值显著低于控制组,而在后测中却显著高于控制组,这时候可大体上排除统计回归效应,因为如果仅仅是统计回归效应,实验组后测数值不太可能高于控制组。当然,即使如此,也有可能是两组不同的成熟速度造成了影响,例如,两组儿童被试同时观看某个教育类节目,实验组儿童年龄小于控制组,在前测中成绩低于控制组,经过一段时间地观看某教育节目之后,后测成绩明显高于控制组,此时也可能由于实验组儿童成熟速度较快导致的该结果。

另外,除去该基本模式外,还有带独立前测和样本的无处理控制组设计(untreated control group design with independent pretest and samples)和带有双前测的无处理控制组设计(untreated control group design with double pretest),更具体的内容,请参照库克等人(Cook et al., 1990)的著述。

(三)设计举例

拉尔斯顿等人(Ralston, Anthony & Gustafson, 1985)使用不对等控制组实验设计探讨了弹性工作制对政府部门员工生产效率的影响。

研究在两个州政府机构中取样,前后持续 2 年之久,共三次取样,实验处理前测,实验处理后测以及相隔很长一段时间之后的后测。实验处理是部门是否采用弹性工作制。实验组所选取的部门开始实施弹性工作制,而控制组所选取的部门尚未展开。两组都在同一个地理区域内,因此来自共同的劳工市场。两组工作时间都是每天 8 小时,每周 40 小时。实验组上班时间在上午

7点到下午6点之间自主选择,而控制组工作时间则固定在上午8点半到下午5点之间,其间有半小时的午餐时间。考虑到研究对象的现实重要性和生产效率的可测量性,研究对象选择了程序员(programmers)和数据输入操作员(data entry operators),实验组程序员57~63人之间,数据输入操作员在16~20人之间,控制组程序员在59~69人之间,数据输入员在33~42人之间。因变量是生产效率,对于程序员生产效率的测量是电脑的中央处理器(CPU)使用时间和线码(lines coded),对数据输入操作员的生产效率的测量是正确打卡(punched)的数目。研究者还记录了被试的婚姻状况、种族等人口统计学变量。研究结果表明,控制组在三次测验中,生产效率略有上升,但变化不大,而实验组生产效率则得到大幅度提升,表明弹性工作制能带来生产效率提升。

从实验设计角度,该实验设计没有办法随机取样并随机分配被试到实验组和控制组,但在选择实验被试时,尽量选择背景相似的两个政府部门,研究者特别选择了地理位置接近的两个政府部门,这样被试的特征就可能比较相似,使得被试的成熟与选择因素交互可能性降低,但在长达两年的实验期间,两个政府部门都可能发生人事变动,造成选择与历史因素交互影响,导致内部效度降低。

三、降等设计二:单组前测后测设计(one-group pretest-posttest design)

(一)基本模式与结果检验

与不对等控制组设计相比,该设计模式只有一个处理组,没有相对照的控制组,与后文中的单组后测设计相比,虽然同样使用单组被试,但单组前测后测设计在处理之前增加了一次观测,前面的观测结果可以作为本组被试特定反应的基线值,通过比较前测和后测的结果来反映处理带来的效应(Campbell & Stanley, 1966; Cook et al., 1990)。

该设计通常被认为属于典型的前实验设计。

1.具体设计模式

$$O_{11} \quad T \quad O_{12}$$

2.被试分配方案

假设每个实验组分配 n 名被试。其中被试 P 的脚标第一位数表示被试的组别——虽然在本设计中,只有一组被试。第二位数表示被试编号。观测均值是从每组中所有被试身上获得的观测值算术平均值。

表 5.2　单组前测后测设计被试分配

组别	前测均值	被试编号			后测均值
T	O_{11}	P_{11}	P_{12} …… P_{1n}		O_{12}

3.结果检验

在此类设计模式中,可以比较前测与后测的差异,如果前后测是连续型变量,可以使用相关样本(配对)t 检验,也可以使用重复测量的 MANOVA,如果两者是计数型变量或者数据分布不符合 t 检验的要求,可以使用非参数检验中的符号检验法和符号等级检验法(张厚粲,徐建平,2009;朱滢,2000)。

(二)设计评价

相对于不对等控制组设计,该设计没有控制组,只是对同一组被试在实验处理之前和之后分别进行了一次测试。该类设计受到多种因素的干扰,因而内部效度很低。这些威胁因素主要包括:伴随实验进行而发生的历史因素,因为没有对照组,无法分离出来;被试在实验过程中的成熟也会干扰处理效应的检验;该设计包含前测,前测可能导致被试对测试变得敏感,从而影响后测的结果;主试在两次测验中熟练程度不同,使得两次测量不具有可比性;由于选择了特殊的被试群体,前测成绩处于极低或者极高的状态,再次测量则可能出现统计回归现象;选择与实验处理的相互作用也可能影响该实验设计的内部效度。当然,上述内部效度威胁因素并不一定在任何一个具体研究中都会出现,由于研究对象的不同以及实验开展的持续时间和环境不同,某些威胁因素可能会变得更加突出,而有些威胁因素则得以削弱以至消除。当然,该设计模式可以视作后文中单组后测设计的改进,由于对同一组人进行了前测与后测,可以控制被试流失的影响。

(三)设计实例

罗伯森与罗斯特(Robertson & Rossiter,1976)对圣诞期间的广告短期效果研究将作为该设计模式的实例。圣诞节前的十一月和十二月,通常是玩具和游戏广告的黄金时期。罗伯森与罗斯特要研究圣诞期间的这类广告是否改变了儿童对玩具和游戏的选择。研究者进行了两轮调查,第一轮调查发生在圣诞前 5 周,第二轮发生在圣诞节前的一周。问题主要包含两个,第一个要求儿童说出自己最喜欢的 5 个圣诞节礼物,第二个问题要求儿童自由回忆(unaided recall)自己从哪里听到或者看到这些礼物的信息。调查在费城(Philadelphia)五个不同的校区取样,这五个区域的儿童家庭社会经济背景分布广泛。最终共选取 289 名一、三、五年级的儿童,作者为了方便礼物分类,只选取了男孩作为被试。结果发现,不同年龄组的儿童对那些广告过的玩具和游戏礼物的选择都增加了 5% 以上。当然,在这个研究中,被试根据年龄被分为了三组,年龄是典型的被试变量,属于事后变量,而由此形成的小组也就是非等组。但如果以单个年龄组或者三组整体上看,则符合单组前测后测的设计模式。

从实验设计角度来看罗伯森与罗斯特的研究,对内部效度最大的威胁来自历史,在四周的时间里,足以发生一些事件影响儿童的选择,这类设计无法避免此类缺陷。前测因素也可能导致被试对关于圣诞节礼物的广告更加敏感,因而使得广告效果更加明显。至于成熟、统计回归以及测试工具等因素的影响在该实验中则可能较弱。

第三节 仅有后测的控制组设计及降等设计

一、仅有后测的控制组设计(the posttest-only control group design)

(一)基本模式与结果检验

又称随机实验组控制组后测设计(朱滢,2000),或者单因素完全随机实验设计(舒华,1994)。在这类设计的基本模式中,有一个实验组和一个控制组,被试由完全随机程序抽样,然后被随机分配到实验组或控制组,实验组和控制组成为完全对等的两个组,即除了在是否接受实验处理方面不同,其他方面完全相同。每个被试或者接受实验处理,或者不接受实验处理,因而是组间设计。

该设计通常被认为属于典型的真实验设计。

1.基本设计模式

$$R \quad T \quad O_{11}$$
$$R \quad \quad O_{21}$$

基本设计模式仅适用于有两组的情况,一组被试接受实验处理,另外一组不接受任何实验处理。但现在的实验处理往往不是一个水平,因此需要设置多个对等组,以便接受多个水平的实验处理。

2.基本设计模式的扩展形式

$$R \quad T_1 \quad O_{11}$$
$$R \quad T_2 \quad O_{21}$$
$$\cdots\cdots \quad \cdots\cdots \quad \cdots\cdots$$
$$R \quad T_i \quad O_{i1}$$

这种实验设计模式又被称为随机实验组控制组后测多组设计,与上述基本模式相比,该扩展模式适用于实验处理存有 i 个($i \geqslant 2$)水平的情况。

3.被试分配方案

无论基本模式中包含实验组和控制组两组被试,还是扩展模式中包含多组实验组被试,其被试分配模式是一致的。因此,我们以多组实验组被试分配模式为例来展示被试分配方案。假设每个实验组分配 n 名被试。其中被试 P 的脚标第一位数表示被试的组别,第二位数表示被试编号。观测均值是从每组中所有被试身上获得的观测值算术平均值。例如,O_{11} 就是第一组中被试 P_{11} 到 P_{1n} 观测值的平均。

表 5.3 仅有后测的控制组设计被试分配表

组别	被试编号				均值
T_1	P_{11}	P_{12}	……	P_{1n}	O_{11}
T_2	P_{21}	P_{22}	……	P_{2n}	O_{21}
……	……	……	……	……	……
T_i	P_{21}	P_{22}	……	P_{2n}	O_{i1}

4.变异分解与结果检验:

从变异角度来分析该设计的原理,根据变异分析的思想,$SS_T = SS_B + SS_W$,总的变异来源于实验处理间 SS_B 与实验处理内的变异 SS_W。要检验实验处理的效果,直接比较实验处理间变异与实验处理内变异即可(还要考虑自由度,因此实际的数据处理中是比较均方)。

对于基本设计模式,因为只有两个组,常采用独立样本平均数的 t 检验、曼-惠特尼 u 检验或者秩和检验即可(张文彤,董伟,2004),当然也可以采用单因素 ANOVA 检验。

对于有多个组的扩展模式,可以采用单因素 ANOVA 或秩和检验。需要注意的是,ANOVA 的结果显著仅仅说明实验处理的多个水平造成的影响不完全相同,要想了解具体哪些水平造成的效果相同,哪些又不同,需要采用事后检验的方式进行两两比较。关于两两比较的方法比较多,使用条件也各不相同。如果存在明确的控制组,要将实验处理的不同水平与控制组相比较,采用 Bonferroni LSD 法比较合适;如果意图做所有实验处理之间的两两比较,且各组人数相同,用 Tukey 或 SNK 检验比较合适,但如果比较的组数过多,则 SNK 可能导致较高的第一类错误,因此组数较多的时候,适宜采用 Scheffe 法(张文彤,董伟,2004)。

(二)设计评价

该设计模式核心的要求是形成对等组,即可以将被试随机分配到不同的处理组中去。通过随机化程序,可以保证在施加实验处理之前,不同的组在所有方面大致上是相同的。因此,当施加实验处理之后,不同组在观测值上出现差异,可以认为是实验处理而非其他因素造成的影响。实验组接受实验处理,而控制组不接受任何处理,控制了历史和成熟因素的影响;由于实验组和控制组是对等组,因此控制了被试选择和流失的影响,可以说该实验设计模式基本上控制了所有影响内部效度的因素。在外部效度方面,没有采用前测,也可以排除测量与实验处理的交互效应。

(三)设计举例

1. 仅有后测的控制组设计基本模式举例

沃斯等人(Vohs et al., 2006)等人要探讨金钱概念启动对人的自给自足的影响。研究者推测,提醒人有充足的金钱可以减少个人的求助需求并减少其助人行为。研究者共使用 9 个实验来验证上述假设,其中第三、四、六个实验属于典型的仅有后测的控制组设计,三个实验只是在因变量测量方面不同,自变量的操纵方式完全相同。以实验三为例,研究者首先将被试随机分配为两个对等组,实验组的被试通过散句任务启动金钱的概念,而控制组也要接受散句任务,只是该任务中只包含中性概念。这里控制组的设计非常合理,要控制额外变量。实验组使用了散句任务,除去启动金钱概念,本身已经包含了一种操作——选词造句任务,因此控制组也要加入这种操作,以剔除该因素造成的干扰。启动任务之后,主试询问被试是否乐意帮助一名本科生做编码,因变量即被试填写的乐意帮助编码的页数,页数越多表明越倾向于帮助他人,因变量的测量对实验组和控制组的被试都相同。实验数据通过 t 检验,结果发现两组被试乐意帮助的数量存在显著差异,控制组希望帮助编码的页数多于实验组,验证了实验假设。

除了上述基本的两组模式,研究者还可以灵活设置实验组和控制组,例如,在沃斯等人(Vohs et al., 2006)的第一个实验中,研究者使用了两个实验组和一个控制组,除了与实验一致的实验组和控制组外,还有一个实验组,该实验组的目的也是启动被试的金钱概念。首先所有被试都做散句任务,实验组一是常规的金钱启动,实验组二同控制组一样,是中性启动材料,但实验组在做散句任务的同时,可以在边缘视野中看到一堆钱币。这样做属于汇聚操作,使用不同的手段操作自变量,如果得到同样的结果,可以避免特殊的操作手段对结果解释的干扰。该实验结果由于包含三组数据,因此不能使用 t 检验,研究者使用了单因素 ANOVA 检验。除了增加实验组,还可以增加控制组。在沃斯等人(Vohs et al., 2006)的第七、八和第九个实验中,即包含了一个实验组、两个控制组。以第七个实验为例,随机分配被试到三个对等组,在该实验中,研究者使用了掩饰故事,表面上要求被试在一台电脑前填答一个问卷,过几分钟之后,电脑屏幕会出现屏保图案,实验组的被试看到的屏保是各种货币在水中漂浮,控制组一看到的是有鱼在水中游动,控制组二看到的是白屏。这样设计的好处在于避免控制组一产生其他干扰因素而影响结果的解释。例如,也许并非由于金钱启动造成了人们不乐意帮忙,而是由于水中的游鱼让人更乐意去帮忙。研究者在结果处理时,使用了三组 t 检验,分别检验实验组与控制组一、实验组与控制组二以及控制组一与控制组二之间的差异。当然,这样的结果处理并不符合统计要求,最好使用单因素 ANOVA 检验加事后检验的方式。

2. 仅有后测的控制组设计扩展模式(多组设计)举例

(1)单因素两水平设计

默寇等人(Malkoc, Zauberman, & Ulu, 2005)要探讨消费时间轴(time horizon)对消费者在做消费决策时整合不同产品类型的效应,即采用了单因素实验组控制组设计。消费者在选购不同商品时,需要考虑备选项的不同属性,通常备选项属性可以分为三类:共同属性(commonalities),即备选商品拥有同样的属性,而且这些属性在性能上都相同;可比较差异(alignable differences),即备选商品拥有同样的属性,但在这些属性上性能水平有差异;不可比较差异(nonalignable differences),即备选商品拥有不同的属性,不能直接比较。那么,消费者在做相关商品选择时,会更注重哪方面属性呢?默寇等人从时间构念理论(temporal construal theory)出发,认为当消费者为近期消费(如明天要用的)做购买决策时,由于近期事件使得消费者更关注具体的、特定的和情景化的信息,因此,消费者更可能加工可比较差异;而当消费者为远期消费(如一个月后)做购买决策时,由于远期事件使得消费者更关注一般的、抽象的和去情景化的信息,因此,消费者更可能加工不可比较差异;对于共同属性,由于备选商品都相同,不具有鉴别意义。默寇等人通过两个实验来验证此假设,两个实验设计模式都是仅有后测的控制组设计,只是在因变量选择不同,因此本书仅分析第一个实验。

实验设计即属于单因素两水平设计。177 名被试被分成两组,其中一组被要求想象要为明天晚上的聚会选购爆米花,而另外一组则被要求想象要为六个月后的聚会选购爆米花。两组除了购买决策的时间线不同,其他完全相同。实验者操控的自变量是时间距离,两个水平是近期和远期,都是实验组,只是水平差异,当然可以将两组视作互为实验组和控制组。被试要求对品牌 P 和品牌 Q 爆米花的吸引力评分。研究者分别列出两个备选品牌的 12 个属性,其中 4 个属性是共同属性,4 个属性是可比较差异,4 个属性是不可比较差异。在整体属性上,两个品牌吸引力等同,这一点非常重要,是重要的控制变量,该实验材料取自前人的研究,已经被实证数据所验证。两个品牌在不同类别的属性上存在差异,品牌 P 在可比较差异上更有吸引力,而品牌 Q 在不可比较差异上更有吸引力。两个备选品牌的属性以列表的形式呈现给被试,选项的位置经过了平衡,此处也是重要的实验控制,控制可能的位置偏好因素的影响。实验任务要求被试将 100 个分值分配给备选品牌,分值越高,偏好程度越高。通过单因素 ANOVA 分析,发现消费者为远期购买做选择时,相对于近期购买,对不可比较差异更优的品牌赋予的偏好分值更高(偏好均值 43.65 对 37.76),验证了实验假设。

实际上,该研究严格来讲应属于 2×2 混合设计,时间线是组间变量,备选品牌属性种类的差异是组内变量,但不知何故,研究者按照单因素组间设计来阐述,并用单因素 ANOVA 分析数据。

(2)单因素三水平设计

威廉姆斯等人(Williams & Bargh, 2008)要探讨人们对可以唤起情感的刺激材料评价或态度在多大程度上受到空间距离线索的影响,研究者通过四个实验来探讨此问题,其中实验一和实验二是典型的单因素三水平设计。以实验一为例,研究者希望探讨空间距离的远近如何影响被试对令人尴尬的

(embarrassing)书籍片段的评价,空间距离采用笛卡尔平面坐标系(Cartesian plane)的两个坐标之间的距离来启动,确定了近距离、中等距离和远距离三个水平,被试被随机分配到其中一个条件之下,指导语是要求被试定位两个特定的坐标点,例如对于近距离,希望被试找到两个坐标点,(2,4)和(-3,-1)。为了避免被试知道实验目的,研究者采用掩饰故事方式,告诉被试,研究者希望获得某个新型的标准化测试材料的反馈意见。完成此任务之后,研究者要求被试读一个从某本书中截取的片段,描述了令人尴尬的情节,然后以通过自我报告量表评估被试对该片段的喜爱程度作为因变量。实验结果采用单因素ANOVA检验发现空间距离启动的确影响了被试对该片段的喜爱。在三水平设计中,数据统计除了表明自变量不同水平对因变量的影响存在差异以外,还需要进一步检验哪几个水平之间存在差异(理论上,只要任意两个水平存在差异,该因素的ANOVA检验结果就会呈现显著)。在该研究中,研究者进一步比较了三个水平之间的差异,使用了 t 检验,结果发现三个水平对因变量的影响两两之间存在差异。

二、降等设计一:固定组设计(static-group comparison)

(一)基本模式与结果检验

又称静态组或整组比较设计(朱滢,2000),这类设计同时包含实验组和控制组,表面上看起来与仅有后测的控制组设计没有什么区别,实际上,在该类设计中,最大的问题是实验组和控制组的被试不是随机分配的(注意:该模式中每个组之前没有表示随机分配的R),而是在实验前就已经自然形成,因而属于不等组。并且,实验处理与特定组的匹配也是固定的。

该设计通常被认为属于典型的前实验设计。

1. 具体设计模式

$$T \quad O_{11}$$
$$O_{21}$$

该设计模式的被试分配与仅有后测的控制组设计基本相同,可参照表5.3。两者本质的区别在于能否随机分配被试,在被试分配方案表中并不能体现这一点。

2. 结果检验

在此类设计模式中,可以比较两组观测值之间差异,如果观测值是连续型变量,可以使用独立样本 t 检验,直接比较 O_{11} 和 O_{12},也可以使用单因素 ANOVA;如果两者是计数型变量或者数据分布不符合 t 检验的要求,可以使用非参数检验中的秩和检验法和中数检验法,或者使用 χ^2 检验法(张厚粲,徐建平,2009;朱滢,2000)。

(二)设计评价

这类设计由于包含控制组,因此如果现实发生的事件对两组影响相同,从而控制历史的影响;没有涉及前测,因此测试及测试手段的影响可以消除;虽然是不等组,但被试的成熟因素可以得到部分控制。但这类设计的缺陷也是很明显的,最大的问题在于不能随机分配被试导致实验组和控制组是不等组,两者之间的差异很可能是由于其自身原本的差异而非实验处理造成的。另外,历史事件对不等组的被试影响程度也可能不同,实验组被试可能对处理更敏感或更不敏感,不等组被试的流失程度可能不同,这些情况都可能发生,因此选择与历史、选择与处理、选择与被试流失等都可能成为威胁内部效度的因素。

实际上,该设计与后面的事后回溯设计没有本质差别。实验操纵看似由主试实施,但主试并不能随机决定哪一组为处理组,哪一组为控制组。实验处理与被试组的匹配是确定的。

(三)设计举例

假定要研究学习类产品是否采用推销员对受众产品的接受程度的影响,目标被试是大学生。在同一个教室上课的学生往往是同一个专业的学生,如果将一个教室上课学生分为一个组,那么实验组和控制组并非随机分配,而是按照自然形成的专业来划分。仅有经济学专业的学生可以接受推销员推销的形式,因此该组学生作为实验组。而物理学专业的学生不允许在课上接受推销员推销,因此只能作为控制组。此时所获得的结果就不能认为是该实验操纵的自变量(是否使用推销员)造成的影响,因为实验组和控制组本身并不是对等组,两组被试在实验之前就可能存在差异。已有的研究表明,经济学专业的学生人际信任度更低(辛自强,窦东徽和陈超,2013),该实验结果中发现的实验组和控制组差异很可能是由这个因素造成的。

三、降等设计二:事后回溯设计(ex post facto design)

(一)基本模式与结果检验

"ex post facto"是一个拉丁短语,意思是"事实之后的"(Smith & Davis,2012)。事后回溯设计中包含的"自变量"往往是已经发生的或者是预先确定的,例如某些社会事件或者被试变量。在这类设计模式中,研究者不需要或者不能对自变量进行操纵,只需要对特定的现象进行观察,并将已经发生的处理与观察结果联系起来,从中推测可能的因果关系(Smith & Davis,2012;朱滢,2000)。

该设计通常被认为属于典型的前实验设计。

其基本模式如下:

$$\boxed{T} \quad\quad O$$

主要包含两类设计模式:准则组设计模式和相关研究设计模式(朱滢,2000)

1.准则组设计(criterion-group design)

又可以称为不等组后测(posttest-only with nonequivalent groups)设计(Cook et al.,1990),在这类设计中,研究者需要对不同组间被试的观测进行比较,因为"自变量"是已经发生的变量,因此无法随机分配被试到不同组中,那些接受了自然发生处理的组被称为准则组,而没有接受自然发生处理的组被称为非准则组,通过对比两组的观测结果,以推测自然发生的处理可能的作用(朱滢,2000)。相对于固定组设计,该类设计甚至不能主动操纵自变量,是研究者等待"实验处理"自然发生或者通过理论分析追溯结果可能发生的原因。

基本设计模式如下:

$$\boxed{T} \quad\quad O_{11}$$
$$O_{21}$$

在该类设计模式中,两个组的被试不是随机分配的,因此属于不等组,虽然研究者可以在一定程度上选择非准则组,但两者可能存在太多的差异。该模式的被试分配模式与仅有后测的控制组设计基本相同,可参考表5.3。两者本质的区别在于能否随机分配被试,自变量是否能够随机施加给不同的组。

为了削弱两组自然存在的差异可能带来的混淆因素,可以对此模式进行部分修正,库克等人(Cook et al., 1990)推荐以下两种变式:

(1)准则组设计模式的变式一:

$$\boxed{T} \quad O_{M1} \quad\quad M \quad\quad O_{11}$$
$$\phantom{\boxed{T}} \quad O_{M2} \quad\quad M \quad\quad O_{21}$$

在该变式中,O_M 代表对准则组和非准则组的某些特征进行的观测(脚标 M 表示匹配),这些特征被认为可能影响因变量的测量结果,通过观测这些特征,寻找那些与准则组在这些特征上相似的非准则组,然后将两者相匹配,M 代表两组在某些特征上进行了匹配。通过匹配,在一定程度上可以排除额外变量的影响。需要注意的一点,在该模式中,匹配观测可能在自然发生的处理之前实施,也可能在自然发生的处理之后实施,如果在自然发生的处理之后实施,要注意匹配观测不能受到自然发生的处理的影响。

(2)准则组设计模式的变式二:

$$O_{P1} \quad\quad \boxed{T} \quad\quad O_{11}$$
$$O_{P2} \quad\quad \phantom{\boxed{T}} \quad\quad O_{21}$$

在该变式中,O_P 代表对准则组和非准则组某些特征的观测(脚标 P 表示代理,proxy),这些观测的结果与后测结果有相关关系,但两者并没有使用同样的量表,因此前测结果不能与后测结果做直接比较。此时,前测属于代理观测,可以部分地反映准则组和非准则组在自然发生的处理之前就可能存在差异。通过特定的统计手段可以部分地排除这种差异。

(3)结果检验:

在准则组设计模式中,如果因变量是连续型变量,可以使用独立样本 t 检验,如果两者是计数型变量或者数据分布不符合 t 检验的要求,可以使用 χ^2 检验以及非参数检验中的秩和检验及中数检验(张厚粲,徐建平,2009;朱滢,2000)。

2.相关研究设计

其基本模式是从同一组被试身上同时观测两个或两个以上的变量,一般可以推测这些变量之间的相关关系,在特定理论或者计算模式(如偏相关和结构方程模型)的帮助下,为可能存在的因果关系提供了初步基础。该模式需要注意的有两点,其一,虽然设计模式上,多次观测变量从左向右排列,但这些观察之间一般不存在严格的先后顺序,有时是同时取样,有时需要间隔一定时间;其二,多次观察原则上是针对同一组被试的,但观测值有时候可以来自第三方,从不同来源获得同一研究对象的多种观测值,能够较有效地避免同源方法误差。例如,需要研究广告从业人员的创造力与特定的认知加工风格之间的关系,其认知加工风格可以通过特定量表从该从业人员自身获得(Kozhevnikov,2007),创造力也由该从业人员自评获得,即针对同一组被试多次(同时)观测。也可以通过从业人员的自我报告获得其认知加工风格,而使用360度评价,从该从业人员的上级、下属、同事以及客户等方面获得其创造力的评价,即从不同信息来源获得同一组观测对象的属性。

(1)具体设计模式如下:

$$O_1 \quad O_2 \quad \cdots\cdots$$

(2)结果检验:

该类设计所获得的数据通常可以用皮尔逊(Person)积差相关、斯皮尔曼(Spearman)等级(ranked data)相关、二列相关(biserail correlation)、多列相关(multiserails correlation)等进行检验(朱滢,2000),偏相关(partial correlation)和结构方程模型(Structural Equation Modeling)可以提供因果解释。

(二)设计评价

事后回溯设计模式的特点是,不能操纵自变量,因而也不能随机分配被试。所有在固定组设计中存在的缺点在事后回溯设计中都存在,而且,由于研究者对该类实验几乎没有操控,仅仅通过理论推导确定自变量和因变量,有可能存在多个影响因素,因此在回溯时,很难确定到底是哪个因素起作用。但是,事后回溯设计却具有强大的生命力,尤其在广告学的某些研究中,有一些现象非常重要,对其研究的结果具有重要的理论意义或者实际价值,但由于种种原因,研究者不能对其中的变量进行直接操纵。这些原因包括,其一,基于伦理原因,研究者不能操纵某些变量,比如,要探讨与父母长期分离的儿童的冲动性消费行为,研究者显然不能人为制造一些事件,使实验组儿童与父母长期分离,但研究者可以选取留守儿童作为实验组进行研究。其二,基于现实原因,有些变量是研究者无法操纵的,最简单的,被试的性别和年龄就是自然形成的,研究者无法直接操纵。再如,要探讨广告法规的修改对广告制作公司的影响,研究者一般不可能操纵广告法规的修改和颁布,只能等待该事件自然发生,然后展开相应的研究。从上述例证中可以看出,在特定的环境或条件下,事后回溯设计甚至比其他设计实用性更强,对于发现简单的因果关系具有重要的价值。

(三)设计举例

对于相关设计模式,已经在其基本模式阐述部分进行了举例。在该部分只对准则组基本模式及其两个变式的研究举例。

1.准则组设计基本模式实例

李纾等人(Li et al., 2009)使用了准则组基本模式,探讨 2008 年汶川地震对居民关于安全和健康风险感受的影响。

汶川地震后,中国科学院心理研究所迅速启动了对地震灾区居民进行心理援助的紧急项目,该项研究作为其中一部分得以实施,因此该研究的取样是方便取样。准则组即此次受灾的居民,地区涉及汶川、成都、温江、遂宁、乐山、德阳、中江和绵竹,通过方便取样共获得样本 1720 人,非准则组则选取了福建、湖南和北京的居民,方便取样共获得样本 542 人。此次自然发生的处理即地震灾害,观测条目是要求被试回答五个问题:(1)预计震后流行病爆发的可能性;(2)预计震区居民为应对余震而采取安全措施的次数;(3)预计震区居民每千人需要的医生数量;(4)预计震区居民每千人需要的心理工作者数量;(5)如果有一种药能够治愈心理创伤,预计灾民需要这种药的剂量。通过 ANOVA 检验发现经历自然发生的处理的准则组在这五个条目上的分值都显著地低于非准则组,即灾区居民对灾后安全和健康风险的预期反倒低于非灾区的居民,这种现象被命名为心理台风眼。

从实验设计的角度,对该研究内部效度威胁最大的是选择因素,我们无法确知是不是灾区居民与所选择的非灾区居民本来就有差异,也许四川的居民本来对生活就积极乐观,并非由于灾难引起的认知失调等心理机制造成了该现象。但由于事起仓促,对于取样很难做到随机,更不可能随机分配被试。能够在震后 3~8 周完成这样的实验,也是难能可贵。

2.准则组设计变式一实例

利维等人(Levy, Mathews, Stephenson, Tenney & Schucker, 1985)要探讨营养信息项目(nutrition information program)对于居民食物购买行为的影响,即采用了准则组设计,并在一定程度上配比了准则组和非准则组。

为了满足对食物的有特殊需求(例如,低钠、低糖或低脂肪)的消费者,巨人食品有限公司(Giant Food, Inc.)于 1981 年在华盛顿特区(Washington, D. C.)的都市区 90 家商店中引入一项被称为特殊饮食警报(special diet alert，SDA)的项目,即在店内货架张贴营养信息表,印发营养宣传册等。该项目对改善消费者的食物购买是否有效?利维等人对此进行了研究。他们从中90家商店中选择了在规模(size)和社会经济(socioeconomic)特征方面各不相同的10家商店作为准则组,又从尚未开展SDA项目的巴尔的摩(Baltimore)地区选择了10家商店作为非准则组,在选择巴尔的摩商店时,根据商店规模和这些商店所处社区的社会经济特征等因素与准则组的10家商店进行了匹配,商店规模以及商店周边社区的社会经济特征显然不受是否开展SDA项目的影响。研究者主要记录了16个食品种类的销售状况,共追踪记录了两年。另外,研究者还记录了每四周销售情况、每年销售状况、价格和促销因素等等。结果发现SDA项目虽然相对于其他因素来讲不是特别突出(modest),但的确有效,在两年的评估期间,在货架上标注的商品销量增加了4~8个百分点。

从实验设计角度,相对于准则组基本设计模式,这种匹配的设计模式,虽然仍然不能随机分配被试,但在可能影响因变量的因素上,尽量使准则组和非准则组相匹配。商店规模和周边社区居民的消费对食品消费的类型和销量的影响可能很大,因此研究者尽量寻找在这两个变量上匹配的商店。虽然这样的匹配在一定程度上控制了干扰变量,但研究者显然不能穷尽所有可能的干扰变量,两个不等组之间的差异仍然存在,且可能影响到因变量的测量。另外,这个实验持续两年时间且两个不等组取样在不同地区,其间发生的历史事件可能与选择因素产生交互影响,比如在华盛顿特区可能发生某些关于饮食的运动,而在巴尔的摩地区则没有发生类似运动,那么结果就很可能不是SDA项目的效应。

3. 准则组设计变式二举例

假定存在这样一种情况,某广告公司对新进创意部员工进行了短期的广告文案写作培训,公司希望评价此短期培训是否提升了创意部新进员工的文案创意水平,因而选取该部分员工为准则组,又选择同样是新进的市场部员工作为非准则组,且该部分市场部员工并没有参加广告文案写作培训。然而,问题是在文案写作培训之前并没有对这两个不等组进行创意水平的测试,也许创意部新进员工的文案创意在培训之前就高于市场部新进员工。即使两者存在显著的差异,也并不能说明是此文案写作培训起了作用。而且,几乎没有办法对这两组被试进行匹配。不过幸运的是,该广告公司对于新进员工总是进行文学水平测试,而且文学水平测试从进入公司之初就完成了,即时间上早于文案写作培训,因此不受其影响。文学水平与文案写作的创意水并不相同,但有一定程度的相关,在这种情况下,聊胜于无。对于本实验设计的结果处理,可以将前测的代理变量作为协变量,对结果进行协变量(ANCOVA)分析,通过统计模型的校正对结果进行统计控制。

从实验设计角度,相对于准则组基本设计模式,这种具有代理变量前测的设计模式,虽然不能完全确认两个不等组在自然发生的处理之前,在因变量上的差异,但代理变量可以部分地起到参照的作用。

四、降等设计三:单组后测设计(one group posttest-only design)

(一)基本模式与结果检验

又称为单发案例研究(one-shot case study)。在这类设计中只有一个实验组,没有控制组,而且只对实验组实施一次处理,然后通过后测得到该组的后测成绩,并不进行前测(Campbell & Stanley, 1966; Cook et al., 1990)。这类设计相对于固定组设计,缺少对照组。

该设计通常被认为属于典型的前实验设计。

1. 具体设计模式

$$T \quad O$$

该设计的被试分配方案与单组前测后测设计被试分配相似,只是没有前测,具体参考表5.2。

2. 结果检验

这类设计类似个案研究,只能描述所观察的结果,难以将观察到的结果与处理联系起来。可以描述观察结果的集中量数(如平均值、中数及众数等)及离散度(如标准差、方差、全距等)等。

(二)设计评价

这种设计基本不符合所有实验设计的要求,几乎不满足所有内部效度的条件。由于没有前测,无法确知变化是否发生,没有控制组,无法知道是否真的是实验处理而不是其他伴随因素造成了因变量的变化,因此结果基本不可解释。

(三)设计举例

这种设计模式,或许只有在那些自变量影响因变量造成了独特的印记的情况下才有价值,例如在犯罪学调查和病理学的研究中可能使用这类方法

(Cook et al.,1990)。在已经发表过的实验报告中寻找符合该模式的研究非常困难,甚至可以认为这样的研究根本不可能发表。

但我们可以假设一种情况。例如,某公司为自己的新产品开发了一个独特的广告,为了验证广告效果,向一组受众呈现该广告,此为处理 T,然后询问受众对该新产品的感受,即观察 O。

在该假想设计中存在明显缺陷,首先,我们无法确知受众对新产品的感受是否发生了变化,因为只测量了一次,无法确知他们在观看广告之前的既有感受。其次,就算受众的感受发生了变化,也无法确知这种变化是否是由于观看广告引起的,也可能由于受众受到了主试的某些暗示(主试效应),或者在其他环境下已经知道了该产品因而提高了对产品或广告的评价(历史),或者被试在参与实验的过程中因为厌烦而迁怒于该产品或广告(成熟),或者对该广告有消极态度的人根本不做任何反馈(被试流失)。

第四节 所罗门四组设计(Solomon four-group design)

一、基本模式与结果检验

在前测后测控制组设计中,由于实验加入了前测,导致其外部效度降低,而只有后测的控制组设计中,又有人担心实验组与控制组不对等[①],所罗门四组设计的出现,弥补了上述不足。在该设计中,共包含四个组,两个实验组,两个控制组;并且两个有前测,两个没有前测。所罗门四组实验设计更像是前测后测控制组设计和仅有后测的控制组设计的结合(见下面具体模式)。表面上,所罗门四组设计属于单因素设计,但该设计考虑了是否有前测,所以是否前测也被视作影响因变量的因素之一。因此,该实验设计需要考虑两个主效应,实验处理主效应和有无前测主效应,还要考虑实验处理与有无前测两者的交互效应。

该设计通常被认为属于典型的真实验设计。

---

① 实际上,如果严格遵从随机分配的原则,这样的担心完全是多余的。

(一)具体设计模式

R	O_{11}	T	O_{12}(实验组 I)
R	O_{21}		O_{22}(控制组 I)
R		T	O_{32}(实验组 II)
R			O_{42}(控制组 II)

严格来讲,在所罗门四组设计中,只有两个实验组,但正如仅有后测的对照组设计那样,实验处理可以包含多个水平,因而所罗门四组设计往往存在其他扩展形式。

(二)被试分配方案

该设计的被试分配模式可视作前测后测控制组设计和仅有后测的控制组设计被试分配模式的结合。假设每个实验组分配 n 名被试。其中被试 P 的脚标第一位数表示被试的组别,第二位数表示被试编号。观测均值是从每组中所有被试身上获得的观测值算术平均值。例如,O_{11} 就是第一组中被试 P_{11} 到 P_{1n} 观测值的平均。第一组和第二组包含了前测和后测共四组观测值,第三组和第四组仅包含了两组后测观测值。

表 5.4 所罗门四组设计被试分配方案

组别	前测均值	被试编号				后测均值
实验组 I	O_{11}	P_{11}	P_{12}	⋯⋯	P_{1n}	O_{12}
控制组 I	O_{21}	P_{21}	P_{22}	⋯⋯	P_{2n}	O_{22}
实验组 II	无	P_{31}	P_{32}	⋯⋯	P_{3n}	O_{32}
控制组 II	无	P_{41}	P_{42}	⋯⋯	P_{4n}	O_{32}

(三)结果检验

所罗门四组的处理要考虑前测是否影响实验结果。根据前测效应和交互效应是否存在,该实验设计可能出现的结果大体上有以下三种情况:

1.前测主效应、与实验处理产生的交互效应都存在

前测本身可能会影响实验的效果,甚至与实验处理发生了交互效应,即,没有前测的情况下,实验处理对因变量的影响是同一个方向,而在有前测的情况下,实验处理对因变量的影响方向则是相反的。在无前测的情况下,实验处理的效果是负的,但前测的存在使得这种处理效果变成正向的。假设要研究

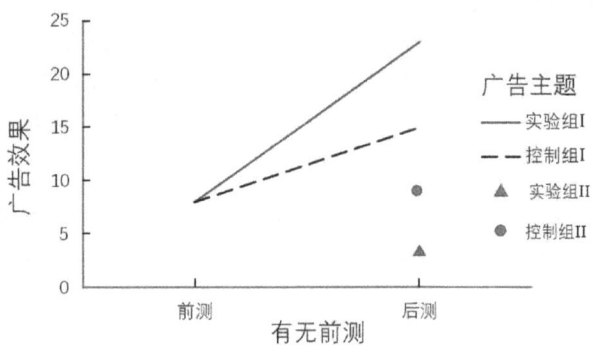

图 5.4 前测主效应、与实验处理的交互效应都存在

幽默广告主题对广告效果的影响,图 5.4 表现了其中一种情况,在没有前测的情况下,相对于非幽默主题广告(控制组 II),幽默广告主题(实验组 II)的广告效果是差的,如图 5.4 中,三角形低于圆形;而在有前测的情况下,相对于非幽默主题广告(控制组 I),幽默广告主题(实验组 I)的广告效果是好的,如图 5.4 中,实线的后测端点高于虚线的后测端点。因此,考虑到前测可能存在主效应以及与实验处理产生交互效应,可以将有无前测作为自变量之一,形成如下表 5.5 的模式,那么采用 2×2 因素 ANOVA 分析,可以充分考虑两者的主效应与交互效应。

表 5.5 所罗门四组结果处理示意

前测	实验处理	
	有实验处理	无实验处理
有	O_{12}	O_{22}
无	O_{32}	O_{42}

2.前测主效应存在,但未与实验处理产生交互效应

前测本身的确影响实验结果,但与实验处理没有发生交互效应,这种影响与没有前测的情况相比,方向是一致的,即,无论有没有前测,实验处理对因变量的影响都是一样的,只是前测对因变量也造成了一定的影响,在两种条件下,前测都拉升了因变量。

以上文幽默广告主题对广告效果的研究为例,图 5.5 表现了其中一种情

第五章 实验设计(上)

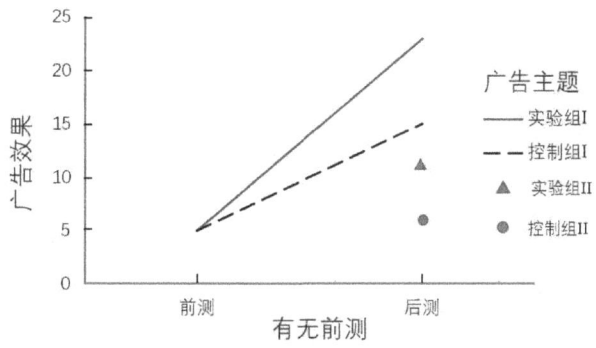

图 5.5 前测主效应存在,与实验处理的交互效应不存在

况,在没有前测的情况下,相对于非幽默主题广告(控制组 II),幽默广告主题(实验组 II)的广告效果是好的,如图 5.5 中,三角形高于圆形;在有前测的条件下,结果是同样的,如图 5.5 中,实线的后测端点高于虚线的后测端点。但是由于前测对广告效果也有影响,从图中可以看出,实验组 I 后测端点高于实验组 II 的三角形,而控制组 I 后测端点高于控制组 II 的圆形。此时,把前测结果作为协变量,采用协方差分析,来比较 O_{12} 和 O_{22},采用 t 检验或者单因素 ANOVA 来比较 O_{32} 和 O_{42}。如果 O_{12} 和 O_{22} 比较的结果与 O_{32} 和 O_{42} 比较的结果一致,说明前测与实验处理的交互效应不存在,如果两者结果不一致,则应该考虑前测与实验处理存在交互效应的可能,使用上文第一种处理方法。

3. 前测没有任何效应

前测对实验结果没有任何影响,只有实验处理对实验结果存在影响。如图 5.6 所示,无论有没有前测,实验处理对因变量的影响都是一样的,前测对因变量没有造成任何影响。

同样以幽默广告主题对广告效果的研究为例,图 5.6 中表现了其中一种情况,在没有前测的情况下,相对于非幽默主题广告(控制组 II),幽默广告主题(实验组 II)的广告效果是好的,如图 5.6 中,三角形高于圆形;在有前测的条件下,结果是同样的,如图 5.5 中,实线的后测端点高于虚线的后测端点。而且从图 5.6 中还可以看出,由于前测并不影响广告效果,实验组 I 的后测端点与实验组 II 的三角形相重合,而控制组 I 后测端点与控制组 II 的圆形相重合。在这种情况下,前测的主效应以及前测与实验处理的交互效应都不存在,则可以使用单因素 ANOVA 对 O_{12}、O_{22}、O_{32} 和 O_{42} 进行比较。

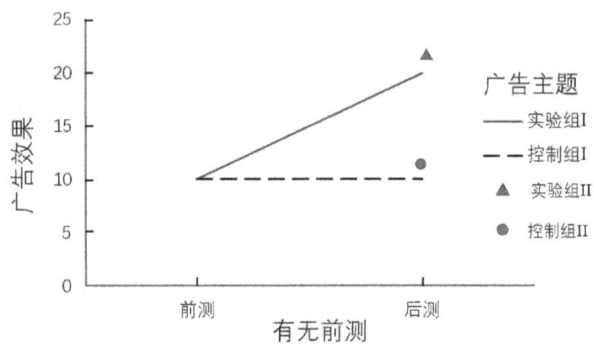

图 5.6 前测无主效应且与实验处理无交互效应

值得说明的是,尽管在上述三种情况中,所画图形只是其中的一个具体示例,但有两点在所有情况下应该是一致的,其一,实验组 I 前测结果 O_{11} 和控制组 I 前测的结果 O_{21} 应该是无显著差异的(在图中应该相交于同一点),因为两组是对等组,前测是在无任何处理的情况下进行的,理论上两者结果应该相同;其二,控制组 II 的因变量测量结果 O_{42} 理论上也应该与实验组 I 前测结果 O_{11} 和控制组 I 前测的结果 O_{21} 也相同,如,在上述三图中,圆形与实线和虚线在前测的交点在同一水平线上。

二、设计评价

所罗门四组设计把前测后测控制组设计与仅有后测的控制组设计结合起来,因而具有这两种设计的所有优点。另外,将"有无前测验"这一变量纳入实验设计之中,将此变量所造成的变异从总的变异中排除出去,可以检验实验处理对因变量所产生的影响是否显著,同时该设计还可以检验实验处理与前测验之间的交互效应。该设计对影响内部效度和外部效度的影响因素控制都比较良好,因而是广告学研究的一种理想的实验设计。当然,该设计实际上仅仅对一个自变量进行探讨,但需要同时使用四个对等组,研究效率比较低,在一般探索性研究中很少使用。

三、设计举例

(一)所罗门四组设计基本模式

瓦勒姆等人(Kvalem, Sundet, Riv, Eilertsen & Bakketeig, 1996)要探

讨性教育对青少年避孕套使用的影响,即采用了所罗门四组设计。研究者希望验证某些干预手段(intervention)是否可以增加青少年性行为中避孕套的使用。自变量是特定的干预手段,这些干预手段是为期两天的性教育内容,持续大概 10～14 小时。该性教育内容包含三个部分:第一,识别事实(identifying facts),持续 3～4 个小时,包括指导青少年学生发现关于性传播疾病、怀孕以及防护手段等方面的事实;第二,识别情境和行为,持续 2～3 个小时,这部分要求青少年学生识别并描述包含感染性传播疾病或怀孕风险的情境和行为;第三,识别问题和产生解决方案,持续 4～6 个小时,这部分要求青少年学生意识到现存的备选行为以及相应的后果,并对这些问题提供解决方案。因变量是性行为中避孕套的使用,由被试直接报告。研究者对挪威(Norway)南部的西福尔郡(Vestfold)的高中(upper secondary school)进行了分层随机抽样,共选取 124 个班级,2411 名学生。30 个班级被随机分配到实验组,接受性教育干预手段,其中 15 组实验组还要接受前测;剩下的 94 组被分配到控制组,其中 47 组控制组同样接受前测。所有班级都要接受两轮后测。测试匿名进行,测试问卷包含 80 个条目,主要测量了性行为、闲暇时的活动、朋友数量以及吸烟和喝酒习惯等,另外还测量了社会统计学变量如性别、年龄和父母的教育程度等。

最终有 115 个班级,2088 名学生参加了这项研究,在实验实施的过程中,前测问卷的回复率为 73%,两次后测的回复率分别为 65% 和 59%,存在被试流失现象。结果显示,前测加干预组(实验组 I)之后有 70% 使用避孕套,而单纯前测组(控制组 I)只有 51% 使用,卡方检验结果表明两者差异显著;单纯干预组(实验组 II)有 43% 使用,控制组(控制组 II)则有 52% 使用,卡方检验结果表明两者差异不显著。比较这两个结果,就会发现有前测组的实验处理效果和无前测组的实验处理效果是相反的,因此两者可能存在交互效应。因此,研究者还使用了逻辑回归分析(Logistic regression)做进一步分析,以前测加干预组(实验组 I,70% 使用)为基准,比较了干预组(实验组 II,43% 使用)、前测组(控制组 I,51% 使用)和控制组(控制组 II,52% 使用),发现前测与干预对避孕套的使用产生了交互效应,但无论是单纯前测还是单纯干预本身都对避孕套的使用没有造成影响。

(二)所罗门设计扩展模式

勒茨巴赫等人(Retzbach, Retzbach, Maier, Otto & Rahnke, 2013)要探讨电视节目上的科学证据展示对于受众关于科学证据确定性的信念以及对于科学的兴趣的影响,即采用了所罗门四组设计的扩展形式。自变量是科学报道的不确定性。研究者在8个德国科学电视杂志中选取了303篇报道,时间跨度为2003年到2004年以及2008年到2009年,通过内容分析,挑选出10个呈现确定科学研究结果的节目和11个呈现不确定科学研究结果的节目。然后,另外选择117名被试对这些节目进行评价,主要根据三个特征:视角多样(different perspectives)、矛盾性(contradictory)和不确定性(uncertain),同时评估了节目的可理解程度(intelligibility)以及情感冲击力(affective impact)。根据被试的评估结果,最终挑选出12个节目,其中6个节目展示确定的科学证据,6个节目展示不确定的科学证据。呈现确定科学证据的节目4个报道癌症研究、2个报道阿尔茨海默氏病(Alzheimer's disease),呈现不确定科学证据的节目3个报道癌症研究,1个报道小儿多动症,1个报道艾滋病,1个报道猪流感。节目时间长度在2分40秒到6分57秒之间。因变量是受众的科学证据的确定性信念和对科学的兴趣,主要通过两个量表来测量,一个是科学证据不确定性量表(uncertainty of Scientific evidence, USE),又包含了主观部分和客观部分,另外一个对科学兴趣量表(interest in science, INT)。

研究者采用了扩展的所罗门四组实验设计,共分成了五个组,如表5.6。

表5.6 实验设计及因变量测量

组别	前测	实验处理	后测
组一	USE INT	确定科学证据	USE INT
组二	USE INT	不确定科学证据	USE INT
组三	USE INT	无	USE INT
组四	无	不确定科学证据	USE INT
组五	无	无	USE INT

从上表可以看出,如果单纯地看组二到组五,该设计属于标准的所罗门四组设计。第一组是研究者另外加入的一个实验处理组。

研究者从一个大的在线用户群体中,根据性别、年龄、教育程度和居住地等进行分层抽样,共选取700人,随机分配到五组中的一组。第一组和第二组首先完成一个在线问卷,一周之后开始观看线上的电视节目,持续六周,电视节目可以通过研究者发给他们的链接地址观看。第三组只接受前测后测,并不接受实验处理,第四组接受处理但无前测,第五组只接受后测。这样冗余的实验设计可以使研究者对数据进行多个角度的加工,首先对第二到第五组进行标准的所罗门四组设计的数据处理,2×2因素ANOVA分析发现,对于科学证据不确定性(USE)和对科学的兴趣(INT),测试主效应以及与实验处理的交互效应都不显著,实验处理主效应仅仅对USE显著。研究者使用t检验比较了组四和组五,发现了有意义的趋势,于是将前测作为协变量,对组一到组三进行了ANCOVA分析,具体结果请读者自行查阅原文。

第六章 实验设计(下)

基础设计之外,还有更广阔的世界。

第五章重点阐述了完全随机实验设计多个类型以及与之相应的降等设计。完全随机设计是实验设计中最基本的类型,但并非应用最广泛的设计类型。因为在现实研究中,单个自变量对应某个因变量这样单一的关系较少,往往是多个因素共同影响某个因变量。因此,在广告学、传播学、心理学以及市场营销学等领域中,应用最为广泛的设计莫过于析因设计(factorial design)了。析因设计是将两个或两个以上因素及其各自所有水平进行组合、交叉分组的实验设计,这种设计可以同时研究多个因素、多个水平的效应,以及多个因素之间是否存在交互效应(张文彤,董伟,2004)。当然,在有些著作中,析因设计也被视作完全随机设计的一种,是完全随机设计的高阶扩展形式(Campbell & Stanley,1966),析因设计因而被称为多因素完全随机设计,相应的,第五章中的三种完全随机设计则被称为单因素完全随机设计。除了最基本的完全随机设计之外,随机区组设计和拉丁方设计也可以处理多个因素的情况,这两种设计可以对组内变异进一步分解,将被试差异与其他随机误差分离出来,因而更有效率。需要说明的是,完全随机设计、随机区组设计和拉丁方设计都是典型的被试间设计,即,在这些设计模式中,每个被试只接受一种实验处理(舒华,1994)。

分离被试差异除了上述两种方式之外,重复测量(repeat measure)设计是更有效率的方法(舒华,1994)。重复测量设计要求对同一被试进行多次实验处理与观察,主要包含被试内设计和混合设计两种。对于被试内设计,本章主要分析单因素被试内设计,并适当扩展到二因素被试内设计。对于混合设计,本书主要分析两种情况:两个因素的情况下,仅有一种可能的组合,即一个因素为组内变量,另外一个为组间变量;当有三个因素的情况下,则会出现两种可能的组合,一种可能是两个因素为组内变量,一个因素为组间变量,另外一种可能是一个因素为组内变量,两个因素为组间变量。需要特别注意的是,对于只包含组间变量的实验设计和包含重复测量的实验设计,实验变异的分解有很大差异。

对于多因素设计来说,无论是析因设计还是重复测量设计,以二因素和三因素设计为多,四因素及以上的析因设计较少,但也并非完全没有,例如张等人(Zhang & Schmitt,2004)、汉密尔顿等人(Hamilton & Thompson,2007)和曼德尔等人(Mandel,Petrova & Cialdini,2006)的研究中,就使用了四个自变量,而伯恩斯坦等人(Burnstein,Crandall & Kitayama,1994)的研究更是使用了七个自变量[①]。然而,析因设计的优势在于探索多个因素之间的交互效应,如果因素间没有交互效应,放在一个实验里,研究也就失去了意义。

除了上述常用的实验设计之外,中断时间序列设计虽然只是准实验设计,但也是一类非常实用的设计,尤其适用于研究者不能操控的变量、难以设置对照组的情况以及某些现场实验中。本章对最基本的中断时间序列设计进行详细分析,对于扩展模式则仅做简单介绍。

第一节 析因实验设计

一、两因素析因设计(two-factor factorial design)

(一)基本模式与结果检验

两因素析因设计包含两个被试间因素 X 和 Y,每个因素包含若干个水平。该类设计要求两个因素的所有水平都要进行组合,假设因素 X 包含 m 个水平,因素 Y 包含 q 个水平,m 和 q 可以相同,也可以不同,而且原则上这两个数可以是 2 或 2 以上的任何数字,但在实际设计中,作为类型变量的自变量水平数不宜过多,一般在 5 个以下。两因素所有水平之间组合,可以获得 m×q 个实验处理,每个实验处理都同时包含了两个因素的某一个水平。有多少个实验处理就有多少个实验组,所有被试被随机分配到其中一组而且仅仅接受一次实验处理。因此在实验报告中,通常称这类设计为 m×q 组间或被试间设计。在本书中,仅以 2×2 组间设计为例展示设计模式,对于包含更多水

---

① 幸运的是,上述几个研究都没有出现四阶及以上的交互效应。

平的两因素析因设计,基本模式是相同的。

1.具体设计模式

$$R \quad T_{x1y1} \quad O_{11}$$
$$R \quad T_{x1y2} \quad O_{21}$$
$$R \quad T_{x2y1} \quad O_{31}$$
$$R \quad T_{x2y2} \quad O_{41}$$

假设 X 因素包含两个水平,Y 因素有两个水平,则两者结合共包含四个实验组。对每组被试仅做实验处理后的观测。该模式下被试的分配仍然采用随机方式进行,被试被随机分配到任意一个实验处理中,而且仅仅接受这一个实验处理。

2.被试分配方案

假设每个实验组分配 n 个被试。其中被试 P 的脚标第一位数表示所接受的实验处理序数,第二位数表示被试编号。观测均值是从每组中所有被试身上获得的观测值的算术平均值。例如,O_{11} 就是第一组中被试 P_{11} 到 P_{1n} 观测值的平均。

表 6.1 二因素析因设计被试分配表

组别	被试编号				均值
T_{x1y1}	P_{11}	P_{12}	……	P_{1n}	O_{11}
T_{x1y2}	P_{21}	P_{22}	……	P_{2n}	O_{21}
T_{x2y1}	P_{31}	P_{32}	……	P_{3n}	O_{31}
T_{x2y2}	P_{41}	P_{42}	……	P_{4n}	O_{41}

3.变异分解与结果统计

从变异的角度来分析该设计的原理,根据变异分析思想,$SS_T = SS_B + SS_W$,总的变异来源于实验处理间 SS_B 与实验处理内的变异 SS_W,该设计把处理间变异 SS_B 做了进一步的区分,包括:(1)两个主效应,即,X 因素造成的变异 SS_x 以及 Y 因素造成的变异 SS_y;(2)一个交互效应,即两者交互效应引起的变异 SS_{xy}。该设计的实验处理内变异部分 SS_W,主要包括被试间变异以及其他随机误差,但在完全随机设计模式下,两者无法分离(在第二节的随机区组和拉丁方设计中,被试间的变异可以分离出来)。该设计的变异分解可以公式

化表述为 $SS_T=(SS_x+SS_y+SS_{xy})+SS_w$。要检验各个因素的效应是否显著,将各个因素造成的变异与随机变异相比较即可。该设计模式与单因素完全随机设计模式的变异分解原理完全一致,只是单因素完全随机设计中,只有一个因素,那么处理间变异 SS_B 即等同于这个单一因素造成的变异 SS_x,不再包含其他因素[①]。

该设计模式需要使用多因素 ANOVA,通过该统计方法可考察两个自变量各自的主效应,即对同一因变量的主要影响效应,也可以考察两个自变量交互效应对因变量的主要影响效应,即交互效应。在检验各个自变量的主效应和交互效应是否显著时,是以各个因素造成变异(SS_x、SS_y 和 SS_{xy})的均方(变异除以该变异的自由度,下同)为分子,以组内变异 SS_w 的均方为分母。在二因素析因设计中,通常包含两个主效应和一个二阶交互效应,即,因素 X 的主效应、因素 Y 的主效应和因素 X 与因素 Y 的交互效应。需要注意的是,一旦出现交互效应显著的情况,一般就要根据研究目的进一步检验单个因素的简单效应,即一个自变量的各个水平在另一个因素的某个水平上的效应。关于主效应、交互效应和简单效应的详细阐述见第四章第三节部分。

(二)设计评价

除了复杂程度存在差异,二因素析因设计与三因素析因设计没有本质差别,因而在本设计评价中陈述的特点即所有多因素析因实验设计的特点。

同完全随机设计要求一样,在析因设计中,各个对等组的样本容量可以相同,也可以不同。当然,样本容量相等最好。而且,如果在抽样时所有组都随机抽取了相同的人数,但在随后的实验进行中,不同组被试流失程度不同,造成各个组实际样本容量不同,也不会影响随后的数据统计(张文彤,董伟,2004),因此该类设计对被试流失具有较好的耐受性。

由于采用随机取样,当样本容量较小时,抽样误差增大;当关键特征上被试特征差异较大时,都会增加二类错误的风险(张文彤,董伟,2004)。对于样本容量问题,可以通过适当增加样本容量来解决。对于被试关键特征差异较大的问题,可以尝试通过后文中的区组设计来解决。

多因素设计除了具有完全随机设计的所有特点之外,还具有一些单因素设计不可比拟的优势,主要包含以下特点:(1)做一项多自变量的实验比分别

[①] 当然,无论在什么情况下,测量造成的随机误差都会存在,详细阐述见第四章第三节。

做多项单自变量的实验效率高,做一个包含三个自变量的实验,总比分别做三个单一自变量的实验要简便得多;(2)做一项实验研究比分别做多项实验易于保持控制变量恒定,因为要保证实验进行中的环境特点、历史事件等,在短时间内完成,比持续很长时间要简单得多;(3)几个变量同时并存的情况下所概括的实验结果比从几个单独实验所概括的结果更有价值,更接近实际生活。特定自变量对因变量的影响并不总是恒定的,在特定条件下对因变量的影响可能消失甚至反转,多个自变量的实验正是要探索这样的边界条件。

(三)设计举例

杜波伊斯等人(Dubois et al.,2016)在探讨权力与说服效果之间的关系时即采用两因素析因设计。说服者的权力与说服效果之间的关系错综复杂,通常高权力的说服者更具有说服力,但有时候低权力的说服者说服效果更好,比如,儿童说服者在表达保护诉求、低收入个体在传播艾滋病防治信息时更有说服力。研究者提出受众(audience)的权力状态可能与说服者(communicator)的权力状态交互影响了最终的说服效果。研究者假定:传播者和受众的权力之间存在一种权力匹配效应(power-matching effect),即高权力受众更容易被高权力的说服者说服,而低权力受众更容易被低权力的说服者说服。研究者设计了四个实验来验证该假设及衍生假设。在四个实验设计中,自变量都是说服者的权力状态和受众的权力状态,除了实验二中的两个自变量各包含三个水平,因此属于3×3两因素析因设计之外,其他三个实验中的两个自变量只包含两个水平,即属于2×2两因素析因设计。我们仅对实验一的设计进行详细分析。

在实验一中,研究者共招募了120名商学院的大学生,采用2(说服者权力:高 vs.低)×2(受众权力:高 vs.低)组间设计,所有被试开始时都要完成一页的问卷,掩饰故事告诉被试是认知热身(cognitive warm-up),实际上在该部分包含一项散句测验任务以启动被试权力感,被试被随机分配到两组,其中一组被试被启动高权力感,另外一组被试被启动低权力感。随后每组被试再次被随机分配到不同的角色中,一部分被试被分到说服者角色,另外一部分被试被分到受众角色。说服者角色的被试被告知他将和另外一名被试配对,他的任务是说服对方使用校内新的体育设施(new on-campus gym facilities),然后说服者用一分钟的时间独自思考他们要说什么,受众角色的被试被告知他将和另外一名被试配对,听取对方一个简短的演讲。有四种组合形式:高权力说服者与高权力受众、高权力说服者与低权力受众、低权力说服者与高权力受众、低权力说服者与低权力受众组合。之后双方坐下来,说服者用一分半钟的时间来说服受众。该任务完成之后,说服者和受众都要再完成一份最终问卷。因变量在受众的问卷中体现,包括说服者的说服力(communicator persuasiveness)和使用新体育设施的可能性(likelihood of using the new gym facilities)。无论是说服者还是受众都接受了操控检验,即检验对两者的权力状态启动是否成功。另外,在说服任务中,无论是说服者还是受众都不应意识到当前任务与前面认知热身任务有关系。对实验结果的处理都采用两因素 ANOVA 处理。结果发现传播者与受众的权力状态之间交互效应显著,相对于低权力状态的受众,高权力状态的受众更容易被高权力状态的传播者说服,与之相反的,低权力状态的受众更容易被低权力状态的传播者说服,该结果验证了最初的假设。

该设计即典型的两因素析因设计,前人对说服者的权力状态与说服效果之间关系的发现是矛盾的,因此要考虑其他可能的调节因素,受众的权力状态被提出来,通过两因素的析因设计,发现是说服者与受众的权力状态共同决定了说服的效果,这样的发现更接近现实。另外,该设计还有一个小花招,表面上,该设计使用了 120 名被试,实际上有效的被试只是被分配到受众角色的约 60 人(从实验结果的方差分析中可以看到,因变量分析时,自由度只有 56),被分配到说服者角色的被试更像是一种实验刺激条件。60 人被分配到四个实验处理下,每个实验处理的样本平均不足 20 人,不满足随机化分配的要求。研究者在做类似实验设计时,尽量保证样本量充足。

二、三因素析因设计(three-factor factorial design)

(一)基本模式与结果检验

原则上,三因素析因设计与二因素析因设计没有什么差别,但由于多引入一个因素,使得被试分配和结果处理变得更加复杂。三因素析因设计包含三个被试间因素 X、Y 和 Z,每个因素包含若干个水平。假设因素 X 包含 m 个水平,因素 Y 包含 q 个水平,因素 Z 包含 r 个水平,则该类设计所包含的实验处理为 $m \times q \times r$ 个。对于包含水平数目最少的三因素析因设计,也要有 8 个($2 \times 2 \times 2$)实验处理,一旦某个因素包含更多的水平,那么实验处理的数目将会变得更加庞大,例如 $3 \times 3 \times 2$ 为 18 个实验处理,$3 \times 4 \times 4$ 为 48 个实验处理。在本书中,仅以 $2 \times 2 \times 2$ 组间设计为例展示设计模式,对于包含更多水平数目的三因素析因设计,基本模式是相同的。

1.具体设计模式

$$R \quad T_{x1y1z1} \quad O_{11}$$
$$R \quad T_{x1y1z2} \quad O_{21}$$
$$R \quad T_{x1y2z1} \quad O_{31}$$
$$R \quad T_{x1y2z2} \quad O_{41}$$
$$R \quad T_{x2y1z1} \quad O_{51}$$
$$R \quad T_{x2y1z2} \quad O_{61}$$
$$R \quad T_{x2y2z1} \quad O_{71}$$
$$R \quad T_{x2y2z2} \quad O_{81}$$

假设 X 因素、Y 因素和 Z 因素都包含两个水平,则该设计模式共包含 8 个实验组。对每组被试仅做实验处理后的观测。该模式下被试的分配仍然采用随机方式进行,被试被随机分配到任意一个实验处理中,而且仅仅接受这一个实验处理。

2.被试分配方案

假设每个实验组分配 n 名被试。其中被试 P 的脚标第一位数表示其所接受的实验处理序数,第二位数表示被试编号。每个后测值都是该组所有被试观测值的算术平均。

表 6.2　三因素析因设计被试分配表

组别	被试编号				均值
T_{x1y1z1}	P_{11}	P_{12}	……	P_{1n}	O_{11}
T_{x1y1z2}	P_{21}	P_{22}	……	P_{2n}	O_{21}
T_{x1y2z1}	P_{31}	P_{32}	……	P_{3n}	O_{31}
T_{x1y2z2}	P_{41}	P_{42}	……	P_{4n}	O_{41}
T_{x2y1z1}	P_{51}	P_{52}	……	P_{5n}	O_{51}
T_{x2y1z2}	P_{61}	P_{62}	……	P_{6n}	O_{61}
T_{x2y2z1}	P_{71}	P_{72}	……	P_{7n}	O_{71}
T_{x2y2z2}	P_{81}	P_{82}	……	P_{8n}	O_{81}

3.变异分解与结果统计

从变异的角度来分析该设计的原理,根据变异分析的思想,$SS_T = SS_B + SS_W$,

总的变异来源于处理间变异 SS_B 与处理内变异 SS_W，该设计可以对处理间变异 SS_B 做进一步的分解，包括了：(1) 三个主效应，即，X 因素造成的变异 SS_x、Y 因素造成的变异 SS_y 和 Z 因素造成的变异 SS_z；(2) 三个二阶交互效应，即，X 因素与 Y 因素的交互效应引起的变异 SS_{xy}、X 因素与 Z 因素的交互效应引起的变异 SS_{xz} 和 Y 因素与 Z 因素的交互效应引起的变异 SS_{yz}；(3) 一个三阶交互效应，即，X 因素、Y 因素与 Z 因素的交互效应引起的变异 SS_{xyz}。该设计的组内变异部分 SS_W，主要包括被试间的变异和其他随机变异，在该设计模式中无法继续分解。该设计的变异可以公式化表述为 $SS_T = (SS_x + SS_y + SS_z + SS_{xy} + SS_{xz} + SS_{yz} + SS_{xyz}) + SS_W$。要检验各个因素的效应是否显著，将各个因素造成的变异与处理内变异相比较即可（还要考虑自由度，因此比较均方）。

该设计模式需要使用多因素 ANOVA，通过该统计方法可考察主效应、交互效应和简单效应。在检验各个自变量的主效应与交互效应是否显著时，是以各个因素变异（SS_x、SS_y、SS_z、SS_{xy}、SS_{xz}、SS_{yz} 和 SS_{xyz}）的均方为分子，以组内变异 SS_W 的均方为分母。数据输入与计算模式与二因素析因设计相同。

(二) 设计评价

该设计与二因素析因设计没有本质差别，二因素析因设计的特点在该类设计模式中也存在。只是相对于二因素析因设计，该类更复杂，从结果看，主效应增加了一个，二阶交互效应增加了两个，而且出现新的三阶交互效应。该设计的优点是可以处理更复杂的关系，比二因素析因设计更加接近于现实情况。

(三) 设计举例

庞德斯等人（Pounders, Lee, & Mackert, 2015）希望探讨健康传播中的时间框架（temporal frame）、信息框架效价（message frame valence）和受众的自我观念（self-view）三者对于公益广告的说服效果时，即采用此类设计。自我观念理论认为，具有独立自我观念（independent self-view）的人更容易对信息进行抽象加工，具有互依自我观念（interdependent self-view）的人更容易对信息进行具体加工；构念水平理论（construal level theory）则认为在未来较远期（distal）发生的事情容易在心理上表征为抽象的构念，在未来较近期（proximal）发生的事情容易在心理上表征为具体的构念。研究者假定信息的框架与受众的自我观念之间可能存在匹配效应，即，具有独立自我观念的受众更容易被远期框架说服,有更强的意图从事健康行为,与之对应的,具有互依自我观念的受众更容易被近期框架说服,有更强的意图从事健康行为。同时,这种一致性又受到信息框架效价的影响,在收益框架(gain message frame)下,独立自我与远期框架一致产生的说服效果更强,而在损失框架(loss message frame)下,互依自我与近期框架一致产生的说服效果更强。研究者共设计了两个实验,其中实验一采用的是三因素设计,我们即以实验一为例。

实验一共选取三个自变量,为 2(时间框架:天 vs.年)× 2(自我观念:独立自我 vs.互依自我)×2(信息框架效价:收益 vs.损失)被试间设计。这三个自变量都通过实验材料操纵。实验材料是自编的倡导心脏病防治的公益广告海报。时间框架的操纵通过海报上的标题,强调每天或者每年心脏病发作的人数;自我观念则通过广告中的图片和文案来启动:图片中或者呈现个人或者呈现家庭,文案要求被试思考从事健康行为来包含自己或者家庭;信息框架效价则通过文案来启动:或者告诉受众通过增加健康饮食和适当锻炼可以有收益,或者告诉受众缺少健康饮食和适当锻炼会有损失。研究者从亚马逊某个特定的被试招募平台(Amazon.com's Mechanical Turk platform)招募了 211 名在线被试,有 7 名被试因为没有通过检验问题而被移除。剩下的 204 名被试被随机分配到 8 个实验条件下。观看过平面广告之后,被试需要回答三个部分的内容,因变量是从事健康行为的倾向(behavioral intention),是一个包含 6 个条目的 7 点李克特量表;操控检验共包含三个,检验远近指标的是 3 个条目的 7 点语义区分量表,检验自我观念的是 4 个条目的 7 点李克特量表,检验信息框架效价的共有 4 个条目,两个检验收益框架,另外两个检验损失框架。最后,还需要被试报告人口统计学信息,与心脏病相关的自身医疗史信息和家庭医疗史信息。所有具体测量条目可以参考原文。研究者首先检验了操控是否成功,通过 2×2×2 三因素 ANOVA 或者 MANOVA 检验,表明所有的自变量都被成功地操控了。对于因变量的检验也使用了 2×2×2 三因素 ANOVA 检验,研究者感兴趣的时间框架与自我观念的两阶交互效应显著,三个自变量的三阶交互效应也显著,验证了最初的假设。同时,人口统计学变量和医疗史等变量对因变量都没有产生影响。

第二节　随机化区组设计与拉丁方设计

一、随机化区组设计(randomized block design)

(一)基本模式与结果检验

也称为配伍设计,其英文名称来源于费舍尔①(Fisher)(张文彤,董伟,2004)。区组(plot/block)在实验设计中的概念起源于农业田间研究中,按土地的特点把实验区域划分为不同的"区域"或"区块"。广告学及相关学科实验中的区组是指把被试按照个体差异分配到不同的被试组,并且把这种"区组"的差异作为一个额外变量来进行控制。通常假定在随机区组设计中的划分区组的因素与实验处理因素无交互效应。

区组划分的基本原则是,区组内被试是同质的,即同一区组内的被试在关键特征上差异尽可能小,而不同区组之间的被试在关键特征上差异尽可能大。通常的做法是将在某个特征上相同的 j 个被试归为一个区组,分别接受 j 个实验处理中的一个。特定区组与特定实验处理交叉点被称为单元格。一般来说,每个单元格应该只有一个被试,即只有单个观测值,无重复数据。此时,区组因素与实验处理的交互效应无法检验。当然,区组也可以是以某个团体(朱滢,2000),例如整个班级,或者环境因素(舒华,1994),例如测试时间划分。此时,区组变异就不再是被试间的差异,而是其他划分区组的因素。还有另外一种情况,在一些著作中(张厚粲,徐建平,2009;张文彤,董伟,2004;朱滢,2000),研究者认为一名被试可以作为一个区组,使之重复接受所有实验处理,这在实质上等同于重复测量设计,虽然两者在结果处理上,可能大部分情况下是相同的(邓铸 & 朱晓红,2009),但当数据不能满足球形假设(sphericity assumption)时,重复测量数据的处理就会与区组设计有所不同(张文彤,董伟,2004)。更重要的是两者对于变异的分解存在着本质的不同(舒华,1994)。因此在本书中,采用舒华等人(舒华,1994)的观点,不认可单个被试为一个区组的情况。

---

① 费舍尔同时是随机化实验设计和方差分析理论的创始人。

区组数目和实验处理的数目通常都在两个以上,原则上没有上限,而且区组数目与实验处理数目只需按照研究目的和自身特点设定,彼此互不相关。

1.具体设计模式

	T_1	T_2	……	T_j
区组 1	O_{11}	O_{12}	……	O_{1j}
区组 2	O_{21}	O_{22}	……	O_{2j}
……	……	……	……	……
区组 i	O_{i1}	O_{i2}	……	O_{ij}

该设计模式可以称为单因素随机区组设计。在该设计模式中,仅有一个自变量,且包含 j 个水平,因此有 j 个实验处理,另外,某特定额外变量包含 i 个水平,根据该额外变量的不同水平,将被试划分 i 个同质组,同一组内的被试都处于该额外变量的某一个水平。

2.随机区组设计模式的扩展模式

	T_{x1y1}	T_{x1y2}	……	T_{xjyk}
区组 1	O_{11}	O_{12}	……	O_{1jk}
区组 2	O_{21}	O_{22}	……	O_{2jk}
……	……	……	……	……
区组 i	O_{i1}	O_{i2}	……	O_{ijk}

该扩展模式可以称为二因素随机区组设计。在该设计模式中,有两个自变量,一个自变量包含 j 个水平,另外一个自变量包括 k 个水平,因此共有 j×k 个实验处理。该模式有 i 个区组。原则上还可以有三因素随机区组设计,模式与上述二因素随机区组设计模式相同。

3. 被试分配方案

该模式下,被试首先根据某些特定属性被划分为区组,在某些特征上相似的被试被划分为一个区组。而且在区组内,每个实验处理仅分配一名被试,因此有多少个实验处理,一个区组内就要有多少个被试。当然,也有些研究者认为,区组内被试人数可以是实验处理的整数倍(大于或等于1的任何整数),每个单元格内就有两个或者两个以上的被试,观测值 O 将会是多个观测结果,这样的设计被称为一般化随机区组设计(generalized randomized block design),此时可以检验区组与实验处理的交互效应(张文彤,董伟,2004),而且对处理内的变异分解也有所不同①。

无论是单因素随机区组设计还是多因素随机区组设计,被试分配原则是不变的,本书以二因素随机区组设计为例来讲述如何分配被试。假设有 i 个区组,有 j×k 个实验处理,相应的,每个组区中就需要 j×k 个被试,以 n 来表示。在被试分配表中,被试 P 的脚标第一位数表示所处区组序数,第二位数表示被试编号(须注意该脚标标注格式与完全随机实验设计的被试的脚标标注方式有所不同)。每个被试对应了设计模式中的一个观测值。

表 6.3 二因素随机区组设计被试分配表

组别	T_{x1y1}	T_{x1y2}	……	T_{xjyk}
区组 1	P_{11}	P_{12}	……	P_{1n}
区组 2	P_{21}	P_{22}	……	P_{2n}
……	……	……	……	……
区组 i	P_{i1}	P_{i2}	……	P_{in}

4. 变异分解与结果统计

根据变异分析的思想,$SS_T = SS_B + SS_W$,总的变异来源于处理间变异 SS_B 与处理内变异 SS_W。该设计模式的处理间变异与完全随机设计中的处理间变异相同。对于单因素随机区组设计来说,仅仅包含该因素的主效应 SS_B,而对于二因素随机区组设计来说,处理间效应主要包括:(1)两个主效应,即,X 因素造成的变异 SS_x、Y 因素造成的变异 SS_y;(2)一个交互效应,即两者交互效应引起的变异 SS_{xy}。虽然处理内变异 SS_W 与完全随机设计中一样,包含了被试间的变异和其他随机误差,但在该设计中,被试间的差异可以分离出来,被称为区组变异 SS_Q,处理内变异减去区组变异剩下的部分被称为残差 SS_R,因此对于单因素随机区组设计来说,变异分解的公式化表述为 $SS_T = SS_B + (SS_Q + SS_R)$,而对于二因素随机区组设计来说,变异分解的

---

① 在本书中,仅考虑单元格内只有一名被试的情况,即假定区组因素与自变量无交互作用。

公式化表述为 $SS_T = (SS_x + SS_y + SS_{xy}) + (SS_Q + SS_R)$。

即使对于单因素随机区组设计模式,除了实验处理因素,区组也会作为一个因素,因此该设计模式的实验结果要使用多因素 ANOVA,但不能使用全模型,要去除区组因素与其他因素的交互效应,因为该设计的前提假设即要求区组因素与实验处理因素无交互效应。在检验各个自变量的效应是否显著时,是以各个因素的变异(SS_x、SS_y、SS_{xy} 以及区组效应造成的变异 SS_Q)的均方为分子,以残差 SS_R 的均方为分母。另外,该设计模型在 SPSS 的数据输入模式与多因素完全随机设计的输入模式一样,区组作为一个独立因素被输入。

(二)设计评价

在某种意义上,随机区组设计可以视作完全随机多因素设计扩展形式,比完全随机设计的效率更高。该设计考虑了被试之间的差异对实验结果的影响,通过特定的程序,将这些差异以区组变异的形式剥离出来。从变异分解上来看,区组变异从处理内变异分离出来,这样再检验每个因素的效应时,分母不再是整个 SS_W,而是分离出 SS_Q 剩下的 SS_R 部分,大大减少了实验误差,因而可以更精确地估计处理效应。该设计的区组数与实验处理数没有关联,可以根据实际情况灵活设置。然而,这样的设计缺点也是很明显的,组区划分要求区组内被试尽可能同质,区组间差异尽可能大,这样的划分比较难以进行,尤其是当处理水平较多时,寻找多个同质被试将会非常困难。并且,区组因素与实验处理因素彼此间不能存在交互影响,在现实情况下可能难以做到。

(三)设计举例

到目前为止,广告学研究文献中,几乎没有严格的随机区组设计的实验。实际上由于对区组内被试同质性苛刻的要求,该类设计几乎在所有社会科学研究领域都不常见。在此,我们仅仅引用一个一般化随机区组设计实验。

萨皮安等人(Sapiains, Beeton & Walker, 2016)要探讨环境变化信息的框架如何影响受众的亲环境行为(pro-environmental behaviors)即采用一般化随机区组设计。研究者首先通过质性分析获得了关于环境的四种信息框架:第一种是传统的气候改变(traditional climate change)框架,强调导致气候问题原因的科学证据,强调人们应该做点什么的道德责任感;第二种是生物多样性保护(biodiversity conservation)框架,从动植物的内在价值和对生态系统的重要性方面强调保护环境的重要性;第三种是身份(identity)框架,强调保护环境的行动是维护澳大利亚生活方式和文化的基础,并且环境是作为澳大利亚人和在本国生活必不可少的成分;第四种是经济繁荣(economic prosperity)框架,强调环境的经济价值。研究目的是要探讨这四种框架对受众亲环境行为的影响,但受众本身对气候变化的信念(climate change belief)可能存在差异,有些人认为环境变化是人为造成的(anthropogenic),有些人认为环境变化是自然发生的(natural),这个因素就被用作划分区组的变量,因此在该设计中包含两个区组。研究者通过互联网广告或公共建筑张贴海报等方式招募到了 156 名澳大利亚布里斯班(Brisbane)居民,年满 18 周岁且已经在当地居住 5 年以上。通过筛选问卷将被试分成两个区组。实验者依据四种信息框架制作了四类信息,并通过其他样本(49 人)检验这四类信息是否在其他可能影响结果的因素上有差异,这些因素包括:是否有趣(interesting)、是否有用(useful)、是否能够提供信息(informative)、卷入度多高(involving)以及是否清晰(clear)等。因变量是气候变化态度量表(attitudes to climate change survey)。被试首先依据筛选测验被分成两个区组,然后每个组区的被试又被随机分配到四种条件下。实验一对一进行,首先要求被试阅读一段文字,这些文字分别包含了不同的信息框架。读完之后被试还需要填写有关气候变化行动的意向问卷。实验结果通过两因素 ANOVA 检验,在气候变化态度量表的各个子量表上发现了不同信息框架的效应差异,也发现气候变化信念的主效应,但两者不存在交互效应。

该设计本来是一般化随机区组设计,气候变化信念是区组因素,原则上不应该检验气候变化信念和信息框架类型之间的交互效应,但研究者对数据处理的方式与两因素被试间设计没有什么差别。当然,因为在该实验设计中,每个单元格里不只包含一个被试,是可以检验区组因素和自变量间的交互效应的。

二、拉丁方设计(Latin square designs)

(一)基本模式与结果检验

在该类设计中,通常包含一个自变量和另外两个控制变量,这三个因素通常被假定彼此间是正交的,即彼此之间不存在交互效应,而且,每个变量的水平数是相同的,或者以实验处理的数目为准,但基本上限定在 8 个水平以内(张文彤,董伟,2004)。

第四章中提到的不完全对抗平衡法,目的在于处理被试内设计的实验处理顺序问题,需要考虑各个实验处理彼此间的影响,尽可能保证每个实验处理在其他实验处理之前和之后都出现相同的次数。而拉丁方设计是组间设计，目的在于如何从三因素所有水平的组合中选择部分组合作为实验处理，以便用较少的被试检验三个因素尤其是自变量的效应。因此，在拉丁方设计中，构建拉丁方方格的步骤稍微复杂些。

1.具体设计模式

为了表述方便，我们假定实验处理因素包含 4 个水平，那么两个额外变量也分别有 4 个水平。一个可操作化的步骤包括：

第一步，首先按照第四章不完全平衡对抗法中的拉丁方法建立一个原始拉丁方块（见图 6.1），然后将行随机化排列（见图 6.2），最后将列随机化排列（见图 6.3）。

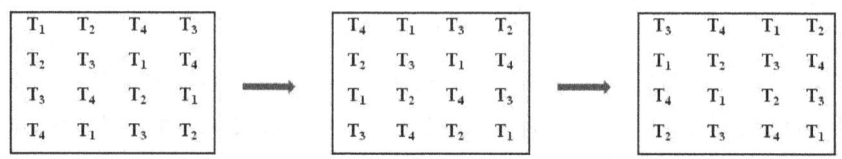

图 6.1　原始拉丁方　　　图 6.2　行随机化后的拉丁方　　　图 6.3　列随机化后的拉丁方

第二步，把额外变量 X 和 Y 分配到行和列（见图 6.4）。如果这两个额外变量的水平可以随机排列，则按照随机原则将这些水平放在不同的位置，如果不能够随机排列，则按照自有逻辑进行，例如额外变量是周一到周五的工作日，或者第一周到第八周这样的时间顺序，那么此类额外变量就不能随机排列，按照时间顺序排列，然后进行第三步即可。

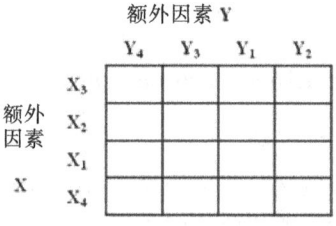

图 6.4　额外变量 X 和 Y 的分配

第三步就需要将实验处理的不同水平与两个额外变量的水平相结合，最直接的方式就是把第一步形成的方格放进第二步形成的空格中。最终形成的拉丁方格为 4 行、4 列的单元格,且每个实验处理在每行和每列只出现一次(见图 6.5 最右)。

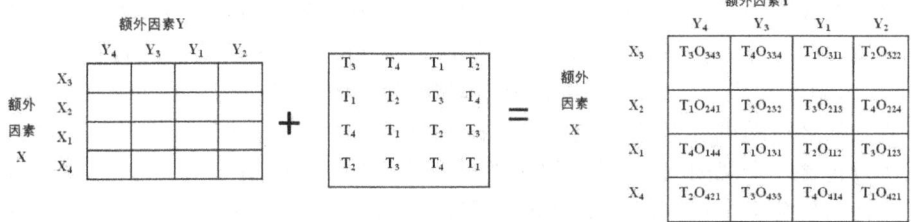

图 6.5　三个因素结合形成最终拉丁方格

上述步骤也适用于实验处理包含 K 个水平的情况。每个观察的编号按照额外变量 X、额外变量 Y 和实验处理 T 的水平序数作为脚标,如 O_{322} 脚标第一数字 3 即表示额外变量 X 的第三水平(第一行),第二数字 2 即表示额外变量 Y 的第二水平(第四列),第三数字 2 即表示实验处理 T 的第二水平。

2.被试分配方案

在拉丁方设计中,每个单元格可以安排一名被试,也可以安排多名被试,假设该拉丁设计包含 K 个实验处理,那么就会有 K×K 个单元格,每个单元格中可以随机分配 n 个被试,那么总的被试需要 nK^2 个被试。在被试分配表中,被试 P 的脚标第一位数表示所处拉丁方的行序数,第二位数表示所处拉丁方的列序数,第三位数表示被试编号。单元格内所有被试的观测值的平均数对应了设计模式中的一个观测值。

表 6.7　拉丁方设计被试分配

额外因素 X	额外因素 Y			
	Y_1	Y_2	……	Y_k
X_1	$P_{111}, P_{112}……P_{11n}$	$P_{121}, P_{122}……P_{12n}$	……	$P_{1k1}, P_{1k2}……P_{1kn}$
X_2	$P_{211}, P_{212}……P_{11n}$	$P_{221}, P_{222}……P_{22n}$	……	$P_{2k1}, P_{2k2}……P_{2kn}$
……	……	……		……
X_k	$P_{k11}, P_{k12}……P_{11n}$	$P_{k21}, P_{k22}……P_{k2n}$	……	$P_{kk1}, P_{kk2}……P_{kkn}$

3.变异分解与结果检验

根据变异分析的思想,$SS_T = SS_B + SS_W$,总的变异来源于处理间变异 SS_B 与处理内变异 SS_W。该设计模式下,处理间变异 SS_B 对应的是实验处理因素造成的变异。处理内变异 SS_W 的分解较为复杂,首先要分解两个额外因素造成的变异,包括额外因素 X 造成的变异 SS_X,额外因素 Y 造成的变异 SS_Y,剩下的部分属于随机误差 SS_E,如果每个单元格内包含多个观测值(被试),那么该随机误差 SS_E 包含单元格内变异 SS_C 和残差 SS_R,如果每个单元格只包含一个观测值(被试),那么随机误差 SS_E 就等同于 SS_R。因此每个单元格内包含多个观测值的变异分解可以公式化为 $SS_T = SS_B + (SS_x + SS_y + SS_C + SS_R)$,而每个单元格内只有一个观测值的变异分解可以公式化为 $SS_T = SS_B + (SS_x + SS_y + SS_E)$。

研究者在使用拉丁方设计时通常只关注一个自变量,但在该设计中又包含了另外两个额外变量,因此在做数据检验时,一般采用不考虑交互效应的三因素 ANOVA 分析,三个因素分别是研究者选定的自变量 T、额外变量 X(横行)和额外变量 Y(纵列)(Stanley,1955),不使用全模型,而仅仅检验三者的主效应。在检验各个自变量的效应是否显著时,是以各个因素的变异(SS_B、SS_x 和 SS_y)的均方为分子,以随机误差 SS_E 的均方为分母。该设计模式的数据输入格式与多因素完全随机设计的数据输入模式一致。

当单元格内有两个或两个以上的被试时,还可以以单元格内变异 SS_C 的均方为分母[①](舒华,1994)。另外,舒华(1994)还建议对误差变异做进一步检验,即以残差变异 SS_R 的均方为分母,以单元内变异 SS_C 的均方为分子进行方差检验,如果 F 值显著,说明各个变量之间可能存在交互效应,不宜采用拉丁方法。

(二)设计评价

拉丁方设计有多个方面的优点:其一,可以把该设计的横行和纵列的额外变量都看作区组变量,则该设计可以看作是横行和纵列的双区组设计,只是该设计比一般的区组设计多一个控制变量(张文彤,董伟,2004),大大减小了误差项,比完全随机设计和随机区组设计效率要高;其二,如果单元格内包含多个被试,还可以计算单元格内的变异与残差,从而通过 F 检验反映自身设

---

① 但在 SPSS 软件中,没有将两者分离,仍然以总的随机变异 SS_E 的均方为分母。

计的正确性(舒华,1994);其三,同样对三个因素效应[①]进行检验的情况下,相对于三因素完全随机设计以及二因素随机区组设计,拉丁方设计需要的被试数量要少。例如,对于 4×4×4 的完全随机设计,每组需要 n 名被试,则该设计需要 64n 名被试;对于 4×4 二因素随机区组设计,假设区组数也为 4,每个单元格内 n 名被试,那么该设计也需要 64n 名被试。当然,通常在随机区组设计的一个单元格内有一个被试,即使是这种情况下也需要 64 名被试。对于 4×4 拉丁方设计,每个单元格内包含 n 名被试,则该设计只需要 16n 被试。只要 n 小于 4,就会比随机区组设计的被试数少。

该设计能够以较少的实验数据获得较多的信息,代价是要求比较严苛,首先,该设计要求三个因素不能存在交互效应,而在现实中,这样的条件难以达到;其次,该设计要求三个因素的水平数也必须相同,同样在现实中难以达到;最后,单元格内只有一个被试的情况下,任何一个数据不能出现缺失,缺失数据会导致无法进行随后的分析。

(三) 设计举例

杨等人(Yang, McClelland & Furnham, 2016)即使用拉丁方设计来探讨背景音乐如何影响听众在认知任务中的表现。在杨的设计中,包含了三个变量,其中一个是自变量,即研究者操纵的背景音乐,分成三类,一类是钢琴独奏,第二类是吉他独奏,第三类是萨克斯风(saxophone)独奏。还包括两个额外变量,第一个是被试特点变量,分成三组,一组是钢琴家,第二组是吉他手,第三组是非音乐家;第二个是认知任务类型,第一类是算术运算(arithmetic test),第二类是句子检验任务(sentence-checking test),第三类是温德利人事测验(Wonderlic Personnel test)。将三者按照拉丁方法进行组合,如下表 6.8:

表 6.8 拉丁方设计组合

被试组	认知任务		
	算术运算	句子检验任务	温德利人事测验
钢琴家	吉他独奏	萨克斯风独奏	钢琴独奏
吉他手	钢琴独奏	吉他独奏	萨克斯风独奏
非音乐家	萨克斯风独奏	钢琴独奏	吉他独奏

注:上表与杨文章中的表格并不相同,已经根据设计模式进行了修改,实际原理相同。

[①] 因为任何一个拉丁方设计必然包含三个因素,所以应该考虑三因素完全随机设计和二因素随机区组设计的情况,而不是单因素完全随机或随机区组设计。

被试选取60人,其中20人为钢琴家,20人为吉他手,20人为非音乐家。被试单独完成任务,需要填答三项认知任务,每个任务持续四分钟。在四分钟内,被试一边听特定的音乐,一边尽快回答任务。

该实验设计原则上利用了拉丁方设计,但有几点操作失误。首先,拉丁方设计要求三个因素彼此间无交互影响,但在该设计中,研究者要探讨音乐家的认知任务更容易受到自身熟悉音乐的干扰(原则上,所有音乐类型对不同音乐家的影响应该一致),因此,三个因素并非互相独立,而是存在交互效应,这种情况并不符合拉丁方设计的前提假设,使用完全随机设计是比较好的选择;其次,拉丁方设计为组间设计,同一个被试只能接受其中一个实验处理,但在该研究中,每个音乐组中的20个被试要接受所有的认知任务,因此额外因素认知任务变成了组内变量,被试接受认知任务的顺序也会对结果造成影响,增加了第三个额外因素;最后,在实验结果的处理中,杨等人仅仅使用单因素方差分析分析了吉他手与非音乐家、吉他手与钢琴家、钢琴家与非音乐家在每类认知任务中的差异,这种处理方式不符合拉丁方设计的数据处理要求,增加了一类错误的概率。因此,该研究应该采用三因素ANOVA分析,并在模型中去除所有交互效应。

第三节 重复测量设计

一、被试内实验设计(within-subject design)

(一)基本模式与结果检验

被试内设计是重复测量实验设计的一种基本形式。该类设计要求同一名被试接受所有的自变量水平或自变量水平的结合。这种设计的目的是利用被试自身作为控制条件,在所有实验处理条件下,被试的各方面特征保持恒定,从而最大限度减少由于被试间差异带来的随机变异(舒华,1994)。单因素重复测量是被试内设计最基本的模式。

1.单因素被试内设计模式

$$T_1 \quad O_1 \quad T_2 \quad O_2 \cdots\cdots T_j \quad O_j$$

该设计模式中,只有一个自变量,假设该自变量包含了 j 个水平,那么同一组被试就要接受 j 次处理,并接受 j 次观测。需要特别注意的是,被试在接受实验处理时,需要平衡不同实验处理的施加顺序。在实验处理少的情况下,可以使用完全平衡法,在实验处理多的情况下,可以使用不完全平衡法,例如拉丁方法,具体内容请参见本书第四章。

2.二因素被试内设计模式

$$T_{x1y1} \; O_1 \quad T_{x1y2} \; O_2 \quad \cdots\cdots \quad T_{xjyk} \; O_{jk}$$

在被试内设计中,还可以包含更多因素,我们以二因素被试内设计模式为例,在该设计模式中包含两个被试内自变量 X 和 Y,假设自变量 X 包含 j 个水平,自变量 Y 包含 k 个水平,则对同一组被试需要施加 j×k 次实验处理并进行 j×k 次观测。同样,实验处理的施加顺序需要在不同被试间进行平衡。

3.被试分配方案

被试在单因素被试内设计和多因素被试内设计中的分配方案没有差别,在此我们以二因素组内设计的被试分配方案为例。在该设计模式中,同一被试要接受所有实验处理,因此同一横行是同一个被试,在被试分配表中,被试 P 的脚标仅有一位数,即表示该被试的编号。该被试分配方案特别需要与随机区组设计相区别。

表 6.9 被试内设计被试分配方案

处理	被试编号				均值
T_{x1y1}	P_1	P_2	……	P_n	O_1
T_{x1y2}	P_1	P_2	……	P_n	O_2
……	……	……	……	……	……
T_{xjyk}	P_1	P_2	……	P_n	O_{jk}

4.变异分析与结果检验

根据变异分析的思想,$SS_T = SS_{BP} + SS_{WP}$,总的变异来源于被试间变异与被试内变异[①],对于包含单个因素 X 的被试内设计,被试内变异 SS_{WP} 可以

---

① 公式中脚标 BP 代表 between-participants,WP 代表 within-participants。重复测量设计中的变异分解与组间设计中的变异分解有很大不同,注意区分。

进一步分解为实验处理效应 SS_X 和残差 SS_{XR},因此变异分解的公式化表述为 $SS_T = SS_{BP} + (SS_X + SS_{XR})$。而对于两因素 X、Y 完全被试内设计,被试内变异 SS_{WP} 可以进一步分解为 X 因素的处理效应 SS_X 和残差 SS_{XR},Y 因素的处理效应 SS_Y 和残差 SS_{YR},以及因素 X 和 Y 的交互效应 SS_{XY} 和残差 SS_{XYR},因此变异分解的公式化表述为 $SS_T = SS_{BP} + (SS_X + SS_{XR} + SS_Y + SS_{YR} + SS_{XY} + SS_{XYR})$。

对于被试内设计,应该采用重复测量方差 MANOVA 检验,与被试间设计类型相比,该设计复杂之处在于,检验每个因素的主效应或者多个因素的交互效应时,作为分母的误差项都是不同的。对于单因素被试内设计情况比较简单,以实验处理的变异 SS_X 与残差相比即可,对于二因素被试内设计,情况则复杂得多。自变量 X 和自变量 Y 以及他们之间的交互效应都有各自的残差,分别是 SS_{XR}、SS_{YR} 和 SS_{XYR},因此,在计算主效应或者交互效应时,要注意使用各自的误差项均方为分母。

在有些著作中,把被试内设计视作随机区组设计的特殊情况。被试内设计的确借鉴了随机区组的设计思想,但两者对变异的分解并不相同,对于单因素被试内设计,变异的分解公式为 $SS_T = SS_{BP} + (SS_X + SS_{XR})$,对于单因素随机区组设计,变异的分解公式为 $SS_T = SS_B + (SS_Q + SS_R)$,单因素被试内设计中实验处理变异 SS_X 相当于单因素区组设计中实验处理间变异 SS_B,而单因素被试内设计中的被试间变异 SS_{BP} 相当于单因素区组设计中的区组间变异 SS_Q,两者的残差 SS_{XR} 和 SS_R 相对应。当然,虽然变异分解方式不同,但两者对应部分的统计结果是完全相同的。对于二因素被试内设计和二因素随机区组设计,两者的统计结果则并不相同,变异分解则表现出更大的差异,从数值上看,因素 X、因素 Y 和两者的交互效应造成的变异之和与随机区组设计中的实验处理间变异 SS_B 是相同的,甚至二因素被试内设计中的被试间变异 SS_{BP} 与随机区组设计中的区组变异 SS_Q 也是相同的,但被试内设计中的残差包含多个,并且与随机区组设计中的残差也不相同。请读者自行对照两者的变异分解公式。

另外,在 SPSS 软件中,被试内设计通常采用一般线性模型(GLM)过程来检验。结果输出包含几个部分,一元分析结果(test of within-subjects effects)即符合上述变异的分解与检验。该软件还输出了多元分析结果(multivariate tests)。在做结果处理的时候,以哪个结果输出为准?如果重复测量数据间存在相关性,则不满足方差分析的要求,需要多元方差分析,但如果各个数据间不存在相关性,则一元结果与多元结果一致。检验数据间是否存在相关性的方法即球形假设检验。在 SPSS 软件中输出了球形假设的结果。如果数据结果符合球形假设的要求($p>0.05$),看一元分析结果,如果不符合球形假设的要求($p<0.05$),则需要看多元分析结果(张文彤,董伟,2004)。

(二)设计评价

被试内设计适用于以下情况(张文彤,董伟,2004),第一,当研究目的是探讨某指标变化包含时间因素时,例如被试在观看某公益广告前后,就涉及观看前和观看后这个时间维度;第二,被试个体间差异过大,如果使用完全随机设计,随机误差项太大而导致出现二类错误;第三,实验要求被试样本非常特殊,难以招募到足够多的被试时,可以考虑使用被试内设计。

被试内设计最大的优点是,借鉴区组设计的思想,并使用同一个被试接受所有实验处理,在比较实验处理之间差异时,可以把被试带来的额外变异减少到最小的限度。但是,使用被试内设计的前提是,实验处理之间不能相互干扰,不能有学习、记忆效应延滞影响。另外,同一被试接受连续实验处理与观测,容易出现练习疲劳效应,从而影响实验处理的效果,因此在被试内设计中一定要考虑实验处理的施加顺序。

被试内另外一个优点是,使用的被试量最少。同样以包含三个因素、每个因素 4 个水平的设计为例。完全随机设计需要 64n 名被试,随机区组设计需要 64n 名被试,拉丁方设计需要 16n 名被试[①],而三因素完全被试内设计只需要 n 名被试。

(三)设计举例

1.单因素被试内设计

李维斯等人(Lewis,Tamborini & Weber,2014)试图根据双加工模型(dual-process model)来探讨受众对叙事媒介(narrative media)的喜爱(enjoyment)和欣赏(appreciation)之间的差异即采用了此类设计。研究者认为受众对叙事媒介的加工可能存在快速的、直觉式的(quick, intuitive)或者慢速的、沉思式的(slower, reflective)两种加工方式,从而使得受众产生喜爱或者欣赏两种不同的感受。研究者使用两个实验来验证上述推测,实验一和实验二所使用的设计及自变量相同,只是在因变量上有所差异,在本书中,仅对实验

---

① 拉丁方设计中并没有包含所有因素的全部水平组合,而且实际上三因素的拉丁方设计也仅仅检验了一个自变量。

一进行分析。

在实验中,研究者所使用的刺激材料为12个包含道德情境的叙事文本,每个文本包含两个部分,文本主题或介绍部分,和三种不同的结局部分。研究者举了一个包含平民故事的文本:敌人士兵正在屠杀艾娃的村庄,艾娃和一些村民藏在地下室里,士兵接近了,她的孩子开始哭泣,她用手捂住了孩子的嘴。如果艾娃放开手就会被士兵发现,每个人都会死。以上就是文本主体部分,三种不同结局分别是:(1)全积极(all-positive)结局,艾娃安抚了孩子,大家都得救了,这类结局是流行媒介中比较常见的全积极主题,受众的道德直觉全部得到支持;(2)混合积极(mixed-positive)结局,艾娃捂死了孩子,大家得救了,这类结局也是流行媒介中比较常见的,虽然包含了消极的主题,但可能会导向积极的评估,受众的一部分道德直觉得到维持,另外一部分被违背;(3)全消极(all-negative)结局,艾娃什么也不做,孩子哭泣导致大家被发现,全部被杀害,这种结局在流行媒介中并不常见,受众的所有道德直觉都被违背。这三种结局类型代表了自变量的三个水平,研究者认为在全积极结局情况下,受众会使用快速的直觉式的加工方式,加工时间会短(实验一),会产生"喜爱"的评价(实验二),而在混合积极结局情况下,受众会使用慢速的、沉思式的加工方式,加工时间会长(实验一),会产生"欣赏"的评价(实验二)。全消极结局与上述两种方式无关,会产生"不喜欢"的评价,这种消极的反应被用作实验一中反应时的比较基础。在实验一中,因变量是被试评价故事结局的反应时。

该研究是被试内设计,每个被试都要接受自变量三个水平的处理。要排除材料自身特征的影响以及延滞效应,刺激材料的匹配,出现顺序的平衡就很重要,研究者采用了抵消平衡中的拉丁方设计。首先,12个文本被分成A、B、C三组,每组四个文本。这三组仅仅是为了后面匹配被试和结局方便,并没有本质差异。被试也被分成1、2、3三个组,这三组也仅仅是为了接受文本与结局匹配方便而设,没有本质差异。文本与不同结局匹配被分配到三个被试组中,如表6.10:

表6.10 文本、结局和被试组分配表

被试组别	全积极	全消极	混合积极
被试组1	A	B	C
被试组2	B	C	A
被试组3	C	A	B

每个被试需要阅读全部12个文本,但对每个文本只能看到三个结局中的一个,这12个文本和结局呈现以随机排序的方式呈现给每名被试。三个被试组接受了自变量的所有三个水平,但在刺激材料的组合上并不相同。被试组1看到的A组材料结局是全积极的,被试组2看到的A组材料结局是混合积极的,被试组3看到的A组材料结局是全消极的。当然,所有刺激材料在原则上是等价的。

研究者从美国中西部某大学的传播学课上招募了180名被试。测试单独进行,所有程序在电脑上完成。被试坐在电脑显示器前,首先完整阅读文本,然后按空格键进入结局屏。被试需要按两个键之一来表示自己"喜欢"或者"不喜欢"这个结局。因为左右手反应可能存在差异,因此"喜欢"和"不喜欢"与左右键的匹配在不同被试间做了平衡。另外一个混淆因素是被试的阅读速度。在进行实验一之前,研究者做了一个先导研究,招募了72名被试,评估他们对每个结局的平均阅读时间。在正式实验中,被试的反应时减去这些基线时间。实验数据通过单因素重复测量的ANOVA检验,结果发现结局类型的主效应显著,混合积极结局反应时长显著地高于全积极结局的反应时长,但与全消极反应时没有显著差异,研究者对此做了进一步解释。

该设计是单因素三水平被试内设计,刺激材料的呈现颇具代表性,因为涉及额外变量很多,需要进行抵消平衡。在该设计中,12个文本自身的差异、与结局匹配的差异和呈现顺序的差异,都是潜在的混淆变量,需要使用复杂的抵消平衡,研究者借用了拉丁方设计的思想,对潜在混淆因素进行了平衡。但该研究对于变量的操作化方面存在一定问题,以反应时来反映被试使用快速直觉系统还是慢速沉思系统存在逻辑跳跃。在该研究中,反应时间的快慢完全可以解释为是否存在认知冲突。

2.二因素被试内设计

邓晓燕等人(Deng & Kahn, 2009)要探讨商品图像在包装正面上(package facade)的位置如何影响消费者对商品重量和评价时,在实验二和实验四中即采用此类实验设计模式。本书以实验二为例进行详细分析。商品图像在包装正面上的位置会影响消费者对商品重量的感知,但在某些商品中,商品重量大被认为是积极的,比如对于小食品来说,重意味着"多"和"口味丰富",而对于另外一些商品来说,商品重量大被认为是消极的,比如对于外置摄像头,商品越重就意味着掉落更易损和更不便携。因此,研究者推测商品图像在包装正面上的位置对消费者商品偏好的影响受到商品特征的影响。对于那些重量被认为是积极的商品,消费者会喜欢图像放置在包装正面上偏重的位置,而对于那些重量被认为是消极的商品,消费者会喜欢图像放置在包装正面上偏轻的位置。

该实验属于2(商品图像位置:重 vs.轻)×2(属性效价:重好 vs.轻好)被试内设计。在呈现实验刺激时,为了使研究获得结论普遍适用于所有的实际情况,就需要考虑特别多的因素:(1)包装的形状,该研究选取了6种商品,高2倍宽、高1.618倍宽、宽2倍高、宽1.618倍高、正方形和圆形;(2)轻重位置,2种商品,依据特定形状选定,由于形状基本上决定了轻重位置所在,因此这两个因素可以组合成12种条件,例如轻—高2倍宽或重—高2倍宽(图见原文献),为阐述方便,我们称之为轻包装1和重包装1,其余命名依次类推,见表6.11;(3)商品类型,研究者共选取了6种商品,3种被认为重即是好的商品,威化棒、巧克力芯饼干和三明治饼干,3种被认为轻即是好的商品,摄像头、荧光灯泡和豆宝宝(玩具),为方便阐述,用A到F分别代表这6种商品。这样,经过组合最终形成72个刺激材料,这72个刺激材料在上述三个属性的水平组合上完全不同。研究者根据三个标准将这72个材料分成6个被试组,这三个标准是:(1)重和轻的位置在每组中出现各6次;(2)六个商品在每组中各出现2次;(3)六种包装形状在每组中各出现2次。在该文献中,研究者没有具体给出各种条件是如何组合的。在本书中尝试使用拉丁方抵消平衡法给出一组满足上述条件的组合,该组合仅仅是从1440种组合中选择了72种。见表6.11。

表6.11 实验刺激材料的组合

被试组	轻包装						重包装					
	1	2	3	4	5	6	1	2	3	4	5	6
1	A	B	F	C	E	D	D	E	C	F	B	A
2	B	C	A	D	F	E	E	F	D	A	C	B
3	C	D	B	E	A	F	F	A	E	B	D	C
4	D	E	C	F	B	A	A	B	F	C	E	D
5	E	F	D	A	C	B	B	C	A	D	F	E
6	F	A	E	B	D	C	C	D	B	E	A	F

从表 6.11 看,每组材料中包含 12 个刺激材料,并且组与组之间的刺激材料看起来是不同的,但实际上每个组都包含了两个自变量所有四个水平组合,因此,在实验材料层面上看,被试面对的实验材料是不同的,似乎属于被试间设计,但在自变量层面上看,所有被试所接受的实验处理都是一致的,因此属于被试内设计。以上仅仅阐明了实验材料的分配,在同一被试组内,材料的出现顺序也可能影响实验结果,因此实验材料的呈现顺序也需要进行抵消平衡,在该文献中,研究者确定了 6 种顺序,但同样没有详细说明如何确定这六种顺序。理论上,应该按照自变量组合来排序,在该研究中只有 4 种组合,如果使用完全平衡法需要有 24 种顺序,而如果使用拉丁方法只能有 4 种顺序,尚不明确研究者如何确定的这 6 种顺序。在该研究中,上述组别和顺序两个因素对因变量并没有造成影响,因此在随后的处理中不再包含这些因素。研究者对实验数据的处理采用 2×2 重复测量的 ANOVA 检验,结果发现了两者的交互效应显著,验证了之前的假设。

该设计属于典型的多因素被试内设计,同一被试需要接受所有的实验处理。商品图像在包装正面上的位置对被试判断商品重量的影响应该是非常微妙的,而且,不同被试之间应该存在很大的差异,因此,如果使用被试间设计的话,很可能无法探测到如此微妙的差异。被试内设计是最好的选择,但在一般情况下,被试看到了自变量的所有水平,就很容易地猜测到研究者的实验目的(Lambdin, 2009)。在该研究中,自变量的不同水平所对应的实验材料有所不同,从表面看来,每个实验材料都是不严格对应的,在如此多的因素组合中,被试很难察觉研究者的实验目的。同时,由于经过了巧妙的匹配,以较少的组合全面反映多个因素之间的关系,且可以通过严格的数据检验发现甚至排除额外因素的干扰,使得不同因素组合之下的实验材料仍然是等价的。

二、混合设计(mixed design)

(一)基本模式与结果检验

混合设计是重复测量实验设计的另一种基本形式,也是一种应用广泛的实验设计。在该类设计中既包含被试内自变量,又包含被试间自变量。在实验设计时,可以根据自变量的特点以及实验效率等因素来安排哪些因素作被试间变量,哪些因素作被试内变量。

1. 二因素混合设计具体模式

		T_{y1}	T_{y2}	……	T_{yj}
R	T_{x1}	O_{11}	O_{12}	……	O_{1j}
R	T_{x2}	O_{21}	O_{22}	……	O_{2j}
……	……	……	……	……	……
R	T_{xi}	O_{i1}	O_{i2}	……	O_{ij}

假定两个因素,因素 X 为被试间变量,包含 i 个水平,因素 Y 为被试内变量,包含 j 个水平,则该设计共需要 i 组被试,每组被试接受 j 次观察。因此该设计共包含 i×j 次实验处理并进行 i×j 次观测。同样,被试内因素 Y 的不同水平需要在不同被试间进行平衡。

2. 重复测量一个因素的三因素混合设计模式

		T_{z1}	T_{z2}	……	T_{zk}
R	T_{x1y1}	O_{111}	O_{112}	……	O_{1jk}
R	T_{x2y1}	O_{211}	O_{212}	……	O_{2jk}
……	……	……	……	……	……
R	T_{xiyj}	O_{ij1}	O_{ij2}	……	O_{ijk}

假定三个因素,因素 X 和因素 Y 为被试间变量,分别包含 i 个和 j 个水平,因素 Z 为被试内变量,包含 k 个水平,则该设计共需要 i×j 组被试,每组被试接受 k 次观察。因此该设计共包含 i×j×k 次实验处理并进行 i×j×k 次观测。同样,被试内因素 Z 的不同水平需要在不同被试间进行平衡。

3. 重复测量两个因素的三因素混合设计模式

		$T_{y1\,z1}$	$T_{y2\,z1}$	……	$T_{yj\,zk}$
R	T_{x1}	$O_{11\,1}$	$O_{12\,1}$	……	$O_{1j\,k}$
R	T_{x2}	$O_{21\,1}$	$O_{22\,1}$	……	$O_{2j\,k}$
……	……	……	……	……	……
R	T_{xi}	$O_{i1\,1}$	$O_{i2\,1}$	……	$O_{ij\,k}$

假定三个因素,因素 X 为被试间变量,分别包含 i 个水平,因素 Y 和因素 Z 为被试内变量,分别包含 j 个和 k 个水平,则该设计共需要 i 组被试,每组被

试接受 j×k 次观察。因此该设计共包含 i×j×k 次实验处理并进行 i×j×k 次观测。同样,包含被试内因素 Y 和因素 Z 的实验处理需要在不同被试间进行平衡。

4.被试分配方案

二因素混合设计的被试分配方案与三因素混合设计的被试分配方案没有本质差别,因此我们以重复测量一个因素的三因素混合设计为例来展示被试分配方案。根据被试间因素 X 和因素 Y 的水平组合数可以确定需要 i×j 组被试,每组需要 n 名被试。在被试分配表中,被试 P 的脚标第一位数表示因素 X 的水平序数,第二位数表示因素 Y 的水平序数,第三位数表示被试编号。

表 6.12 混合设计被试分配方案

组别	T_{z1}	T_{z2}	……	T_{zk}
T_{x1y1}	P_{111}	P_{111}	……	P_{111}
	P_{112}	P_{112}	……	P_{112}
	……	……	……	……
	P_{11n}	P_{11n}	……	P_{11n}
	……	……	……	……
T_{xiyj}	P_{ij1}	P_{ij1}	……	P_{ij1}
	P_{ij2}	P_{ij2}	……	P_{ij2}
	……	……	……	……
	P_{ijn}	P_{ijn}	……	P_{ijn}

5. 变异分析与结果检验

根据变异分析的思想,$SS_T = SS_{BP} + SS_{WP}$,总的变异来源于被试间变异与被试内变异,对于一个为被试间变量 X,一个为被试内变量 Y 的二因素混合设计,被试间变异 SS_{BP} 可以分解为因素 X 造成的变异 SS_X 和与处理间因素有关的误差变异 SS_{XE} ,这个变异实质上等于完全随机设计中的实验处理内变异 SS_W ,而该设计中被试内变异 SS_{WP} 可以分解为由因素 Y 造成的变异 SS_Y、因素 X 和因素 Y 交互效应造成的变异 SS_{XY} 以及残差 SS_{YR} 。因此二因素混合设计的变异分解的公式化表述为 $SS_T = (SS_X + SS_{XE}) + (SS_Y + SS_{XY} + SS_{YR})$ 。在检验各个因素的效应时,作为分母的误差变异有所不同。对于被试间因素 X,其对应的误差变异是 SS_{XE} ,对于被试内因素 Y 和两因素的交互效应,其对应的误差变异是 SS_{YR}。

对于重复测量一个因素的三因素混合设计,被试间变异 SS_{BP} 可以分解为因素 X 造成的变异 SS_X、因素 Y 造成的变异 SS_Y、两因素的交互效应 SS_{XY} 以及与处理间因素有关的误差变异 SS_{XYE},该设计中被试内变异 SS_{WP} 可以分解为由因素 Z 造成的变异 SS_Z、与因素 X 和因素 Y 的二阶交互效应造成的变异 SS_{XZ} 和 SS_{YZ}、三个因素 X、Y 和 Z 的三阶交互效应造成的变异 SS_{XYZ} 以及残差 SS_{ZR},因此重复测量一个因素的三因素混合设计的变异分解的公式化表述为 $SS_T = (SS_X + SS_Y + SS_{XY} + SS_{XYE}) + (SS_Z + SS_{XZ} + SS_{YZ} + SS_{XYZ} + SS_{ZR})$。要检验被试间因素 X 和 Y 的主效应及交互效应,作为分母的误差变异是 SS_{XYE},而要检验被试内因素 Z 的主效应以及被试内因素 Z 与两个被试间因素 X 和 Y 的二阶和三阶交互效应,作为分母的误差变异是 SS_{ZR}。

对于复测量两个因素的三因素混合设计,被试间变异 SS_{BP} 可以分解为因素 X 造成的变异 SS_X 以及与处理间因素有关的误差变异 SS_{XE},该设计中被试内变异 SS_{WP} 可以分解为三个部分:(1)由因素 Y 造成的变异 SS_Y、与被试间因素 X 的二阶交互效应造成的变异 SS_{XY} 和残差 SS_{YR};(2)由因素 Z 造成的变异 SS_Z、与被试间因素 X 的二阶交互效应造成的变异 SS_{XZ} 和残差 SS_{ZR};(3)两个被试内因素 Y 和 Z 二阶交互效应造成的变异 SS_{YZ}、三个因素的三阶交互效应造成的变异 SS_{XYZ} 和残差 SS_{YZR}。因此,重复测量两个因素的三因素混合设计的变异分解的公式化表述为 $SS_T = (SS_X + SS_{XE}) + (SS_Y + SS_{XY} + SS_{YR} + SS_Z + SS_{XZ} + SS_{ZR} + SS_{YZ} + SS_{XYZ} + SS_{YZR})$。检验被试间因素 X 的主效应,作为分母的误差变异是 SS_{XE},要检验被试内因素 Y 以及因素 Y 与被试间因素 X 的二阶交互效应,作为分母的误差变异是 SS_{YR},要检验被试内因素 Z 以及因素 Z 与被试间因素 X 的二阶交互效应,作为分母的误差变异是 SS_{ZR},要检验被试内因素 Y 和因素 Z 的二阶交互效应以及此二因素与被试间因素 X 的三阶交互效应,作为分母的误差变异项是 SS_{YZR}。

(二)设计评价

混合设计既包含被试间因素又包含被试内因素,该类设计兼具完全随机设计和被试内设计的特点。当一个因素的水平比较多,而且彼此之间并不相互影响,为了提高效率可以采用被试内设计,当某因素水平间彼此影响,或者该因素本身属于被试特点变量,此时可以考虑使用被试间设计。

(三)设计举例

1. 二因素混合设计

诺德海姆等人(Nordhielm,2002)要探讨广告信息的加工深度对广告元素(feature)重复效果的调节作用即采用了此类设计模式。对于广告重复产生的磨损(wear-out)效应已经有很多研究,有些广告商为了避免相同广告不断重复造成受众厌烦,会使用多个不同的广告,但这些广告中,品牌识别元素,如品牌标识仍然会重复出现。研究者希望探讨这些特定的广告元素重复暴露的效果是如何的。通过文献梳理,研究者假定,对目标刺激的加工深度起到了调节作用,具体而言,当对目标刺激的加工深度比较浅时,这些刺激的重复暴露会单纯增加积极的情感反应,而当对该目标刺激的加工深度比较深时,这些刺激的重复暴露会使得重复暴露与情感反应之间产生倒 U 形曲线的关系。研究者还对另外一个因变量——非情感判断——进行了探讨。本书把阐述重点放在前面的情感判断上。

研究者共创造了 16 个虚构的商品,包含 8 个用作训练阶段(training session)的目标商品,4 个填充(filler)商品,用作测验阶段(test session)的情感判断,另外 4 个填充商品,用作测验阶段的非情感判断。上述所有商品都属于咖啡、洗发水和调味品三个类别中的一种。每个商品包装上都有一个虚构的品牌名称,以及至少一行文字描述这个商品的特定好处(benefit)。在深度加工条件下,需要包含这些文字描述。研究者又为目标商品和填充商品创造了广告,每幅广告上包含标题和描述商品特定好处的一行文字。因此最终广告包含了至少两个好处声明,一个在商品包装上,一个在平面广告上。

该设计采用 2(加工水平:深层次 vs.浅层次)×4(暴露频率:零、低、中和高)。加工水平是被试间变量,通过掩饰故事来操纵。暴露频率是被试内变量,通过 8 个不同的目标广告对被试的呈现次数来操纵,呈现次数包括零次,3 次(低度暴露),10 次(中度暴露)和 25 次(高度暴露)。暴露次数的选择来自其他广告暴露研究,原则是最大化暴露次数的同时不使被试厌烦。研究者选取了 99 名美国中西部某大学的大学生,实验持续大概 20 分钟。实验共分三个部分,训练部分、情感判断部分和非情感判断部分。每个部分的实验刺激都呈现在 15 英寸的电脑显示器上。在训练阶段,告知被试要参加一项广告研究,他们会看到一系列广告,然后还会被问到相关问题。介绍完毕之后,明确要求被试全程关注电脑屏幕。研究者通过指导语,要求被试完成不同任务,操纵其对广告信息的加工深度。在浅层次加工条件下,要求被试观看屏幕上呈现的一系列广告,有些广告中,商品的品牌标识以一种阈下(subliminal)①的方式镶嵌在广告中的任何地方,这些品牌标识非常不易察觉,被试的任务是努力搜索这些品牌标识,发现之后用鼠标点击该位置。每幅广告的呈现时间是固定的(1秒),需要被试尽快反应。该指导语要求被试仅仅对广告的表面特征进行加工,而不要求对广告中语义内容进行加工,以此提升被试的知觉流畅性。在深层次加工条件下,要求被试观看一系列广告。这些广告中的商品在美国特定区域销售,很快会遍及全国。要求被试仔细思考这些品牌的好处,并思考哪些好处可以使之在全国范围内取得成功的营销。如果被试觉得某个品牌比较可能成功,就可以点击鼠标,同样广告呈现时间有限,需要被试尽快反应。该指导语要求被试对广告中的语义信息进行加工。上述两种指导语操纵了被试的加工层次,是被试间呈现的方式。读完指导语之后,进入训练阶段,八个目标广告中的六个分别会被呈现3次、10次和25次,另外两个目标广告呈现零次,因此总共呈现76次。呈现次数是暴露水平自变量的操作化定义,以被试内呈现的方式操纵。研究者使用拉丁方设计的方式对特定商品广告与呈现次数的匹配进行了平衡。在文献中,研究者没有详细说明,推测应该是随机安排两个广告为一组,然后再用拉丁方法匹配次数,操作比较简单,详细匹配手段可参照本节第一部分的两个案例,在此不再赘述。广告的呈现顺序经过了完全随机化,每个广告呈现时间是1秒钟。该暴露时长也是参考前人研究的结果。被试完成训练部分之后,还有十分钟的填充任务,接下来就是两个因变量的测量,即情感和非情感判断。在情感判断部分,共呈现8个目标广告,广告的呈现顺序也经过了随机化。在该部分,研究者同时测量了被试对商品和广告的情感判断,采用9点语义区分量表,对广告情感判断包含两个条目:吸引人的(appealing)和高质量(high quality),对于商品的情感判断除了上述两个条目,还包含了另外两个条目:值得尝试(worth trying)和有意购买(intent to purchase),随后,被试还要完成非情感判断测试。最后,研究者从8个目标商品中挑选出4个,要求被试完成一个思考清单任务(thought-listing task),该任务作为操控检验,通过考察被试对该类商品产生的思考数量和类型来检验被试的加工水平。

---

① 这种表述实际上是不严密的,阈下通常指刺激强度在被试的感知阈限之外,被试无法通过感官捕捉到该刺激,但在该研究中,目标刺激只是不易察觉,通过努力搜索被试是可以发现目标刺激的。

对于结果的处理,研究者首先进行了操控检验,在数量和类型方面,深层次加工和浅层次加工存在差异显著,表明操控有效。对于情感判断,研究者采用了 2×4 重复测量的 ANOVA 检验,结果验证了最初的假设。

该研究是典型的两因素混合设计,暴露水平带来的情感改变程度对于每个被试可能是不同的,被试间在这方面差异很大,因此最好以自身为基线进行比较,所以需要采用被试内设计。而加工水平不宜采用被试内设计,因为存在延滞效应,被试间设计则很好地解决了该问题。由于实验材料较为复杂,研究者对实验材料的处理使用了拉丁方法和完全随机法,但在文章中叙述并不清晰。

2. 重复测量一个因素的三因素混合设计

万雯等人(E. W. Wan, Xu & Ding, 2014)通过三个实验来探讨社交排斥(social exclusion)和消费者对独特商品的选择之间关系,其中第二个实验即采用了该实验设计模式。研究者假定:相较于被社交接纳的消费者,当被社交排斥的消费者感到自己被排斥是由于稳定(stable)的原因时,更倾向于选择独特的商品。研究者在实验一中已经验证了该假设,在实验二中,除了重复验证上述假设之外,还要探讨另外一个调节因素,即该关系在商品选择的不同背景(公开或私人)下可能存在差异。因此进行了实验二。实验二即采用 2(社交排斥状态:被接纳 vs.被排斥)×2(排斥原因的稳定性:稳定 vs.不稳定)×2(选择背景:公开 vs.私人)混合设计,其中社交排斥状态和排斥原因的稳定性是被试间变量,而选择背景是被试内变量。社交排斥状态使用故事启动,实验者要求被试仔细阅读一则故事,并以主人公的心态来思考和感受故事中的事情。故事描述被试特别渴望加入 IWE 俱乐部(IWE Club),该俱乐部是某高档外国公司的一个品牌社区(brand community),于是被试提交了入会申请。在社交排斥条件下,IWE 俱乐部通知被试其申请被拒绝;在社交接纳条件下,IWE 俱乐部通知被试其申请被接受。读完故事之后,被试需要报告自己在读故事时的感受,此问题为操控检验。随后,被拒绝组被试收到了被拒绝的原因,在稳定原因条件下,俱乐部拒绝他们的申请是因为国籍;在不稳定原因条件下,虽然被试目前不符合俱乐部居住地要求,但俱乐部在不久的将来会扩展他们的居住地范围。被接纳组被试收到了被接纳的原因,同样是两种条件,或是他们的居住地符合俱乐部的要求或是俱乐部即将扩展到该区域。被试随后填写一个包含三个条目的 7 点量表,要求判断这种排斥状态有多大可能发生改变。接下来被试需要填写一个关于在私人情境和公开情境下如何选择的问卷。在私人选择情境下，要求被试选择一个在家里独自观看的影片，备选项是在 YouTube 上的三个影片，B 选项点击率(3,067)明显低于 A 选项点击率(82,611)以及 C 选项点击率(79,335)，B 选项比较独特。另外，这三个影片在一项 28 人的前测中，吸引力评分无差异。在公开选择情境下，要求被试通过在线商店设计一款 T 恤衫，他们要在同学面前穿着这件 T 恤衫。同样有三个选择：有 41% 在线商店的消费者选择了模板 A，13% 在线商店的消费者选择了模板 B，46% 在线商店的消费者选择了模板 C，B 选项比较独特。随后被试还需要回答自己有多独特，是三个条目的 9 点量表。最后，简单解释并致谢，实验结束。对于结果的处理，研究者首先进行了操控检验，表明自变量的操控是成功的，随后对被试的选择差异进行了检验，由于因变量采用计数数据，因此不能使用 ANOVA，而采用了卡方检验。结果验证了原假设。

该设计是典型的重复测量一个因素的三因素混合设计，被接纳还是排斥，原因是稳定还是不稳定的为被试间处理，如果作为被试内处理，被试很容易猜测到实验目的，而且被试面对的任务也会很奇怪，被试需要同时想象自己被拒绝和被接纳，造成混淆。但选择的背景则可以作为被试内变量，彼此间并不互相影响。

3. 重复测量两个因素的三因素混合设计

帕克等人(Park，Milberg & Lawson，1991)要探讨产品特征相似性(product feature similarity)与品牌概念一致性(brand concept consistency)对品牌延伸(brand extension)的影响即采用了此类实验设计模式。研究者假定，当功能型品牌的品牌延伸表现出功能型取向时，消费者对其反应更积极，而当声望型品牌的品牌延伸表现出声望型取向时，消费者对其反应更积极。

为了确定合适的实验材料和自变量的操控，研究者在正式实验之前，进行了四个阶段的预实验，预实验一确定了天美时(Timex)和劳力士(Rolex)两个手表商品，分别代表了功能型和声望型取向的商品类别；预实验二确定上述两个品牌的品牌延伸类型，被试既根据产品特征相似性也根据品牌概念一致性等两种特征报告可能的品牌延伸；预实验三目的在于控制被试对实验所选品牌的态度和熟悉程度；预实验四从 34 个可能的品牌延伸中，确定了 12 个品牌延伸商品，这 12 个品牌延伸商品分别代表了四种组合，烟雾探测器、车库开门器和手电筒代表了(与手表相比)低产品相似性、功能型商品，而秒表、电池和计算器代表了高产品相似性、功能型商品，古龙香水(Cologne)、领结和袖扣代表了低产品相似性、声望型商品,而座钟、手镯和戒指①代表了高产品相似性、声望型商品。为了避免被试厌烦和疲劳,实验中,每个被试只会看到这 12 类商品延伸中的 4 类商品,这 4 类商品属于上述四种组合中的一种。实验设计采用 3(品牌名称:天美时、劳力士、ABC)×2(产品特征相似性:低 vs.高)×2(支配性概念:功能取向 vs.声望取向)混合设计,其中品牌名称是被试间变量,ABC 品牌为虚构品牌,起到实用型品牌 Timex 和声望型品牌 Rolex 的基线对照作用。特征相似性以及支配性概念为被试内设计。被试为 195 名美国东部某大学 MBA 的学生,实验者向被试介绍了品牌延伸的概念,然后告诉他们要研究消费者对不同品牌延伸的态度。因变量是品牌延伸的评价,三个条目,7 点量表。在天美时和劳力士条件下,还要求被试判断品牌延伸价格与目标品牌的相似性,最后是操控检验。实验数据分析表明,操控检验是成功的。研究者排除了 ABC 品牌,品牌因素只剩下天美时和劳力士两个品牌,因此进行 2×2×2 重复测量的 ANOVA 检验,结果发现了品牌名称与产品概念类型的交互效应显著,产品特征相似性对于该效应无影响,验证了最初的假设。

第四节 中断时间序列设计

一、中断时间序列设计(interrupted time series designs)

(一)基本模式与结果检验

或称为时间序列设计(time series designs)(Campbell & Stanley,1966)。在该设计中,只有一组被试,没有对照组,只对同一组被试进行周期性测试,包括实验处理之前对被试进行多次前测和处理之后进行多次后测。前测和后测的次数并不是固定的,一般根据研究的内容和目的不同来确定实验处理前、后的观测次数,并且前、后的观测次数也可以不同。但总的来说,观测的次数越多越好。

---

① 从后面的数据分析看,座钟和戒指的代表性有问题。这两者比手镯更像手表,而且戒指属于高声望低功能型,而座钟则在声望和功能型上没有差异。

1.基本设计模式

$$O_{11} \quad O_{12} \quad O_{13} \quad O_{14} \quad T \quad O_{15} \quad O_{16} \quad O_{17} \quad O_{18}$$

该模式中,被试分配方案比较简单。单组被试,接受所有观测和实验处理。

2.结果检验

对于中断时间序列的基本设计模式,检验实验处理 T 前的回归直线与实验处理 T 后的回归直线是否存在显著差异,包括对残差(剩余标准差)、截距和斜率的差异显著性检验。关于对两条回归直线差异显著性的检验,可以对截距进行 t 检验。另外,还有三个指标需要评估:连续性、延续性和潜伏性。我们以图 6.6 为例详细说明这三个指标。

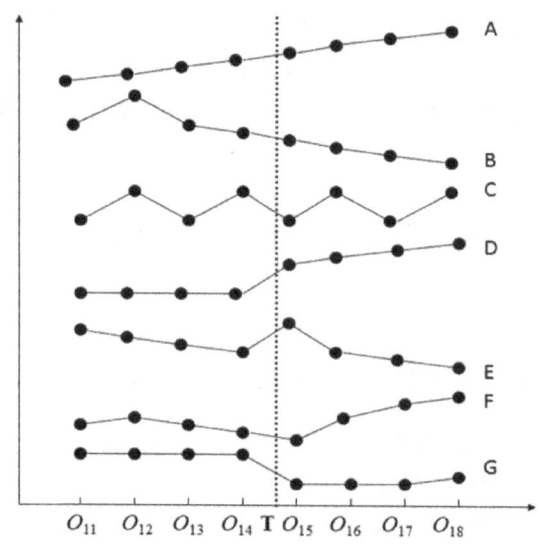

图 6.6 中断时间序列设计可能结果示意图

(1)所谓连续性,是指在实验处理前后,测量结果的变化趋势有没有发生改变,可以将多次前测结果和多次后测结果分别连线,根据各自斜率和与纵轴交叉得到的截距比较来判断。从图上看,单纯观察实验处理前后的两次测量 O_{14} 和 O_{15} 都产生了变化,或者提高,或者降低。此时,如果不是这种中断时间序列设计,而仅仅做单组前测后测设计,就会得出结论认为处理产生了影响。但从变化趋势角度仔细分析,就会发现,无论对于图 6.1 中 A 线还是 B 线或是 C 线,无论在实验处理 T 前还是之后,其数据变化趋势(斜率)没有发生改变,因此可以认为,实验处理并没有改变数据的连续性,因而也没有对因变量造成影响。而对于图 6.1 中 D、E、F 和 G 四条线,实验处理之后,因变量的变化趋势都发生了改变,这说明实验处理对因变量可能造成了影响。其中,D 和 F 最为典型,斜率相较实验处理前的测量的斜率都有所提高。G 线在实验处理之后的斜率虽然相较于实验处理之前的斜率没有多大变化,但截距(回归线与纵轴的交叉点值)减小,可以认为实验处理产生了稳定的持续效果。因此对于这类效果的检验可以比较实验处理 T 之前时间序列观测值回归方程的截距与实验处理 T 之后的时间序列观测值回归分成的截距,使用 t 检验法。对于 E 线,处理前后的斜率和截距变化都不是很大,不能用上述方法。但可以看出,处理前后的两次测量还是发生了较大的改变,只是后来又变回原来的趋势。这种现象涉及第二个指标,即实验处理效果延续性的问题。

(2)所谓延续性,是指如果引入实验处理后的因变量水平,变化是否能够在时间上延续,即实验处理的效果是否是持久。有些实验处理的效果是暂时的,因变量短暂的变化后不久又会恢复到处理前的水平,如图 6.1 中 E 线所示。对于这种情况,研究者已经明确实验处理 T 的效果是暂时性的,就需要根据实施处理前时间序列中的各次观测值,求出回归方程,并根据此回归方程,推测实验处理之后的时间序列的预测值,使用 t 检验法,检验预测值与实际观测值之间是否存在显著差异。对于非延续性的实验处理效果,难点还在于时间序列观测的时间间隔,如果间隔设置不当,很可能无法探测到实验处理导致的短暂的效果。还有些实验处理的效果是持久的,实验处理之后,后测数据表现出稳定的变化,如图 6.1 中 D、F 和 G 线。这种延续性的效果也可能表现出不同的形式,对于 D 线,可以看到实验处理 T 之后,使得因变量的观测值持续逐渐升高;对于 G 线,实验处理 T 之后,因变量的观测值则稳定在某一水平,显著低于(也有高于的情况)实验处理之前的观测值;对于 F 线,虽然在实验处理 T 之后,因变量的观测值也是逐渐升高的,但这种升高并没有在实验处理之后立即产生,而是按照实验处理之前的趋势继续发展,见图 6.1 中 F 线观测值 O_{15}。这种现象涉及第三个重要指标,即实验处理的潜伏性。

(3)所谓潜伏性,是指引入实验处理后,因变量的变化趋势是立即发生改变还是潜伏一段时间后才发生改变。如果实验处理 T 的效果具有潜伏性,在引入实验处理之后,因变量的观测值并没有立即发生变化,仍然按照实验处理前的趋势进行,趋势变化要过一段时间才会发生,如图 6.1 中 F 线观测值 O_{15}

仍然是处于实验处理 T 之前因变量发展的水平,只有到了 O_{16} 之后趋势才发生变化。有些实验处理的效果是即时的,在引入实验处理后,观测值立即发生了变化,即实验处理 T 之后首次后测的观测值发生非连续性的变化,如 D、E、G 线的 O_{15} 所示。

(二) 设计评价

该类设计对于探讨特定的历史事件造成的影响非常有价值,例如要探讨某个或某些广告对整个社会造成的影响,在实验室层面上很难研究这类宏观问题,使用中断时间序列设计,选择现场实验数据,则可以很好地解决该问题。该设计也是单组设计,但由于有多次前测和后测,该设计可以较好控制"成熟"因素,也可以控制测验因素的干扰以及被试流失造成的影响,还可以控制统计回归的因素。其缺点也很明显,不能控制历史因素造成的干扰,也许是伴随实验处理而同时发生的事件导致了因变量的变化,而不是由于研究者所选择的实验处理本身,因此需要特别合理的理由排除可能的历史因素的影响。另外,多次施测可能增加或降低被试对实验处理的敏感性。

(三) 设计举例

1955 年,康涅狄格州(Connecticut)高速上,因为交通事故造成 324 人死亡,创造了该州 20 世纪 50 年代的交通事故死亡人数最高纪录。在圣诞节前两天,州政府颁布空前的限速令,严厉打击超速者。此后的 1956 年,交通死亡人数降低了 40 人,州长及有些安全专家称限速令贡献巨大。坎贝尔(Campbell & Ross, 1968)希望使用更科学的方法评估该交通限速法规是否真的有效减小了交通死亡人数,他们根据搜集了 1951 年到 1959 年之间康涅狄格州每年所发生的交通致死人数,形成一个中断时间序列,法规颁布在 1955 年和 1956 年之间,如果单纯观测这两年的数据,交通致死人数的确有了较大的下降,但是如果把十年的数据放在一起观看,则可以看出在严厉的限速令颁布之前的 1951 年到 1955 年,交通事故致死人数上下波动,但总体上呈上升的趋势,在严厉的限速令颁布之后的 1956 年到 1959 年,交通事故致死人数持续下降,说明颁布严厉的限速法令的确起到了降低交通事故致死率的积极效果。然而,观察这十年来的交通事故致死人数曲线,除了限速法令的效果之外,还有其他因素可能会对处理后的变化产生影响。在颁布限速令之前的五年,交通事故致死人数是大幅度波动的,1952 年和 1954 年的交通事故致死人数,甚至比颁布限速令后的 1956 年到 1959 年之间的任何一年都少。而且,1955 年的交通事故致死人数是十年来的最高点,随后交通事故致死人数的下降部分的原因可能是由于统计回归效应。

从实验设计角度,对于此类社会重大问题,实验处理 T 的实施是不受研究者控制的,而且也很难在实验中再现,因此采用中断时间序列设计是不得已中的最优选项。在实验处理前对研究对象多次观测或提取档案中的数据,并在实验处理之后对研究对象进行多次观测,对比前后数据变化趋势,可以有效避免统计回归、成熟等因素的干扰。

二、中断时间序列的扩展模式

(一)基本模式

除去最基本的中断时间序列设计模式,该类设计还包括以下四种变式:

1. 带有不对等无处理控制组时间序列的中断时间序列设计(interrupted time series with a nonequivalent no-treatment control group time series)

$$O_{11} \quad O_{12} \quad O_{13} \quad O_{14} \quad T \quad O_{15} \quad O_{16} \quad O_{17} \quad O_{18}$$
$$O_{21} \quad O_{22} \quad O_{23} \quad O_{24} \quad \quad O_{25} \quad O_{26} \quad O_{27} \quad O_{28}$$

相对于基本的设计模式,该类设计最大的特点是加入了控制组。因此,影响内部效度的因素基本上得到控制。然而,由于多次测验和不能随机分配被试,测验的反作用、选择偏差等因素与实验处理的交互效应可能影响该设计的外部效度。

2. 带有不对等因变量的中断时间序列设计(interrupted time series with nonequivalent dependent variable)

$$O_{A1} \quad O_{A2} \quad O_{A3} \quad O_{A4} \quad T \quad O_{A5} \quad O_{A6} \quad O_{A7} \quad O_{A8}$$
$$O_{B1} \quad O_{B2} \quad O_{B3} \quad O_{B4} \quad \quad O_{B5} \quad O_{B6} \quad O_{B7} \quad O_{B8}$$

与变式一相比,该设计中,实验组时间序列的因变量测试与控制组时间序列的因变量测试是不同的。

3. 变换重复的中断时间序列设计(interrupted time series with switching replications)

$$O_{11} \quad O_{12} \quad O_{13} \quad O_{14} \quad O_{15} \quad O_{16} \quad T \quad O_{17} \quad O_{18}$$
$$O_{21} \quad O_{22} \quad O_{23} \quad T \quad O_{24} \quad O_{25} \quad O_{26} \quad O_{27} \quad O_{28}$$

在该变式中,没有明确的实验组和控制组,在两组中都加入了实验处理,但实验处理在时间序列中出现的位置不同。因此,当一组接受实验处理,可以视作实验组,而另外一组没有接受实验处理,则可以视作控制组,随后两者反过来。

4. 多次重复的中断时间序列设计(interrupted time series with multiple replications)

$$O_{11} \quad O_{12} \quad T \quad O_{13} \quad O_{14} \quad \overline{T} \quad O_{15} \quad O_{16} \quad T \quad O_{17}$$
$$O_{21} \quad \overline{T} \quad O_{22} \quad O_{23} \quad T \quad O_{24} \quad O_{25} \quad \overline{T} \quad O_{26} \quad O_{27}$$

同变式三一样,该设计中没有明确的实验组和控制组,而且在特定的条件下,除了可以在时间序列中加入实验处理,还可以去除掉该实验处理。

实际上,除去上述四种常规变式,相等时间样本(the equivalent time-samples design)也可以被视作特殊的时间序列设计,更详细的阐述可以参考坎贝尔与史丹利的著作(Campbell & Stanley, 1966)。

(二)模式评价与实例

对于其他四种变式的优劣评价,读者可以参考库克等人(Cook et al., 1990)的著作,这里不再赘述。

对于其他四个变式,本书不再详细列举实际研究的例子,如果读者有兴趣,可以自行参照以下信息搜索文献来阅读。对于变式一,带有不对等无处理控制组时间序列的中断时间序列设计,请参考泰包特等人(Tybout & Koppelman, 1981)的研究;对于变式二,带有不对等因变量的中断时间序列设计,请参考罗斯等人(Ross, Campbell & Glass, 1970)的研究;对于变式三,多次重复的中断时间序列设计,请参考豪滕等人(Houten, Nau & Marini, 1980)的研究;对于变式四,变换重复的中断时间序列设计,请参考帕克等人(Parker, Campbell, Cook, Katzman & Butler-Paisley, 1971)的研究。

参考文献

一、中文

[1]2014.安定医院郝医生[EB/OL].[2018-04-23]. https://weibo.com/u/2841054630?refer_flag=0000015010_&from=feed&loc=nickname&is_all=1&is_search=1&key_word=％E7％BA％A2％E8％89％B2％E9％92％9E％E7％A5％A8#_0.

[2]波普尔,2003.猜想与反驳：科学知识的增长[M].傅季重,等译.北京:中国美术学院出版社.

[3]波普尔,2008.科学发现的逻辑[M].查汝强,等译.北京:中国美术学院出版社.

[4]查布里斯,西蒙斯,2011.看不见的大猩猩:无处不在的6大错觉[M].段然,译.北京:中国人民大学出版社.

[5]查尔默斯,2018.科学究竟是什么[M].鲁旭东,译.北京:商务印书馆.

[6]陈力丹,2007.传播学是什么[M].北京:北京大学出版社.

[7]陈培爱,2009.中外广告史新编[M].北京:高等教育出版社.

[8]陈培爱,2014.广告学概论[M].北京:高等教育出版社.

[9]陈瑞,郑毓煌,刘文静,2013.中介效应分析:原理、程序、Bootstrap方法及其应用[J].营销科学学报,9(4):120-135.

[10]陈昭全,张志学,2012.管理研究中的理论建构[M]//陈晓萍,徐淑英,樊景立.组织与管理研究的实证方法.北京:北京大学出版社:60-83.

[11]丛珩,2010.论"凡客体"的流行与病毒营销在信息传播上的差异[J].中国广播电视学刊,(10):30-31.

[12]崔银河,2008.中外广告发展简史[M].北京:中国传媒大学出版社.

[13]德瓦尔,2014.黑猩猩的政治[M].赵芊里,译.上海:上海译文出版社.

[14]邓可卉,2014.论宇宙原型概念从托勒密到开普勒的演变[J].自然辩证法通讯,(06):32-37,126.

[15]邓铸,朱晓红,2009.心理统计学与SPSS应用[M].上海:华东师范大

学出版社.

[16]董琦,2004.心理与教育研究方法[M].北京:北京师范大学出版社.

[17]樊景立,梁建,陈志俊,2012.实证研究的设计与评价[M]//陈晓萍,徐淑英,樊景立.组织与管理研究的实证方法.北京:北京大学出版社:107-126.

[18]方晓阳,张秉伦,2006.南齐时期的雕版印刷雏形技术研究[J].广西民族大学学报,12(1):27-31.

[19]高勇,2008.啤酒与尿布:神奇的购物篮分析[M].北京:清华大学出版社.

[20]郭庆光,1999.传播学教程[M].北京:中国人民大学出版社.

[21]郭志刚,1999.社会统计分析方法——SPSS软件应用[M].北京:中国人民大学出版社.

[22]何爱晶,2012.意向性视域下的"淘宝体"[J].河南大学学报(社会科学版),52(4):145-151.

[23]胡正荣,周亭,2017.传播学概论[M].北京:高等教育出版社.

[24]黄磊,2007.论"哥白尼革命"[J].自然辩证法研究,(10):18-23.

[25]江程铭,李纾,2015.中介分析和自举(Bootstrap)程序应用[J].心理学探新,(5):458-463.

[26]解明明,2016.如何正确解读啤酒和尿布的故事[J].中国统计,(10):44-45.

[27]金岳霖,1979.形式逻辑[M].北京:人民出版社.

[28]卡尼曼,2012.思考,快与慢[M].胡晓姣,等译.北京:中信出版集团股份有限公司.

[29]卡约里,2010.物理学史[M].戴念祖,译.北京:中国人民大学出版社.

[30]科特勒,凯勒,2016.营销管理[M].何佳讯,等译.上海:格致出版社,上海人民出版社.

[31]李纾,2015.决策心理:齐当别之道[M].上海:华东师范大学出版社.

[32]李纾,2018.什么样的研究当受推崇——"GDP"与"一文三体"的研究[M].管理视野.上海:复旦大学出版社.

[33]罗胜强,姜嬿,2012.单维构念与多维构念的测量[M]//陈晓萍,徐淑英,樊景立.组织与管理研究的实证方法.北京:北京大学出版社:356-394.

[34]马奇,2011.经验的疆界[M].北京:东方出版社.

[35]米歇尔,2016.棉花糖实验[M].北京:北京联合出版公司.

[36]宁亚玲,刘卫武,2017.南北朝存有雕版印刷之证[J].华夏文化,(2):49-50.

[37]彭聃龄,2002.普通心理学[M].修订版.北京:北京师范大学出版社.

[38]彭凯平,喻丰,柏阳,2011.实验伦理学:研究、贡献与挑战[J].中国社会科学,(6):15-25.

[39]彭克宏,马国泉,陈有进,等,1989.术语[M].社会科学大词典.北京:中国国际广播出版社.

[40]普劳斯,2004.决策与判断[M].施俊琦,等译.北京:人民邮电出版社.

[41]乔治·贝尔奇,迈克尔·贝尔奇,2014.广告与促销:整合营销传播视角[M].9版.郑苏晖,等译.北京:中国人民大学出版社.

[42]秦臻,2009.中外广告简史[M].重庆:重庆大学出版社.

[43]舒华,1994.心理与教育研究中的多因素实验设计[M].北京:北京师范大学出版社.

[44]舒华,张亚旭,2008.心理学研究方法:实验设计与数据分析[M].北京:人民教育出版社.

[45]陶东风,2013.比坏心理腐蚀社会道德[N].人民日报,09-19.

[46]梯利,2000.西方哲学史[M].葛力,译.北京:商务印书馆.

[47]王广飞,2012.荧屏宫斗何时休[N].人民日报,05-08.

[48]王淑兰,2010.中外广告发展史新编[M].南京:南京师范大学出版社.

[49]王晓田,2010.有关行为研究方法学的六点思考[J].心理学报,42(1):37-40.

[50]王重鸣,2001.心理学研究方法[M].北京:人民教育出版社.

[51]辛自强,窦东徽,陈超,2013.学经济学降低人际信任?经济类专业学习对大学生人际信任的影响[J].心理科学进展,21(1):31-36.

[52]薛宇,2014.小保方晴子:美女科学家到底有没有造假[EB/OL].[2018-05-02]. http://blog.sciencenet.cn/blog-404304-768935.html.

[53]杨国力,2014.这不是愚人节目!日本理化学研究所认定小保方晴子造假[EB/OL].[2018-05-01]. http://blog.sciencenet.cn/blog-459863-781057.html.

[54]杨海军,2012.中外广告通史[M].北京:高等教育出版社.

[55]袁野,2012.从语篇构式压制看网络新文体——以"凡客体"为例[J].

当代修辞学,(01):50-55.

[56]张厚粲,徐建平,2009.现代心理与教育统计学[M].北京:北京师范大学出版社.

[57]张文彤,董伟,2004.SPSS统计分析高级教程[M].北京:高等教育出版社.

[58]郑日昌,孙大强,2013.心理测量与测验[M].北京:中国人民大学出版社.

[59]郑也夫,2015.雕版印刷的起源[J].北京社会科学,(8):4-21.

[60]朱滢,2000.实验心理学[M].北京:北京大学出版社.

二、英文

[1] AGGARWAL P, LAW S, 2005. Role of relationship norms in processing brand information [J]. Journal of Consumer Research, 32 (3): 453-464.

[2] ALTMAN N, KRZYWINSKI M, 2016. Points of significance: P values and the search for significance [J]. Nature Methods, 14(1): 3-4.

[3] ANDERSON C A, ANDERSON K B, 1996. Violent crime rate studies in philosophical context: A destructive testing approach to heat and southern culture of violence effects [J]. Journal of Personality and Social Psychology, 70(4): 740-756.

[4] ANDICS A, GBOR A, GCSI M, et al, 2016. Neural mechanisms for lexical processing in dogs [J]. Science, 353(6303): 1030-1032.

[5] ANDICS A, GBOR A, GCSI M, et al, 2017. Erratum for the Report "Neural mechanisms for lexical processing in dogs" [J]. Science, 356 (6333): eaan3276.

[6] APA, 2010. Publication manual of the American Psychological Association [M]. Washington. DC: American Psychological Association.

[7] APPIAH K A, 2014. Experimental philosophy [M]//LUTGEC, RUSCHH, UHL M. Experimental Ethics: Toward an Empirical Moral Philosophy. London: Palgrave Macmillan: 7-25.

[8] ARONSON E, WILSON T D, AKERT R M, et al, 2015. Social psychology [M]. 9th ed. Boston: Pearson Education.

[9] ASCH S E, 1946. Forming impressions of personality [J]. The Journal of Abnormal and Social Psychology, 41(2): 258-290.

[10] AVIEZER H, TROPE Y, TODOROV A, 2012. Body cues, not facial expressions, discriminate between intense positive and negative emotions [J]. Science, 338(6111): 1225-1229.

[11] AXELROD V, BAR M, REES G, 2014. Exploring the unconscious using faces [J]. Trends in Cognitive Sciences, 19(1): 35-45.

[12] BAILLARGEON R, LI J, GERTNER Y, et al, 2011. How Do Infants Reason About Physical Events? [M]//GOSWAMI U. The Wiley-Blackwell Handbook of Childhood Cognitive Development. A John Wiley & Sons, Ltd., Publication: 11-48.

[13] BARNES S, PRESSEY A, 2014. The impact of pleasure-evoking colors on the effectiveness of threat (fear) appeals [J]. Psychology & Marketing, 31(12):1051-1063.

[14] BARON J, 2008. Thinking and deciding [M]. 4th ed. New York: Cambridge University Press.

[15] BARON R A, BRANSCOMBE N R, 2012. Social psychology [M]. Boston: Pearson.

[16] BARON R M, KENNY D A, 1986. The moderator-mediator variable distinction in social psychological research: Conceptual, strategic, and statistical considerations [J]. Journal of Personality and Social Psychology, 51(6): 1173.

[17] BBC, 2018. Facebook data row: Cambridge Analytical academic a "scapegoat" [EB/OL].[2018-03-22].http://www.bbc.com/news/uk-43480978.

[18] BERGMAN E T, ROEDIGER H L, 1999. Can Bartlett's repeated reproduction experiments be replicated? [J]. Memory & Cognition, 27(6): 937-947.

[19] BLOCK L G, KELLER P A, 1997. Effects of self-efficacy and vividness on the persuasiveness of health communications [J]. Journal of consumer psychology, 6(1): 31-54.

[20] BLOND J, GIRANDOLA F, 2018. Are vivid (vs. pallid) threats persuasive? Examining the effects of threat vividness in health communica-

tions [J]. Basic and Applied Social Psychology, 40(1): 36-48.

[21] BORGIDA E, NISBETT R E, 1977. The differential impact of abstract vs. concrete information on decisions [J]. Journal of Applied Social Psychology, 7(3): 258-271.

[22] BORNMANN L, DE MOYA ANEG N F, LEYDESDORFF L, 2010. Do scientific advancements lean on the shoulders of giants? A bibliometric investigation of the ortega hypothesis [J]. PLoS ONE, 5(10): e13327.

[23] BOTO E, HOLMES N, LEGGETT J, et al, 2018. Moving magnetoencephalography towards real-world applications with a wearable system [J]. Nature,(555): 657-661.

[24] BROMLEY E, MIKESELL L, JONES F, et al, 2015. From subject to participant: Ethics and the evolving role of community in health research [J]. American Journal of Public Health, 105(5): 900-908.

[25] BURNSTEIN E, CRANDALL C, KITAYAMA S, 1994. Some neo-Darwinian decision rules for altruism: weighing cues for inclusive fitness as a function of the biological importance of the decision [J]. Journal of Personality and Social Psychology, 67(5): 773-789.

[26] BUSHMAN B J, 1998. Effects of television violence on memory for commercial messages [J]. Journal of Experimental Psychology: Applied, 4(4): 291-307.

[27] BUSS D, 2015. Evolutionary psychology: the new science of the mind [M]. 15th ed. New York: Routledge.

[28] CAMERER C F, DREBER A, HOLZMEISTER F, et al, 2018. Evaluating the replicability of social science experiments in Nature and Science between 2010 and 2015 [J]. Nature Human Behavior, 2(9): 637-644.

[29] CAMPBELL D T, ROSS H L, 1968. The Connecticut crackdown on speeding: Time-series data in quasi-experimental analysis [J]. Law and Society Review, 3(1): 33-53.

[30] CAMPBELL D T, STANLEY J C, 1966. Experimental and quasi-experimental designs for research [M]. Boston: Houghton Mifflin.

[31] CANNON C, RUCKER D D, 2018. The dark side of luxury: So-

cial costs of luxury consumption [J]. Personality and Social Psychology Bulletin, 45(5): 767-779.

[32] CARROLL D, SMITH G D, BENNETT P, 1996. Some observations on health and socioeconomic status [J]. Journal of health psychology, 1(1): 23-39.

[33] CHANDRAN S, MENON G, 2004. When a day means more than a year: Effects of temporal framing on judgments of health risk [J]. Journal of Consumer Research, 31(2): 375-389.

[34] CIAN L, KRISHNA A, ELDER R, 2014. This logo moves me: dynamic imagery from static images [J]. Journal of Marketing Research, 51(2): 184-197.

[35] CIAN L, KRISHNA A, ELDER R S, 2015. A sign of things to come: Behavioral change through dynamic iconography [J]. Journal of Consumer Research, 41(6): 1426-1447.

[36] CONNELL P M, BRUCKS M, NIELSEN J H, 2014. How childhood advertising exposure can create biased product evaluations that persist into adulthood [J]. Journal of Consumer Research, 41(1): 119-134.

[37] COOK T D, CAMPBELL D T, PERACCHIO L, 1990. Quasi experimentation [M]//D D M, HOUGH L M. Handbook of Industrial and Organizational Psychology: 491-576.

[38] DENG X, KAHN B E, 2009. Is your product on the right side? The "location effect" on perceived product heaviness and package evaluation [J]. Journal of Marketing Research, 46(6): 725-738.

[39] DR ZE X, HUSSHERR F-X, 2003. Internet advertising: Is anybody watching? [J]. Journal of Interactive Marketing, 17(4): 8-23.

[40] DUBOIS D, RUCKER D D, GALINSKY A D, 2015. Social class, power, and selfishness: When and why upper and lower class individuals behave unethically [J]. Journal of Personality and Social Psychology, 108(3): 436-449.

[41] DUBOIS D, RUCKER D D, GALINSKY A D, 2016. Dynamics of communicator and audience power: The persuasiveness of competence versus warmth [J]. Journal of Consumer Research, 43(1): 68-85.

[42] ELDER R S, KRISHNA A, 2012. The "visual depiction effect" in advertising: Facilitating embodied mental simulation through product orientation [J]. Journal of Consumer Research, 38(6): 988-1003.

[43] ELLIOT A J, PAZDA A D, 2012. Dressed for sex: Red as a female sexual signal in humans [J]. PLoS one, 7(4): e34607.

[44] ELLIOT A J, TRACY J L, PAZDA A D, et al, 2013. Red enhances women's attractiveness to men: First evidence suggesting universality [J]. Journal of Experimental Social Psychology, 49(1): 165-168.

[45] EVANS J S B, 2016. How to be a researcher: A strategic guide for academic success [M]. New York: Routledge.

[46] FANG X, SINGH S, AHLUWALIA R, 2007. An examination of different explanations for the mere exposure effect [J]. Journal of Consumer Research, 34(1): 97-103.

[47] FEYNMAN R P, LEIGHTON R B, SANDS M, 1963. Feynman lectures on physics. vol. 1: Mainly mechanics, radiation and heat [M]. Addison-Wesley Pub. Co.

[48] FISCHHOFF B, BEYTH R, 1975. I knew it would happen: Remembered probabilities of once-future things [J]. Organizational Behavior and Human Performance, 13(1): 1-16.

[49] FITZSIMONS G M, BARGH J A, 2003. Thinking of you: Pursuit of inter-personal goals associated with relational partners [J]. Journal of Personality and Social Psychology, 84(1): 148-164.

[50] FURNHAM A, GOH M F, 2014. Effects of program-advertisement congruity and advertisement emotional appeal on memory for health and safety advertisements [J]. Journal of Applied Social Psychology, 44(1): 60-70.

[51] GEREND M A, SIAS T, 2009. Message framing and color priming: How subtle threat cues affect persuasion [J]. Journal of Experimental Social Psychology, 45(5): 999-1002.

[52] GERRIG R J, 2015. Psychology and life [M]. 20th ed. Boston: Pearson Higher Education.

[53] GIGERENZER G, 2004. Dread risk, September 11, and fatal traf-

fic accidents [J]. Psychological Science, 15(4): 286-287.

[54] GIGERENZER G, 2006. Out of the frying pan into the fire: Behavioral reactions to terrorist attacks [J]. Risk Analysis, 26(2): 347-351.

[55] GINO F, MOGILNER C, 2014. Time, money, and morality [J]. Psychological Science, 25(2): 414-421.

[56] GOLTZ H H, SMITH M L, 2010. Yule-Simpson's paradox in research [J]. Practical Assessment, Research & Evaluation, 15(15): 1-9.

[57] GOMEZ M A, SKIBA R M, SNOW J C, 2018. Graspable objects grab attention more than images do [J]. Psychological Science, 29(2): 206-218.

[58] GOODWIN C J, 2009. Research in psychology: Methods and design [M]. Hoboken: John Wiley & Sons.

[59] GRAY K, WEGNER D M, 2013. Six guidelines for interesting research [J]. Perspectives on Psychological Science, 8(5): 549-553.

[60] GUNZENHAUSER C, SAALBACH H, VON SUCHODOLETZ A, 2017. Boys have caught up, family influences still continue: Influences on executive functioning and behavioral self-regulation in elementary students in Germany [J]. PsyCh Journal, 6(1): 29-42.

[61] HAMILTON R, THOMPSON D, 2007. Is there a substitute for direct experience? Comparing consumers' preferences after direct and indirect product experiences [J]. Journal of Consumer Research, 34(4): 546-555.

[62] HARRIS P, 2013. Designing and reporting experiments in psychology [M]. 3rd ed. McGraw-Hill Education (UK).

[63] HEDRICK T E, BICKMAN L, ROG D J, 1993. Applied research design: A practical guide [M]. Newbury Park, CA: Sage.

[64] HENDRICK C, 1990. Replications, strict replications, and conceptual replications: Are they important? [J]. Journal of Social Behavior and Personality, 5(4): 41-49.

[65] HENRICH J, HEINE S J, NORENZAYAN A, 2010. The weirdest people in the world? [J]. The Behavioral and Brain Sciences, 33(2-3): 1-23.

[66] HERVET G, GU RARD K, TREMBLAY S, et al, 2011. Is banner blindness genuine? Eye tracking internet text advertising [J]. Applied Cognitive Psychology(25): 708-716.

[67] HOLLAND R W, HENDRIKS M, AARTS H, 2005. Smells like clean spirit nonconscious effects of scent on cognition and behavior [J]. Psychological Science, 16(9): 689-693.

[68] HONG J, CHANG H H, 2015. "I" follow my heart and "we" rely on reasons: The impact of self-construal on reliance on feelings versus reasons in decision making [J]. Journal of Consumer Research, 41(6): 1392-1411.

[69] HOUTEN R V, NAU P, MARINI Z, 1980. An analysis of public posting in reducing speeding behavior on an urban highway [J]. Journal of Applied Behavior Analysis, 13(3): 383-395.

[70] HSEE C K, LOEWENSTEIN G F, BLOUNT S, et al, 1999. Preference reversals between joint and separate evaluations of options: A review and theoretical analysis [J]. Psychological Bulletin, 125(5): 576-590.

[71] IOANNIDIS J P A, 2012. Why science is not necessarily self-correcting [J]. Perspectives on Psychological Science, 7(6): 645-654.

[72] JANISZEWSKI C, MEYVIS T, 2001. Effects of brand logo complexity, repetition, and spacing on processing fluency and judgment [J]. Journal of Consumer Research, 28(1): 18-32.

[73] JOSHI P D, FAST N J, 2013. Power and reduced temporal discounting [J]. Psychological Science, 24(4): 432-438.

[74] KAHNEMAN D, 2011. Thinking, fast and slow [M]. New York: Farrar, Straus and Giroux.

[75] KAHNEMAN D, KNETSCH J L, THALER R H, 1991. Anomalies: The endowment effect, loss aversion, and status quo bias [J]. The Journal of Economic Perspectives, 5(1): 193-206.

[76] KANTOWITZ B, ROEDIGER III H, ELMES D, 2014. Experimental psychology [M]. 9th ed. Hoboken: Wadsworth, Cengage Learning.

[77] KAREKLAS I, CARLSON J R, MUEHLING D D, 2014. I eat organic for my benefit and yours: Egoistic and altruistic considerations for

purchasing organic food and their implications for advertising strategists [J]. Journal of Advertising, 43(1): 18-32.

[78] KEES J, BURTON S, TANGARI A H, 2010. The impact of regulatory focus, temporal orientation, and fit on consumer responses to health-related advertising [J]. Journal of Advertising, 39(1): 19-34.

[79] KELLER K L, 2013. Strategic brand management: Building, measuring, and managing brand equity [M]. Boston: Pearson Education.

[80] KIM Y-J, 2006. The role of regulatory focus in message framing in antismoking advertisements for adolescents [J]. Journal of Advertising, 35(1): 143-151.

[81] KING G, SCHNEER B, WHITE A, 2017. How the news media activate public expression and influence national agendas [J]. Science, (6364): 776-780.

[82] KIRMANI A, ZHU R, 2007. Vigilant against manipulation: The effect of regulatory focus on the use of persuasion knowledge [J]. Journal of Marketing Research, 44(4): 688-701.

[83] KOOLE S L, LAKENS D, 2012. Rewarding replications: A sure and simple way to improve psychological science [J]. Perspectives on Psychological Science, 7(6): 608-614.

[84] KOTLER P, KELLER K L, 2012. Marketing management [M]. Boston: Prentice Hall.

[85] KOUCHAKI M, SMITH-CROWE K, BRIEF A P, et al, 2013. Seeing green: Mere exposure to money triggers a business decision frame and unethical outcomes [J]. Organizational Behavior and Human Decision Processes, 121(1): 53-61.

[86] KOZHEVNIKOV M, 2007. Cognitive styles in the context of modern psychology: Toward an integrated framework of cognitive style [J]. Psychological Bulletin, 133(3): 464-481.

[87] KVALEM I L, SUNDET J M, RIV K I, et al, 1996. The effect of sex education on adolescents' use of condoms: Applying the Solomon four-group design [J]. Health Education Quarterly, 23(1): 34-47.

[88] LAMBDIN C, 2009. Are within-subjects designs transparent? [J].

Judgment and Decision Making, 4(7): 554-566.

[89] LARRICK R P, TIMMERMAN T A, CARTON A M, et al, 2011. Temper, temperature, and temptation: Heat-related retaliation in baseball [J]. Psychological Science, 22(4): 423-428.

[90] LAZARSFELD P F, 1949. The American solidier-an expository review [J]. Public opinion quarterly, 13(3): 377-404.

[91] LEE S W S, SCHWARZ N, 2010. Washing away postdecisional dissonance [J]. Science, 328(5979): 709.

[92] LEVY A S, MATHEWS O, STEPHENSON M, et al, 1985. The impact of a nutrition information program on food purchases [J]. Journal of Public Policy & Marketing, 4(1): 1-13.

[93] LEWIS R J, TAMBORINI R, WEBER R, 2014. Testing a dual-process model of media enjoyment and appreciation [J]. Journal of Communication, 64(3): 397-416.

[94] LI S, 2005. Romantic music activates minds rooted in a particular culture [J]. Journal of Consciousness Studies, 12(7): 31-37.

[95] LI S, RAO L-L, REN X-P, et al, 2009. Psychological typhoon eye in the 2008 Wenchuan earthquake [J]. PLoS One, 4(3): e4964.

[96] LIBET B, 1985. Unconscious cerebral initiative and the role of conscious will in voluntary action [J]. Behavioral and Brain Sciences, 8(4): 529-539.

[97] LILIENFELD S O, 2012. Public skepticism of psychology: Why many people perceive the study of human behavior as unscientific [J]. The American Psychologist, 67(2): 111-129.

[98] LILJENQUIST K, ZHONG C-B, GALINSKY A D, 2010. The smell of virtue: Clean scents promote reciprocity and charity [J]. Psychological Science, 21(3): 381-383.

[99] LOFTUS E F, PALMER J C, 1974. Reconstruction of automobile destruction: An example of the interaction between language and memory [J]. Journal of Verbal Learning and Verbal Behavior, 13(5): 585-589.

[100] LOHTIA R, DONTHU N, YAVEROGLU I, 2007. Evaluating the efficiency of internet banner advertisements [J]. Journal of Business Re-

search, 60(4): 365-370.

[101] LU H J, CHANG L, 2012. Automatic attention towards face or body as a function of mating motivation [J]. Evolutionary Psychology, 10(1): 120-135.

[102] MAGEE J C, GALINSKY A D, 2008. Social hierarchy: The self-reinforcing nature of power and status [J]. Academy of Management annals, 2(1): 351-398.

[103] MALKOC S A, ZAUBERMAN G, ULU C, 2005. Consuming now or later? The interactive effect of timing and attribute alignability [J]. Psychological Science, 16(5): 411-417.

[104] MALLINCKRODT V, MIZERSKI D, 2007. The effects of playing an advergame on young children's perceptions, preferences, and requests [J]. Journal of Advertising, 36(2): 87-100.

[105] MALONEY E K, LAPINSKI M K, WITTE K, 2011. Fear appeals and persuasion: A review and update of the extended parallel process model [J]. Social and Personality Psychology Compass, 5(4): 206-219.

[106] MANDEL N, PETROVA P, CIALDINI R, 2006. Images of success and the preference for luxury brands [J]. Journal of Consumer Psychology, 16(1): 57-69.

[107] MASLOW A H, 1966. The psychology of science: A reconnaissance [M]. Maurice Bassett Publishing.

[108] MCCARTHY N, 2014. The world's deadliest animals [EB/OL]. [2018-04-19]. https://www.statista.com/chart/2203/the-worlds-deadliest-animals/.

[109] MCQUARRIE E, MICK D, 1999. Visual rhetoric in advertising: Text-interpretive, experimental, and reader-response analyses [J]. Journal of Consumer Research, 26(17): 37-54.

[110] MEAD N L, BAUMEISTER R F, STILLMAN T F, et al, 2011. Social exclusion causes people to spend and consume strategically in the service of affiliation [J]. The Journal of Consumer Research, 37(5): 902-919.

[111] MESSERLI F H, 2012. Chocolate consumption, cognitive func-

tion, and Nobel laureates [J]. New England Journal of Medicine, 367(16): 1562-1564.

[112] MEYERS-LEVY J, MAHESWARAN D, 2004. Exploring message framing outcomes when systematic, heuristic, or both types of processing occur [J]. Journal of Consumer Psychology, 14(1-2): 159-167.

[113] MOLDEN D, 2014. Understanding priming effects in social psychology: An overview and integration [J]. Social Cognition, 32 (special issue): 243-249.

[114] MYERS D G, 2010. Social psychology [M]. McGraw-Hill.

[115] NELSON L D, SIMMONS J, SIMONSOHN U, 2018. Psychology's renaissance [J]. Annual Review of Psychology, (69): 511-534.

[116] NICHOLS S, 2011. Experimental philosophy and the problem of free will [J]. Science, 331(6023): 1401-1403.

[117] NISBETT R E, BORGIDA E, CRANDALL R, et al, 1976. Popular induction: Information is not necessarily informative [M]//CARROLL J S, PAYNE J W. Cognition and Social Behavior. Hillsdale, NJ: Lawrence Erlbaum Associates: 227-236.

[118] NORDHIELM C, 2002. The influence of level of processing on advertising repetition effects [J]. Journal of Consumer Research, 29(3): 371-382.

[119] OISHI S, MIAO F F, KOO M, et al, 2012. Residential mobility breeds familiarity-seeking [J]. Journal of Personality and Social Psychology, 102(1): 149-162.

[120] OLSEN G D, PRACEJUS J W, O'GUINN T C, 2012. Print advertising: White space [J]. Journal of Business Research, 65(6): 855-860.

[121] OPFER J E, GELMAN S A, 2011. Development of the animate-inanimate distinction [M]//GOSWAMI U. The Wiley-Blackwell Handbook of Childhood Cognitive Development. A John Wiley & Sons, Ltd., Publication: 213-238.

[122] OYSERMAN D, LEE S W S, 2008. Does culture influence what and how we think? Effects of priming individualism and collectivism [J]. Psychological Bulletin, 134(2): 311-342.

[123] PARK C, MILBERG S, LAWSON R, 1991. Evaluation of brand extensions: The role of product feature similarity and brand concept consistency [J]. Journal of Consumer Research, 18(2): 185-193.

[124] PARKER E B, CAMPBELL D T, COOK T D, et al, 1971. Time-series analysis of effects of television on library circulation in Illinois [R]. Unpublished Manuscript. Northwestern University, Evanston IL.

[125] PAYNE B K, CHENG C M, GOVORUN O, et al, 2005. An inkblot for attitudes: Affect misattribution as implicit measurement [J]. Journal of Personality and Social Psychology, 89(3): 277-293.

[126] PERES R, SHACHAR R, LOVETT M, 2013. On brands and word of mouth [J]. Journal of Marketing Research, 50(4): 427-444.

[127] PETERSON C, SALES J M, REES M, et al, 2008. Eye movements when looking at print advertisements: The goal of the viewer matters [J]. Applied Cognitive Psychology, 22(5): 697-707.

[128] PIFF P, STANCATO D, 2012. Higher social class predicts increased unethical behavior [J]. Proceedings of the National Academy of Sciences, 109(11): 4086-4091.

[129] PODSAKOFF P M, MACKENZIE S B, LEE J-Y, et al, 2003. Common method biases in behavioral research: A critical review of the literature and recommended remedies [J]. The Journal of Applied Psychology, 88(5): 879-903.

[130] PODSAKOFF P M, MACKENZIE S B, PODSAKOFF N P, 2012. Sources of method bias in social science research and recommendations on how to control it [J]. Annual Review of Psychology(63): 539-569.

[131] POTTER R F, LATOUR M S, BRAUN-LATOUR K A, et al, 2006. The impact of program context on motivational system activation and subsequent effects on processing a fear appeal [J]. Journal of Advertising, 35(3): 67-80.

[132] POUNDERS K R, LEE S, MACKERT M, 2015. Matching temporal frame, self-view, and message frame valence: improving persuasiveness in health communications [J]. Journal of Advertising, 44(4): 388-402.

[133] PRICE D D, FINNISS D G, BENEDETTI F, 2008. A compre-

hensive review of the placebo effect: Recent advances and current thought [J]. Annual Review of Psychology,(59): 565-590.

[134] RAGHUBIR P, MORWITZ V G, CHAKRAVARTI A, 2011. Spatial categorization and time perception: Why does it take less time to get home? [J]. Journal of Consumer Psychology, 21(2): 192-198.

[135] RALSTON D A, ANTHONY W P, GUSTAFSON D J, 1985. Employees may love flextime, but what does it do to the organization's productivity? [J]. Journal of Applied Psychology, 70(2): 272-279.

[136] RANGAN P, SINGH S N, LANDAU M J, et al, 2015. Impact of death-related television programming on advertising evaluation [J]. Journal of Advertising, 44(4): 326-337.

[137] REARDON S, 2017. Sex matters in experiments on party drug-in mice [EB/OL]. [2020-04-14]. Https://www.nature.com/news/sex-matters-in-experiments-on-party-drug-in-mice-1.23022? WT.ec_id=NEWSDAILY-20171120.

[138] RETZBACH J, RETZBACH A, MAIER M, et al, 2013. Effects of repeated exposure to science TV shows on beliefs about scientific evidence and interest in science [J]. Journal of Media Psychology, 25(1): 3-13.

[139] REYES R M, THOMPSON W C, BOWER G H, 1980. Judgmental biases resulting from differing availabilities of arguments [J]. Journal of Personality and Social Psychology, 39(1): 2-12.

[140] ROBERTSON T S, ROSSITER J R, 1976. Short-run advertising effects on children: A field study [J]. Journal of Marketing Research, 13(1): 68-70.

[141] ROEDDER D L, 1981. Age differences in children's responses to television advertising: An information-processing approach [J]. Journal of Consumer Research, 8(2): 144-153.

[142] ROEDDER D L, STERNTHAL B, CALDER B J, 1983. Attitude-behavior consistency in children's responses to television advertising [J]. Journal of Marketing Research, 20(4): 337-349.

[143] ROSENTHAL R, FODE K L, 1963. The effect of experimenter bias on the performance of the albino rat [J]. Behavioral Science, 8(3): 183-189.

[144] ROSS H L, CAMPBELL D T, GLASS G V, 1970. Determining the social effects of a legal reform: The British "breathalyser" crackdown of 1967 [J]. American Behavioral Scientist, 13(4): 493-509.

[145] ROUNDING K, LEE A, JACOBSON J A, et al, 2012. Religion replenishes self-control [J]. Psychological Science, 23(6): 635-642.

[146] RUGG D, 1941. Experiments in wording questions: II [J]. Public Opinion Quarterly, 5(1): 91-92.

[147] SAMUELSON P, NORDHAUS W, 1985. Principles of economics [M]. 12th ed. New York: McCraw-Hill Education.

[148] SAMUELSON P, NORDHAUS W, 1992. Principles of economics [M]. 14th ed. New York: McCraw-Hill Education.

[149] SAPIAINS R, BEETON R J S, WALKER I A, 2016. Individual responses to climate change: Framing effects on pro-environmental behaviors [J]. Journal of Applied Social Psychology, 46(8): 483-493.

[150] SCHIFFER B, PAWLICZEK C, M LLER B W, et al, 2013. Why don't men understand women? Altered neural networks for reading the language of male and female eyes [J]. PLoS ONE, 8(4): e60278.

[151] SCHMID P C, AMODIO D M, 2015. Power effects on cognitive control: Turning conflict into action [J]. Journal of Experimental Psychology: General, 144(3): 655-663.

[152] SCHNALL S, BENTON J, HARVEY S, 2008. With a clean conscience: Cleanliness reduces the severity of moral judgments [J]. Psychological Science, 19(12): 1219-1222.

[153] SCHWAB D P, 2004. Research methods for organizational studies [M]. 2nd ed. Hoboken: Psychology Press.

[154] SCHWARZ K A, ROLAND P, B CHEL C, 2016. Rethinking explicit expectations: Connecting placebos, social cognition, and contextual perception [J]. Trends in Cognitive Sciences, 20(6): 469-480.

[155] SCOTT C A, 1976. The effects of trial and incentives on repeat purchase behavior [J]. Journal of Marketing Research, 13(3): 263-269.

[156] SEARS D O, 1986. College sophomores in the laboratory: Influences of a narrow data base on psychology's view of human nature [J]. Jour-

nal of Personality and Social Psychology, 51(3): 515-530.

[157] SHAH J Y, KRUGLANSKI A W, 2003. When opportunity knocks: Bottom-up priming of goals by means and its effects on self-regulation [J]. Journal of Personality and Social Psychology, 84(6): 1109-1122.

[158] SHEDLER J, MANIS M, 1986. Can the availability heuristic explain vividness effects? [J]. Journal of Personality and Social Psychology, 51(1): 26-36.

[159] SHROUT P E, BOLGER N, 2002. Mediation in experimental and nonexperimental studies: new procedures and recommendations [J]. Psychological Methods, 7(4): 422-445.

[160] SHUGAN S M, 2003. Defining interesting research problems [J]. Marketing Science, 22(1): 1-15.

[161] SIMONS D J, CHABRIS C F, 1999. Gorillas in our midst: Sustained inattentional blindness for dynamic events [J]. Perception, (28): 1059-1074.

[162] SKINNER B F, 1948. "Superstition" in the pigeon [J]. Journal of Experimental Psychology, 38(2): 168-172.

[163] SMITH R, DAVIS S, 2012. The psychologist as detective: An introduction to conducting research in psychology [M]. 5th ed. Upper Saddle River: Pearson Education.

[164] SMITH R, MACKIE D M, 2014. Priming from others' observed or simulated responses [J]. Social Cognition, 32(special issue): 184-195.

[165] SORGE R E, MARTIN L J, ISBESTER K A, et al, 2014. Olfactory exposure to males, including men, causes stress and related analgesia in rodents [J]. Nature Methods, 11(6): 629-632.

[166] SPENCER S J, ZANNA M P, FONG G T, 2005. Establishing a causal chain: Why experiments are often more effective than mediational analyses in examining psychological processes [J]. Journal of Personality and Social Psychology, 89(6): 845-851.

[167] STANLEY J C, 1955. Statistical analysis of scores from counterbalanced tests [J]. The Journal of Experimental Education, 23(3): 187-207.

[168] STANOVICH K E, 2013. How to think straight about psychol-

ogy. [M]. 10th ed. Boston: Pearson Education.

[169] STEPHENS R, ATKINS J, KINGSTON A, 2009. Swearing as a response to pain [J]. Neuroreport, 20(12): 1056-1060.

[170] TANNENBAUM M B, HEILER J, ZIMMERMAN R S, 2015. Appealing to fear: A meta-analysis of fear appeal effectiveness and theories [J]. Psychological Bulletin, 141(6): 1178-1204.

[171] TRUDEL R, MURRAY K B, 2013. Self-regulatory strength amplification through selective information processing [J]. Journal of Consumer Psychology, 23(1): 61-73.

[172] TURNWALD B P, GOYER J P, BOLES D Z, et al, 2019. Learning one's genetic risk changes physiology independent of actual genetic risk [J]. Nature Human Behavior, 3(1): 48-56.

[173] TVERSKY A, KAHNEMAN D, 1973. Availability: A heuristic for judging frequency and probability [J]. Cognitive psychology, 5(2): 207-232.

[174] TVERSKY A, KAHNEMAN D, 1974. Judgment under uncertainty: Heuristics and biases [J]. Science, 185(4157): 1124-1131.

[175] TVERSKY A, KAHNEMAN D, 1981. The framing of decisions and the psychology of choice [J]. Science, 211(4481): 453-458.

[176] TYBOUT A M, KOPPELMAN F S, 1981. Consumer-oriented transportation service: Modification and evaluation [R]. Final report to the U. S. Department of Transportation, Office of University Research, Contract DOT-OS-70062.

[177] USKUL A K, SHERMAN D K, FITZGIBBON J, 2009. The cultural congruency effect: Culture, regulatory focus, and the effectiveness of gain- vs. loss-framed health messages [J]. Journal of Experimental Social Psychology, 45(3): 535-541.

[178] VAILLANT G E, 2003. Aging well: Surprising guideposts to a happier life from the landmark Harvard study of adult development [M]. Little, Brown and Company.

[179] VIGEN T, 2015. Spurious correlations [M]. Hachette Books.

[180] VOHS K D, MEAD N L, GOODE M R, 2006. The psychological

consequences of money [J]. Science, 314(5802): 1154-1156.

[181] VOSS G, 2003. Formulating interesting research questions [J]. Journal of the Academy of Marketing Science, 31(3): 356-359.

[182] WAN E W, XU J, DING Y, 2014. To be or not to be unique? The effect of social exclusion on consumer choice [J]. Journal of Consumer Research, 40(9): 1109-1122.

[183] WAN L C, HUI M K, WYER R S, 2011. The role of relationship norms in responses to service failures [J]. Journal of Consumer Research, 38(2): 260-277.

[184] WANG F, LIN S, KE X, 2015. Just entertainment: Effects of TV series about intrigue on young adults [J]. Frontiers in Psychology, (6): 529.

[185] WEGNER D M, WHEATLEY T, 1999. Apparent mental causation: Sources of the experience of will [J]. American Psychologist, 54(7): 480-492.

[186] WELLMAN H M, 2011. Developing a theory of mind [M]//GOSWAMI U. The Wiley-Blackwell Handbook of Childhood Cognitive Development. A John Wiley & Sons, Ltd., Publication: 258-284.

[187] WELLS G L, 1980. The effects of overt head movements on persuasion: Compatibility and incompatibility of responses [J]. Basic and Applied Social Psychology, 1(3): 219-230.

[188] WIEDEMANN D, BURT D M, HILL R A, et al, 2015. Red clothing increases perceived dominance, aggression and anger [J]. Biology Letters, 11(5): 1-3.

[189] WIGGIN K L, REIMANN M, JAIN S P, 2018. Curiosity tempts indulgence [J]. Journal of Consumer Research, 45(6): 1194-1212.

[190] WIKIPEDIA. Aviation safety [EB/OL]. [2018-04-19]. https://en.wikipedia.org/wiki/Aviation_safety.

[191] WILKENING F, CACCHIONE T, 2011. Children's intuitive physics [M]//GOSWAMI U. The Wiley-Blackwell Handbook of Childhood Cognitive Development. A John Wiley & Sons, Ltd., Publication: 473-496.

[192] WILLIAMS L E, BARGH J A, 2008. Keeping one's distance:

The influence of spatial distance cues on affect and evaluation [J]. Psychological Science, 19(3): 302-308.

[193] WINTERICH K K P, ZHANG Y, 2014. Accepting inequality deters responsibility: How power distance decreases charitable behavior [J]. Journal of Consumer Research, 41(2): 274-293.

[194] XU A J, ZWICK R, SCHWARZ N, 2012. Washing away your (good or bad) luck: Physical cleansing affects risk-taking behavior. [J]. Journal of Experimental Psychology: General, 141(1): 26-30.

[195] YANG J, MCCLELLAND A, FURNHAM A, 2016. The effect of background music on the cognitive performance of musicians: A pilot study [J]. Psychology of Music, 44(5): 1202-1208.

[196] YORKSTON E, MENON G, 2004. A sound idea: Phonetic effects of brand names on consumer judgments [J]. Journal of Consumer Research, 31(1): 43-51.

[197] ZALESKIEWICZ T, GASIOROWSKA A, KESEBIR P, et al, 2013. Money and the fear of death: The symbolic power of money as an existential anxiety buffer [J]. Journal of Economic Psychology,(36): 55-67.

[198] ZHANG S, SCHMITT B H, 2004. Activating sound and meaning: The role of language proficiency in bilingual consumer environments [J]. Journal of Consumer Research, 31(1): 220-228.

[199] ZHAO G, PECHMANN C, 2007. The impact of regulatory focus on adolescents' response to antismoking advertising campaigns [J]. Journal of Marketing Research, 44(4): 671-687.

[200] ZHONG C-B, LILJENQUIST K, 2006. Washing away your sins: Threatened morality and physical cleansing [J]. Science, 313(5792): 1451-1452.

[201] ZHOU X, VOHS K D, BAUMEISTER R F, 2009. The symbolic power of money: Reminders of money alter social distress and physical pain [J]. Psychological Science, 20(6):700-706.

[202] ZHOU Z-H, 2003. Three perspectives of data mining [J]. Artificial Intelligence, 143(1): 139-146.

后　记
虽然是灾梨祸枣,终不免敝帚自珍

　　我在更年轻的时候,是一个标准的伪文青,为了装作思想深刻、气质深沉,经常跑到书店看书、买书。那时候,也没有什么阅读目的,往往是随手拿起一本书,胡乱翻看。而且我也有那种"读书看封面"的坏习惯,看到装帧精美的书,都忍不住要拿起来翻翻。有些书,当然很吸引人,但有些书,内容就令人不敢恭维了。我又是个轻浮的人,看到这样的书免不了哂笑,说:"真可惜了这纸啊!"天道好还,报应不爽。如今,报应来了。由于种种原因的合力,我也要写而且现在已经完成一本书了。写作过程中,除了翻阅材料、字斟句酌的痛苦,还每每痛苦地想起鲁迅先生的话:"我所佩服诸公的只有一点,是这种东西也居然会有发表的勇气"(《估〈学衡〉》)。每念及此,芒刺在背。我能想象这本书被人拿起来,嘲笑又是一本灾梨祸枣的书。于我,敝帚自珍,于他人,不过是多了一本垫桌脚的物件。

　　当然,这也从另外一方面说明,我把写书看成是非常神圣的事,至少是郑重其事的。儿时的一些朋友曾经说,难以想象我开汽车的样子。他们更想象不出的,应该是经我手写出的书的样子吧。就算我自己,也没想到有一天要写书。虽然有时候狂狷自持,但我对自己和书籍还是有相对清醒的认识。即使到现在,面对自己已经完成的草稿,我仍然不认为这是一本书应有的样子——充斥着枯燥的专业术语和浅白的文字,最关键的,是缺少个人独特的思想。然而,对于这样注定没有几个人看的书,我仍然倾注了极大的热情和精力。

　　从"我这等水平的人写书简直滑天下之大稽"到"我还是可以做一点微小的贡献"思想的转变,是在 2016 年 3 月份开始的。结合日记和本书写作历史文件记录,本书的写作与计划出版过程大致是这样的:书的名字在最初就定下来叫《实验广告学》——毕竟我本人受《实验心理学》影响巨大——尽管当时对

后　　记

该写哪些内容,头脑中还是一片空白;2016 年 3 月 30 日,头脑中的零散规划落在了电子文件中,大纲粗拟到了第二章;然而,直到 4 月 12 日,第一章才零零散散地写了一千余字;其后,因为毕业季以及安排波士顿访学的种种事情,写作中断,当然,心里还一直牵挂,甚至幻想,在波士顿访学的一年可以安心写作,并做了一些材料上的准备。结果,与其他计划一样,也仅仅停留在计划阶段,只字未动。内心纠结,行动拖延;一直到 2018 年 3 月 18 日,真正意义上的写作才正式开始。前半年主要写完了第一、二章,后半年主要写完了第三、四、五章,而第六章,则到 2019 年 3 月初才完成。写作居然持续了一年,虽然不可能每天都在写书,但"写书"二字几乎出现在 2018 年每天的日记中,可见我当时的焦虑与重视。在写作过程,经历了大纲调整、内容调整以及部分内容的忍痛割爱,还经历了《实验广告学》和《实验传播学》写作主题间的摇摆。写作完毕,自己对整本书的内容进行了文字修改,并在 5 月份申请了国家社科的后期资助。此后是漫长的等待。虽然自己对本书的质量抱有信心,但对于能否获得国家社科的后期资助没有信心。8 月底有人对我进行了善意的引导,从侧面透露出一些信息,再加上我生长在当前所谓学界的一般经验,彼时已经预料到结果。9 月底,国家社科后期资助结果发布,毫无意外的,与我之前申请这个领域的其他基金一样,没有获得资助。9 月中,我经历了到目前为止,人生最大的一次考验,凭借科学认识与信念,成功阻止了疾病对我的侵袭。对于科学问题,可以凭借科学的方法去解决,而对于更复杂的中国社会的人际关系,任我掌握的科学方法有多扎实,终也无法破局,太息奈何,如之奈何。认识到这一点,反而解开了身上的束缚。因此,在社科后期资助确定的结果公布之前,我就已经联系出版社。希望这本书能顺利出版。

对于这本书,遗憾与期望并存。始生之物,其形必丑。目前这本书所涉及的内容,并没有达到我的满意。至少两个重大的缺点让我耿耿于怀,一是原计划的两章内容——关于因变量的测量方法和实验研究伦理——没有完成;二是有很多实验设计非常复杂,我并没有把握是否真的讲清楚了。当然,这本书的主要目的之一是讲述广告实验设计的原理层面,对于如何做一项具体的广告实验研究,从设计到数据处理的具体操作层面,则是我正在计划写作的另外一本书的主旨。遗憾的同时,我的确有这样的野心:希望这本书成为实验广告学的新莺初啼,为实验广告学这一全新分支逐步独立,最终成为广告学的必要构成基石贡献微薄的力量。

这本书虽然是我的所谓著作,但实际上并没有多少东西是我自己独创的,我只是把这些材料组装在一起，重新加工，形成一套全新的体系，正如厨师做菜，各种菜的原材料和佐料并不是厨师自己生产的，只是进行了重新搭配。好的厨师，能够用一堆烂材料做出美味，而差的厨师则只能用好材料掩盖自己厨艺不精。内心一直惴惴，不知道经我手组合的这道菜是否可口。似乎我在读小学的时候，不知道从哪里看过一则国外幽默故事，一直不能忘怀：

  有一位长途跋涉的旅人，来到一座海边的小木屋前，又累又饿，向坐在小木屋门口的老太太乞求一碗汤喝。老太太虽然很富有，但很吝啬，说自己什么也没有。旅人灵机一动，说自己有一把刀，可以做刀子汤，能不能借老太太的锅灶一用，汤好之后，老太太也可以免费品尝。老太太被好奇心驱使就借锅灶给了旅人。旅人把刀子放在水里煮，还自言自语道："可惜刀子煮的次数太多了，味道淡了，如果能加一点胡萝卜味道就更鲜美了。"老太太说："我家里可能有那么一点点。"加完胡萝卜之后，旅人又用同样的方式向老太太讨了洋葱、土豆、西芹、黄油、奶油、面粉、胡椒粉以及蛤蜊等等。最后，一锅汤终于煮好了，老太太舀了一勺，放在嘴里尝了尝，说："啊，没想到用刀子还能做出这么一锅美味的汤。"

  希望读者看过这本书之后，如故事中的老太太那样赞叹。然而，故事另一种可能的结局是，老太太尝完汤后说："呸，白白糟践了我一锅的好材料！"

王　霏
于厦门，内心彷徨与坚定中
2019 年 9 月 30 日